SAP

초판 1쇄 발행 2014년 3월 17일
3쇄 발행 2018년 11월 30일

지은이 · 정희철
펴낸이   이기봉
편집   좋은땅 편집팀
펴낸곳   도서출판 좋은땅
출판등록 제2011-000082호
주소   경기도 고양시 덕양구 동산동 376 삼송테크노밸리 B동 442호
전화   02)374-8616~7
팩스   02)374-8614
이메일   so20s@naver.com
홈페이지 www.g-world.co.kr

ISBN   978-89-6449-823-1 (13000)

이 도서의 국립중앙도서관 출판시도서목록(CIP)은 서지정보유통지원시스템 홈페이지(http://seoji.nl.go.kr)와 국가자료공동목록시스템 (http://www.nl.go.kr/kolisnet)에서 이용하실 수 있습니다. (CIP제어번호 : CIP2014007797)

SAP

시스템의 이해

시스템 운영 및 유지보수를 위한 TIP모음

Systems, Applications and Products in Data Processingg

|정희철 지음|

좋은땅

▶▶ 들어가는글

　국내의 많은 기업들이 ERP 시스템으로 SAP를 사용하고 있지만, 사용자가 실제 필요한 지식을 습득하기 위한 서적은 매우 부족한 것이 현실이다. 특히 새롭게 SAP를 도입하거나 시스템을 수정해야 할 때 사용자, 또는 시스템 유지보수자가 참고할 수 있는 소스가 매우 제한적이라, 개개인의 역량과 노하우에 의존할 수밖에 없는 상황이다.

　수년간 SAP 시스템을 유지보수하고, 여러 회사의 신규 ERP로 구축하면서 겪은 경험과 시행착오를 통해 쌓아온 Tip들을 정리해 보려는 마음으로 가볍게 시작한 것이 어느덧 한 권의 책이 되었다. SAP를 처음 접하는 독자도 이 책 한 권으로 SAP시스템에서의 처리 과정을 확인할 수 있도록 최대한 실제 작업 화면을 함께 실었다.

　1장 GUI 설정 및 사용에서는 SAP 시스템 로그온을 위한 설정과 화면 레이아웃, 그리고 사용자별 설정에 대한 Tip을 설명한다. SAP 화면이 어떻게 구성되어 있는지 어떤 식으로 동작하는지, 실제 SAP GUI를 실행하면서 따라해 보면 좋지만, 그렇지 않더라도 화면 이미지를 통해 쉽게 확인하고 이해할 수 있을 것이다.

　2장 주요 모듈 소개에서는 SAP의 핵심 모듈 중에 회계(FI), 자금(TR), 원가(CO), 영업(SD), 구매(MM)에 대해서 기본적인 지식을 정리했다. 각 모듈의 기능과 구성, 업무 절차를 익힐 수 있고, 주요 테이블 및 Transaction Code를 정리해서 사용자뿐만 아니라 개발자 컨설턴트들도 참고할 수 있는 내용을 담았다.

　3장 기본 사용 방법에서는 SAP 시스템의 기본 기능인 탐색도움말, ALV, 변형의 사용 방법을 정리했다. 효율적인 시스템 사용을 위해서 꼭 알고 있어야 하는 부분이므로 초보자는 확실하게 익히도록 하자.

4장 유지보수 기능에서는 시스템 유지보수자나 컨설턴트를 위해 SAP에서 제공하는 추가 기능을 설명한 부분이다. 뷰어나 클러스터로 불필요한 개발공수를 대폭 줄일 수 있고, LSMW나 MASS 기능을 사용하여 반복적인 업무를 쉽게 처리할 수 있다.

5장 시스템 관련 장에서는 유지보수자나 컨설턴트가 기본적으로 알고 있어야 하는 메뉴 추가, 배치작업 관리, 변경관리 등의 내용을 예제를 따라해 보면서 익힐 수 있도록 구성하였다.

6장 ABAP 개발 관련 장에서는 실제 ABAP 구문에 대한 설명은 없지만, 개발을 하면서 참고할 수 있는 내용을 정리했다. 디버깅 방법, 메시지 관리, 아이콘 확인, 유용한 함수 모음 등의 어떤 내용이 있는지 알고 있으면 필요할 때 쉽게 찾아볼 수 있을 것이다.

7장 S/4 HANA 버전 특징 S/4 HANA 버전의 상세한 기술적인 특징은 구글이나 SAP 관련 사이트를 참고할수 있지만, 지나치게 방대한 자료에서 실제 컨설턴트, 개발자와 시스템 운영자들에게 꼭 필요한 정보를 찾아 내는 것은 쉬운 일이 아니다. S/4 HANA 버전이 기존의 ECC 버전과 무엇이 다른지에 대한 쉬운 설명과 더불어, 신규 구축과 운영과정중에 시행착오를 겪으면서 알아낸 내용들을 정리해서 추가했다.

사실 SAP라는 거대한 시스템을 한 권의 책으로 소개하고, 이해한다는 것은 어려울 것이다.

하지만, 이 책은 SAP를 처음 접하는 회사의 책임자와 업무 담당자들에게 SAP 시스템에 대한 기본 개념과 체계를 잡아주고, 시스템을 유지보수하는 IT 담당자와 ABAP 개발자들에게는 모듈에 대한 좀 더 넓은 시야를 가질 수 있는 기회를, 그리고 전문 SAP 모듈 컨설턴트들도 여러 실용적인 Tip을 참고할 수 있을 거라 기대해 본다.

정희철

ilovesap@nate.com

C O N T E N T S

목　차

PART 01

GUI 설정 및 사용 ·············· 13

chapter 01 ## GUI 옵션 ············· 14

- 화면 테마 변경
- 가변 폭 글꼴의 변경
- 시스템별 색상 구분
- 드롭다운 리스트에 키 표시
- 시스템 정보 확인

chapter 02 ## 서버 연결 설정 ············· 20

chapter 03 ## 로그온 후 기본 설정 ············· 21

- 메뉴와 화면에 대한 기본 설정
- 사용자 기본 정보 설정
- 빠른 잘라내기/붙여넣기
- 즐겨찾기 Download/Upload
- 서버 시스템의 정보 확인
- ★기본 명령어

PART 02

주요 모듈 소개 ······························ 31

chapter 01 FI(Finance) ······························ 34

GL계정, 고객/구매처, 자산마스터

전표의 이해

전표 개별 항목의 상세 정보

★부가세 신고를 위한 추가 개발

chapter 02 CO(Controlling) ······························ 46

chapter 03 TR(Treasury) ······························ 49

머니마켓(Money Market)

현금 관리(Cash Management)

★입출금 관리를 위한 펌뱅킹 시스템

chapter 04 SD(Sales and Distribution) ······························ 60

영업 영역(Sales Area)

영업 절차의 이해

★수출입 업무 처리를 위한 시스템

chapter 05 MM(Material Management) ······························ 74

구매 조직(Purchasing Organization), 공장(Plant), 저장 창고(Storage Location)

구매 절차의 이해

PART 03

기본 사용 방법 ······················83

chapter 01 Search Help(탐색 도움말) ··············84

개인 리스트 관리

탐색 도움말 생성

★탐색 도움말 필드 설명

chapter 02 ALV의 활용 ··············89

레이아웃 변경

레이아웃 선택

레이아웃 저장

★Table Control

chapter 03 변형(Variant) 관리 ··············94

PART 04

유지보수 기능 ······················97

chapter 01 퀵 뷰어(SQVI) ··············98

퀵 뷰어로 조회 리포트 생성

퀵 뷰어에 트랜잭션 코드 연결

chapter 02 Maintenance Table/View(SM30) ··············105

유지보수 화면 생성

트랜잭션 코드에 연결(SE93)

★유지보수 화면에 기능 추가하기(SE54)

chapter 03 View Cluster(SM34) ··············111

View Cluster 생성

종속성을 가지는 view 항목 추가

Transaction 코드 부여(SE93)

chapter 04   **LSMW(Legacy System Migration Workbench)**   ··· 117

LSMW 기본 작업 생성

LSMW 메뉴 기능

chapter 05   **SPRO**   ··············125

SPRO의 개요

SPRO의 추가 정보 표시

SPRO 경로 파일로 다운로드

chapter 06   **MASS**   ··············130

chapter 07   **번호범위 (Number Range)**   ··············133

번호범위 오브젝트 유지보수

번호범위 오브젝트 신규생성

chapter 08   **공장달력 (Factory Calender)**   ··············136

공장달력 유지보수

공장달력의 CTS 전송

chapter 08   **사용자 권한 관리 (PFCG)**   ··············139

사용자별 권한 관리

사용자별 권한 조회

PART 05

시스템 관련   ··············141

chapte1 01   **영역 메뉴(Area Menu)**   ··············142

영역 메뉴 생성(SE43)

영역 메뉴 편집

즐겨찾기, 기본 메뉴로 등록

영역 메뉴 파일로 다운로드

★T-code 포함 영역 메뉴 찾기

chapter 02　작업 관리(SM35, SM36, SM37)　·············148

배치 작업 관리(SM35)

스케줄링 작업 등록(SM36)

작업로그 확인(SM37)

★실행 중인 작업 강제종료

chapter 03　Transport 관리(SE09)　·············158

CTS 기본 관리

요청 변경일 정보 추가

버전 확인 및 롤백

동일 Instance 내 전송 요청으로 복사

CTS Import(STMS)

CTS로 테이블 데이터 전송

CTS로 화면 변형 전송

★Lock 오브젝트 관리(SM12)

chapter 04　서버 설정 및 확인　·············174

서버 모니터링(SM51)

프로파일 매개변수(RZ10)

DB 연결(DBCO)

★기타 시스템 관련 툴

PART
06

ABAP 개발 관련　·············185

chapter 01　ABAP 기본 툴(Dictionary 와 Workbench)　·············186

ABAP Dictionary(SE11)

★Table 데이터 직접 수정하는 3가지 방법

Development Workbench(SE80)

chapter 02 디버깅(Debugging) ·············192

디버깅 기본방법

반복문 중단하기

Watchpoint 설정

Function 디버깅 중 테스트값 저장

chapter 03 기타 개발 관련 툴 ·············198

메세지 관리(SE91)

성능추적(ST05)

Dump 분석(ST22)

트랜잭션 레코드(SHDB)

chapter 04 아이콘 확인(SE38) ·············206

chapter 05 유용한 함수 모음 ·············208

날짜 관련 함수

문자, 숫자 관련 함수

팝업창 함수

통화 및 Conversion 함수

파일 관련 함수

모듈별 함수

기타 유용한 함수

chapter 06 시스템 테이블 ·············222

S/4 HANA 버전 특징 ············· 235

chapter 01 S/4 HANA 버전 특징 ···············236

In-Memory

Fiori

Single Source of Truth

chapter 02 비지니스파트너(BP : Business Partner) ··············242

거래처 번호관리(Number Range)

비지니스 파트너의 역할관리

chapter 03 은행계정 관리(Bank Account Management) ·········246

은행계정 사용을 위한 기본 Configuration

거래은행(House Bank) 와 계정ID(Account ID) 등록

chapter 04 여신관리(Credit Management) ···············249

기본 Configuration

통합여신 관리를 위한 관계설정

여신관련 주요 Object

chapter 05 자재관리(Material Management) ···············256

자재코드 자릿수 변경

Self-Serivice Procurement

Pricing Data Model

chapter 06 HANA 버전 ABAP 개발시 고려할 사항 ···············259

단순화된 주요 테이블

변경된 트랜잭션

자재코드 자릿수 변경

Open SQL 성능 가이드

기타 추가 개선된 툴

자금관리 통합 솔루션(Spert Treasury Solution) ···············263

SAP ERP 프로젝트를 계획하고 있습니까? ···············264

PART 01

GUI 설정 및 사용

▶ SAP GUI의 기본 로그온 연결 설정부터 사용자별 화면 설정에 대해서 알아본다. 사용자가 처음 접하는 SAP GUI(Graphic User Interface)는 웹 화면이나 다른 시스템 화면처럼 화려하거나 깔끔하게 느껴지지는 않을 수도 있다. Transaction code를 Command 입력란에 넣거나, 왼쪽 메뉴를 찾아가서 실행하는 방식은 오히려 투박하고 불편한 느낌이 있다. GUI 툴에 대해 익숙해지면, 시스템에 대한 내용을 이해하기도 한결 수월해질 것이다.

>>> **chapter 01** GUI 옵션

화면 테마 변경 | 가변 폭 글꼴의 변경 | 시스템별 색상 구분
드롭다운 리스트에 키 표시 | 시스템 정보 확인

>>> **chapter 02** 서버 연결 설정

>>> **chapter 03** 로그온 후 기본 설정

메뉴와 화면에 대한 기본 설정 | 사용자 기본 정보 설정
빠른 잘라내기/붙여넣기 | 즐겨찾기 Download/Upload
서버 시스템의 정보 확인 | ★기본 명령어

Chapter 01

GUI 옵션

1.1 화면 테마 변경 1.2 가변 폭 글꼴의 변경 1.3 시스템별 색상 구분
1.4 드롭다운 리스트에 키 표시 1.5 시스템 정보 확인

SAP GUI 옵션은 화면의 디자인 구성, 색깔, 폰트 등 사용자 기호에 맞게 화면을 변경하는 기본 항목부터, 언어와 추적, 구성파일 등 시스템 연결과 관련한 설정까지를 포함하고 있다. GUI 옵션은 로그온 화면과 로그온 후 실행 화면에서 모두 실행 가능하다.

로그온창에서 옵션실행

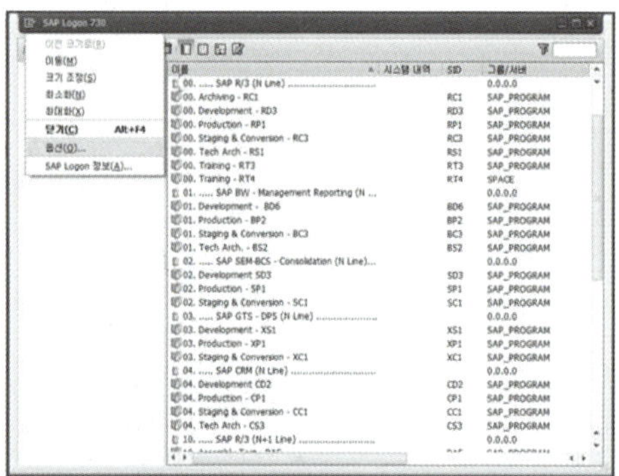

로그온 후에 옵션실행

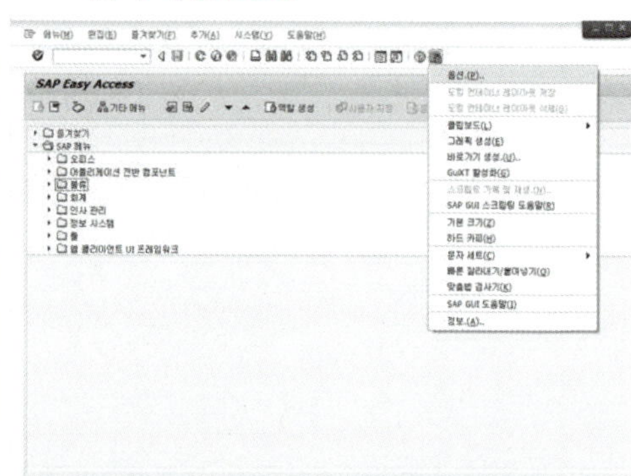

왼쪽 위 버튼 클릭 ➡ 옵션

옵션창

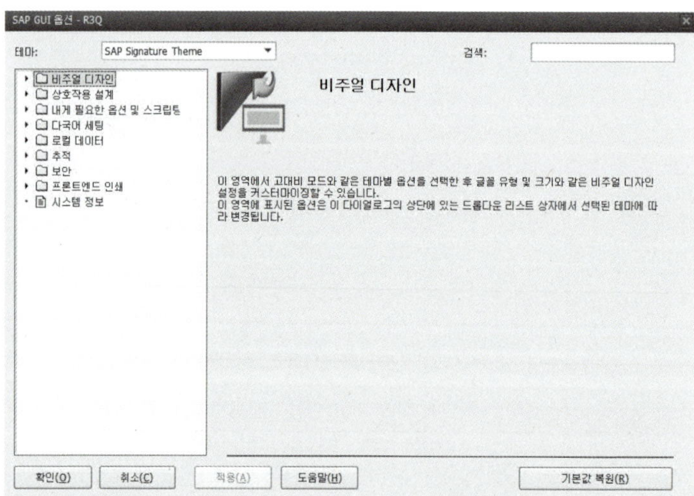

*GUI 버전에 따라 화면이 상이할 수 있으나 변경 항목은 대부분 동일하다. (730 버전 화면)

1.1 화면 테마 변경

화면의 구성과 디자인, 색깔 등의 전체적인 주제를 선정한다. 테마를 변경하면 로그온 창까지 완전히 종료하고 다시 실행해야 변경된 테마가 반영된다. 보통 최신 테마인 SAP Signature Theme를 사용하고, 빔 프로젝터를 통한 발표 시에는 Tradeshow Theme를 사용하면 조금 더 선명한 화면을 볼 수 있다.

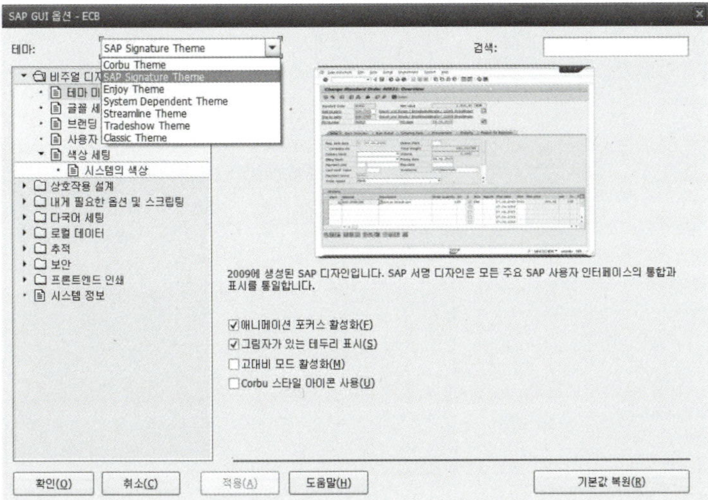

테마의 드롭다운 리스트 항목을 선택하면 오른쪽 미리보기 영역에서 디자인을 확인할 수 있다.

•다양한 테마별 화면 이미지(FB01 전표 입력 화면)

SAP Signature Theme

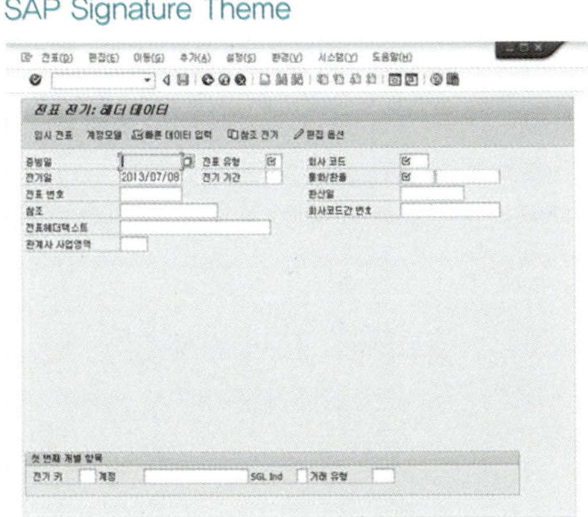

Corbu Theme

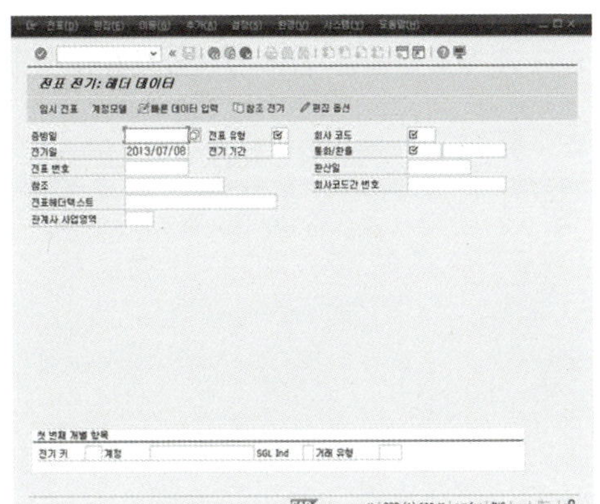

Enjoy Theme

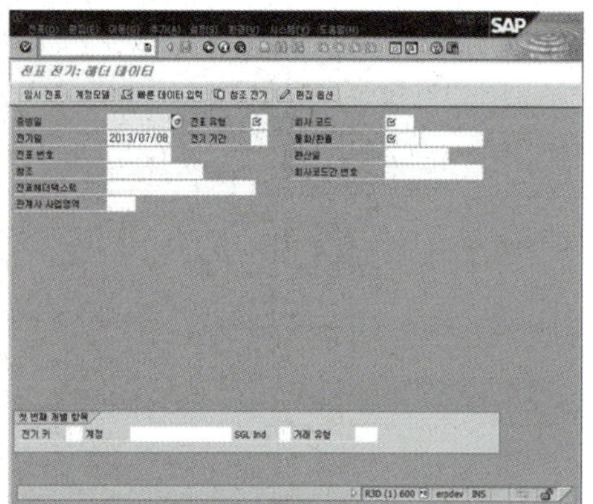

Streamline Theme

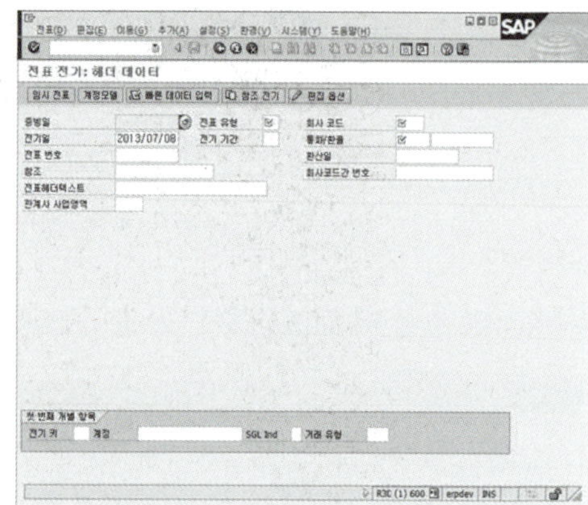

Tradeshow Theme

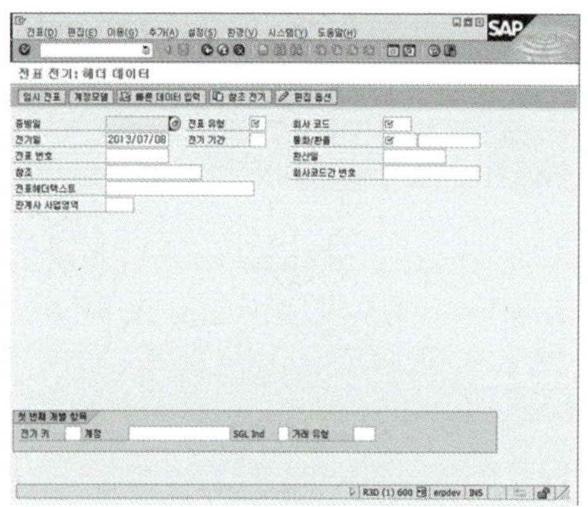

Classic Theme

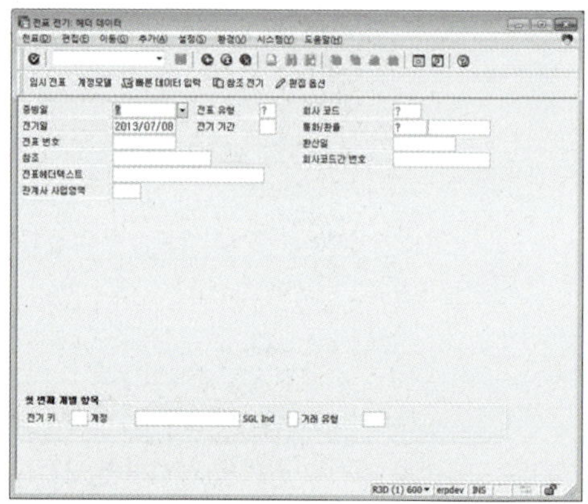

1.2 가변 폭 글꼴의 변경

글자의 모양과 크기를 결정한다. 기본 글꼴인 Tahoma는 ALV 리스트 화면에서 느리게 조회될 수 있으므로, 다른 글꼴로 변경해 본다. 로그온 후에 GUI 옵션에서 글꼴을 변경한다면 변경글꼴은 신규 세션에서부터 반영된다.

초기 글꼴 설정

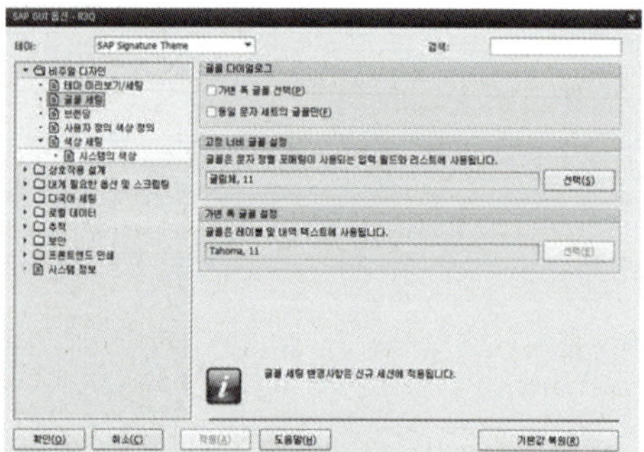

비주얼 디자인 ➡ 글꼴 세팅

가변 폭 글꼴 선택 체크 후 변경

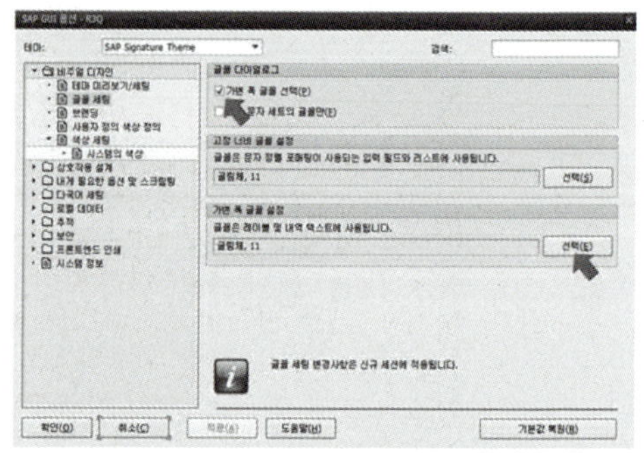

가변 폭 글꼴 선택 체크 후 글꼴을 변경

초기 글꼴 ALV 화면

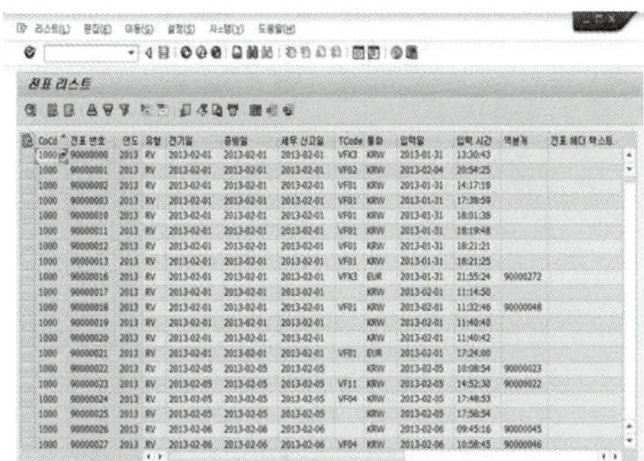

➔ 기본 Tahoma, 11일 때 조회

변경 후 ALV 화면

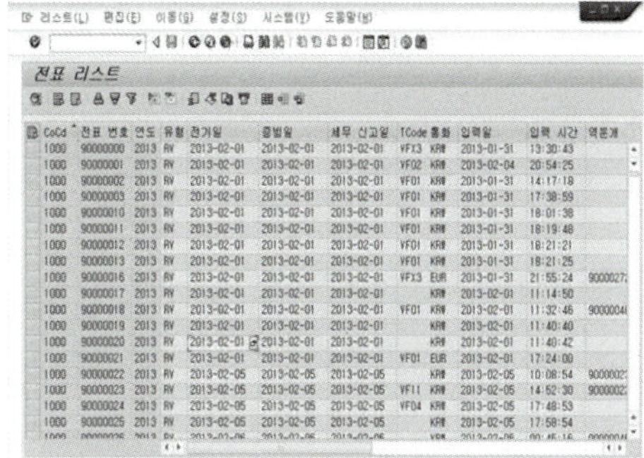

➔ 굴림체, 11로 변경 후 조회

1.3 시스템별 색상 구분

SAP 시스템 구성이 개발, 테스트, 운영 서버 등으로 분리되어 있을 때, 사용자가 접속한 시스템을 쉽게 구분하기 위하여 서버, 클라이언트별로 색상을 다르게 설정할 수 있다. 운영 서버에서 테스트 데이터를 잘못 입력한다든가, 반대로 테스트 서버에서 처리를 하고, 실제 운영에서 처리를 누락시키는 등의 사고를 미연에 방지할 수 있다. 해당 시스템의 로그온창 또는 로그온 후에 옵션에서 세팅한다.

R3D 600에서 로그온 후 SAP Green으로 설정 후 실행 화면

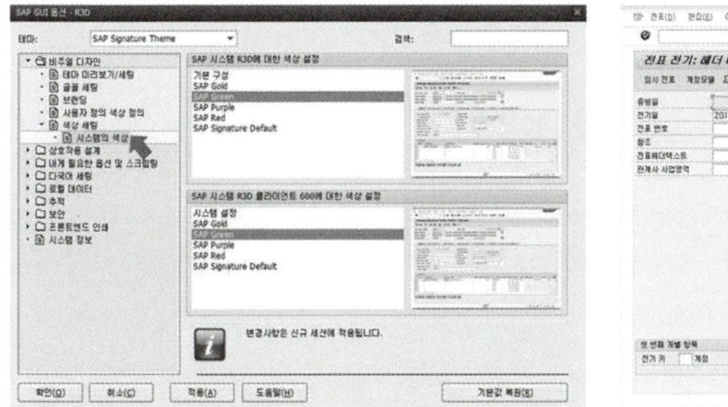
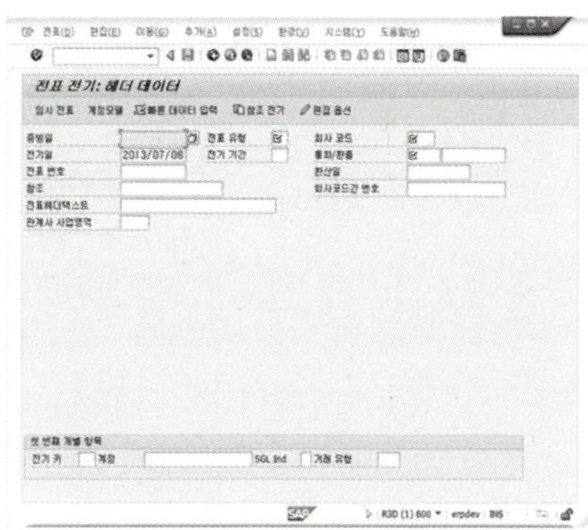

비주얼 디자인 ➔ 색상 세팅 ➔ 시스템의 색상을 선택 후 오른쪽 영역에서 현재 시스템 색상 선택
➔ 600 Client에 대해서 Green으로 선택

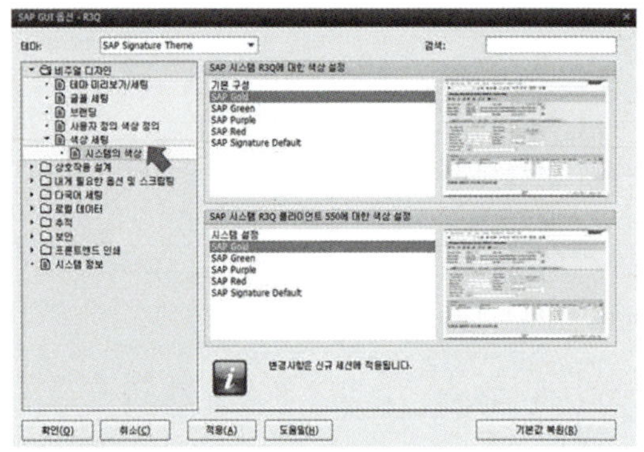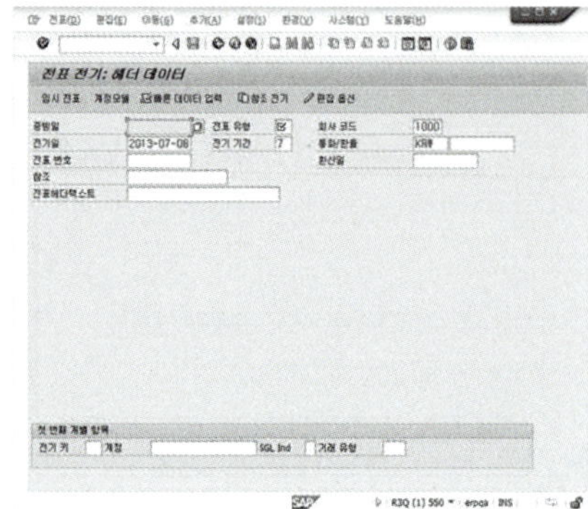

➔ 550 Client에 대해서 Gold로 선택

1.4 드롭다운 리스트(Dropdown List)에 키 표시

SAP 화면에서 입력 필드가 드롭다운 리스트일 때 실제 테이블에 저장되는 코드값과 이름을 함께 표시할지, 코드값 없이 이름만 표시할지를 선택한다.

초기에는 시스템 코드값과 익숙해지기 위해, 키 표시를 체크하고 사용하는 것을 추천한다.

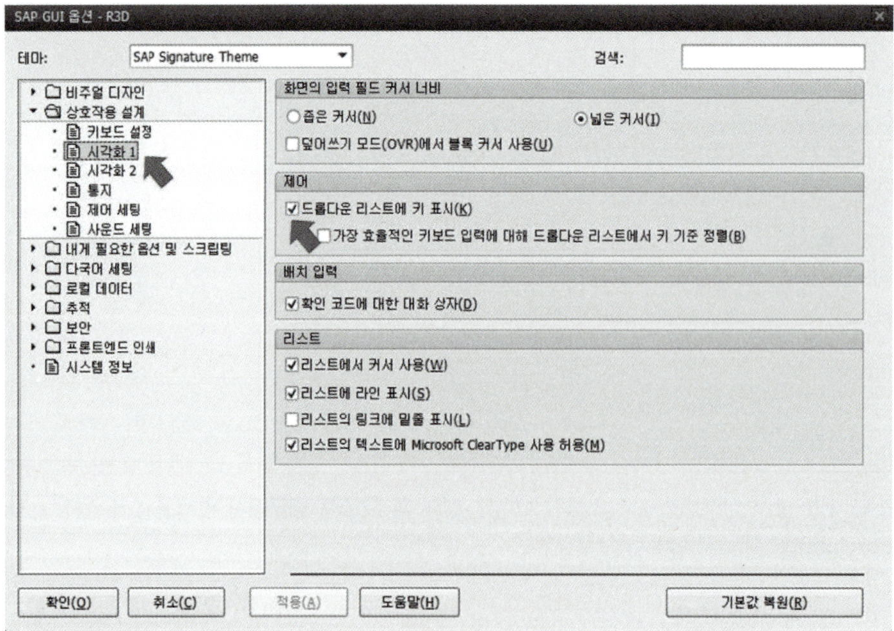

상호 작용 설계 ➔ 시각화 1을 선택하고 제어/드롭다운 리스트에 키 표시를 체크

드롭다운 리스트에 키 표시 미체크

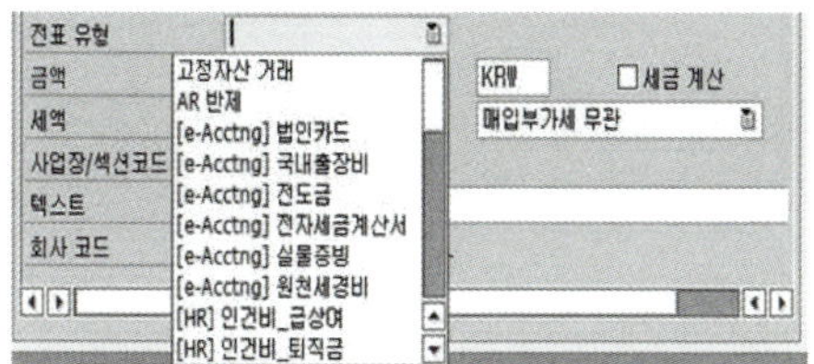

➔ 전표 유형 이름이 리스트로 보인다.

드롭다운 리스트에 키 표시 체크

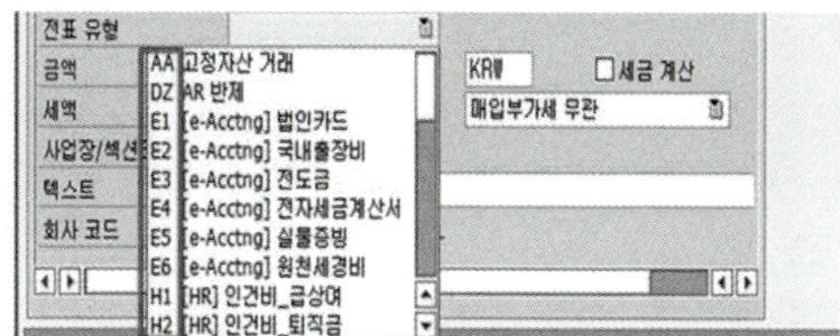

➔ 전표 유형 코드값과 이름이 함께 보인다.

1.5 시스템 정보 확인

Client 프로그램의 릴리스 버전과 패치레벨, 파일 버전을 확인한다.

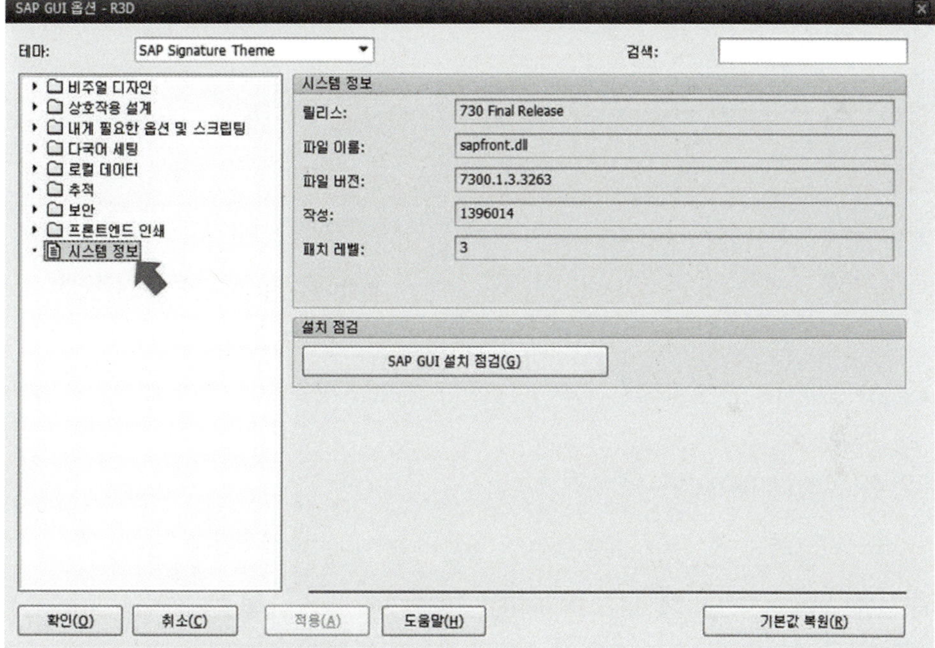

➔ 시스템 정보를 클릭하여 오른쪽에 Client 정보 확인

서버 연결 설정

SAP 로그온창에서 인스턴스별 연결을 설정한다. 신규 접속 정보를 생성하거나,
항목의 속성에서 변경을 선택한다.

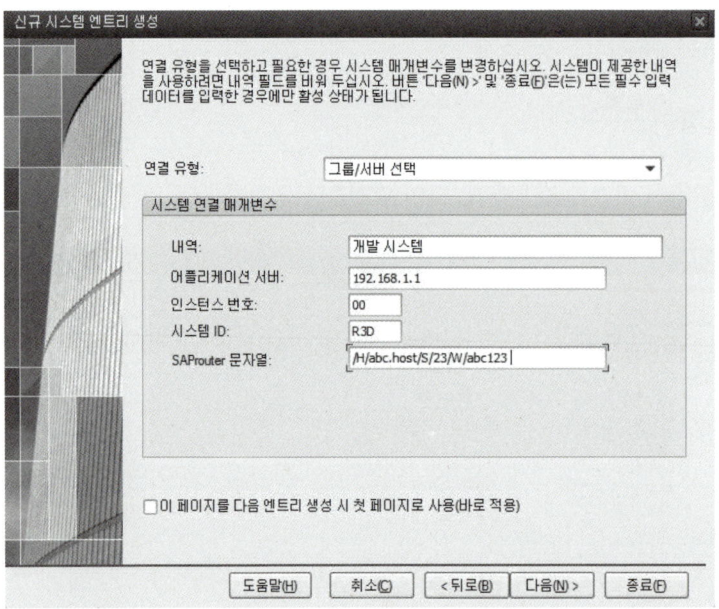

➔ 인스턴스의 이름 "개발 시스템", 주소 192.168.1.1, 인스턴스 번호 00, 시스템 ID R3D로 설정

연결 유형과 매개변수

그룹/서버 선택 : 메시지 서버를 통해서 SAP dispatcher에 접속할 경우

커스텀 어플리케이션 서버 : SAP dispatcher에 바로 접속할 경우

내역 : 시스템 정보 간단한 설명, 공란으로 놔두면 시스템이 자동 제안

어플리케이션 서버 : 접속할 서버의 호스트 네임, 또는 IP 주소

시스템 번호 : 접속할 SAP system의 번호(예. 00, 01…)

시스템 ID : 접속할 SAP System ID

SAProuter 문자열 : 여러 호스트에서 경로를 지정(/H/host/S/service/W/password)

(예. /H/abc.host/S/23/W/abc123 ⇒ abc.host라는 서버, 23번 포트, 패스워드 abc123으로 접속)

로그온 후 기본 설정

3.1 메뉴와 화면에 대한 기본 설정 3.2 사용자 기본 정보 설정
3.3 빠른 잘라내기/붙여넣기 3.4 즐겨찾기 Download/Upload 3.5 서버 시스템의 정보 확인
★기본 명령어

시스템 사용자에 따른 고유의 GUI 기본 설정들이다. 즐겨찾기 및 초기화면 등 사용자
별로 GUI의 작업 환경을 세팅한다.

3.1 메뉴와 화면에 대한 기본 설정(메뉴바/추가 → 설정)

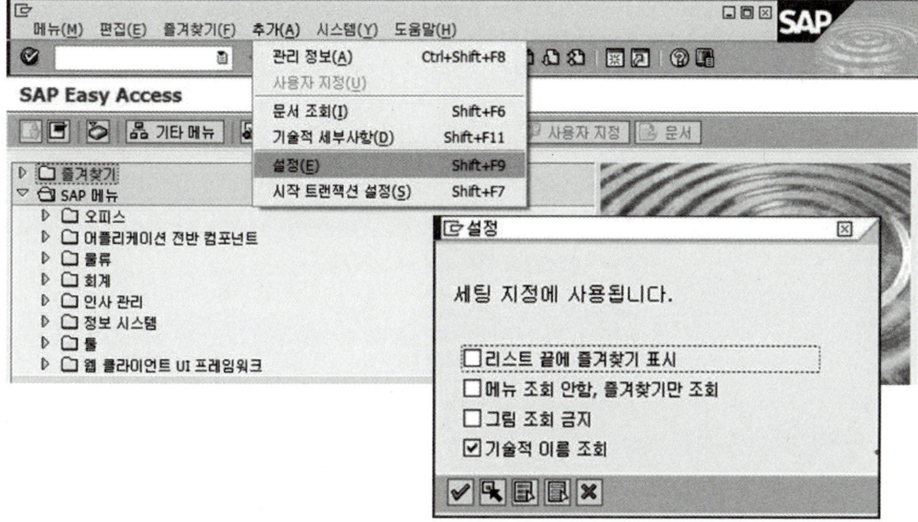

리스트 끝에 즐겨찾기 표시 : SAP 메뉴와 즐겨찾기 순서로 바꿈

메뉴 조회 안함, 즐겨찾기만 조회 : SAP 표준 메뉴를 안 보이게 하고, 즐겨찾기 메뉴
만 보임

그림 조회 금지 : 이미지 표시 안함

기술적 이름 조회 : 메뉴에 T-Code(Transaction code)를 보이거나/안 보이게 선택

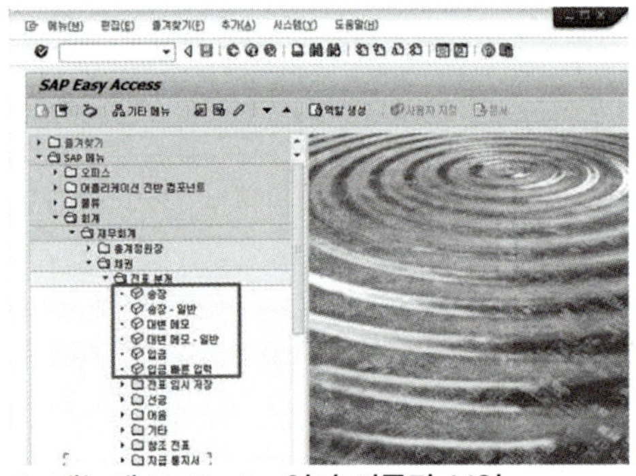

→ 메뉴에 T-Code 없이 이름만 보임

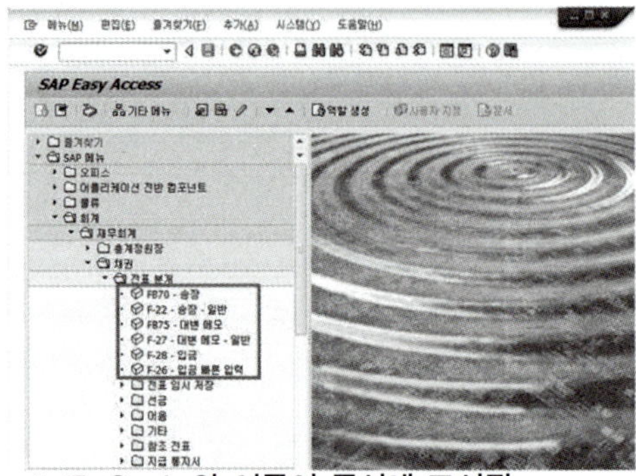

→ T-Code와 이름이 동시에 표시됨

3.2 사용자 기본 정보 설정
(메뉴바/시스템 → 사용자 프로파일 → 고유 데이터)

로그온 사용자의 이름, 연락처 등의 기본 정보, 비밀번호 변경과 매개변수의 3개 탭으로 구성되어 있다.

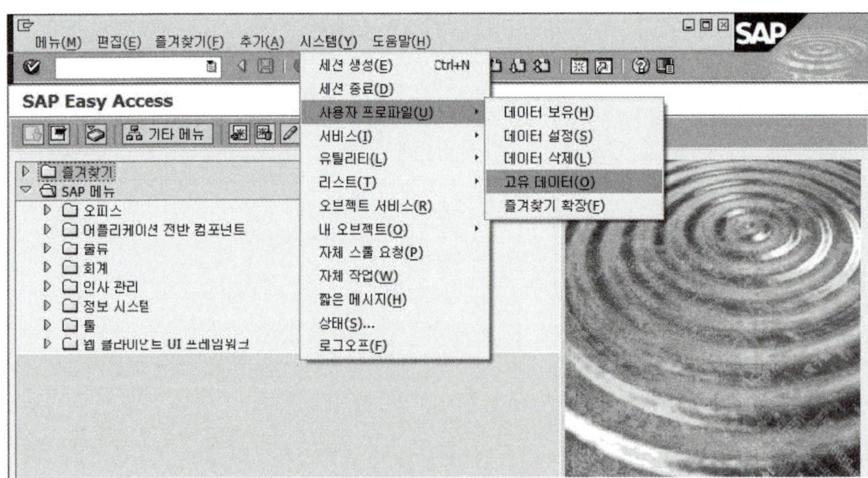

〈사용자 기본 정보〉

이름, 부서, 주소 등의 사용자 기본 정보를 확인/수정한다.

비밀번호 변경 화면 추가

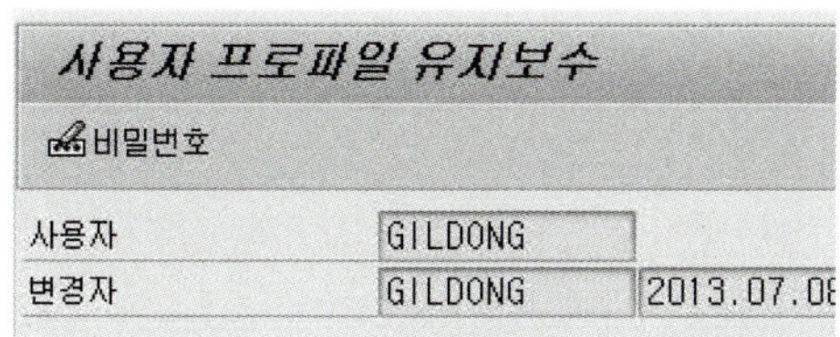

→ 왼쪽 상단의 비밀번호 버튼을 클릭한다.

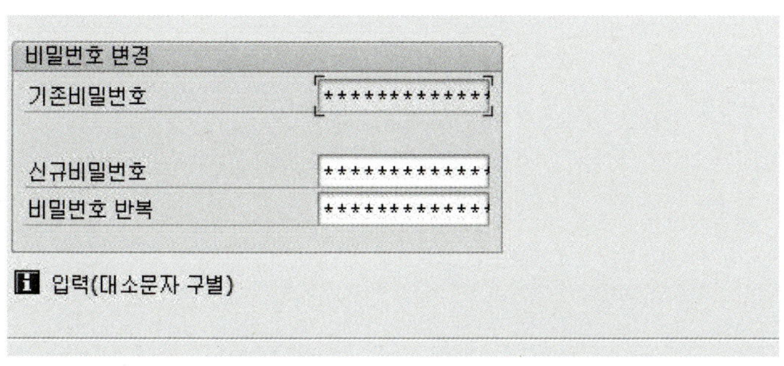

→ 기존 비밀번호와 신규 비밀번호를 두 번 입력하고 저장한다.

〈기본값〉

사용자의 기본 영역 메뉴, 언어, 숫자/날짜/시간 표기법 등을 지정한다.

로그온 언어 : 로그온 시 기본 언어를 지정

십진수 표기법 : 숫자에 대한 쉼표 등의 표기법을 설정

날짜 형식 : 연도, 월, 일에 대한 날짜 형식을 결정

시간포맷 : 시, 분, 초 표시 형식 결정

〈매개변수 탭〉

메모리에 기본값을 저장하여 해당 변수가 화면에 나올 때 지정한 값이 기본적으로 입력된다.

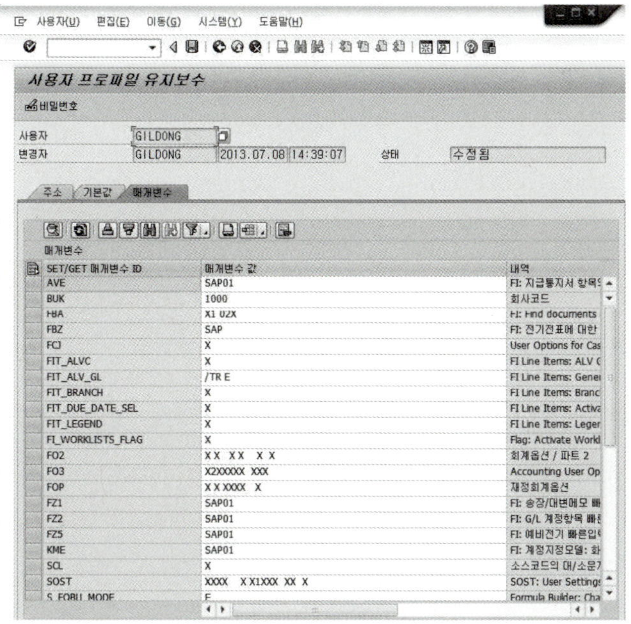

화면필드에 매개변수 ID 를 확인하여 사용자별로 기본값을 지정할 수 있음

화면 매개변수 ID 확인

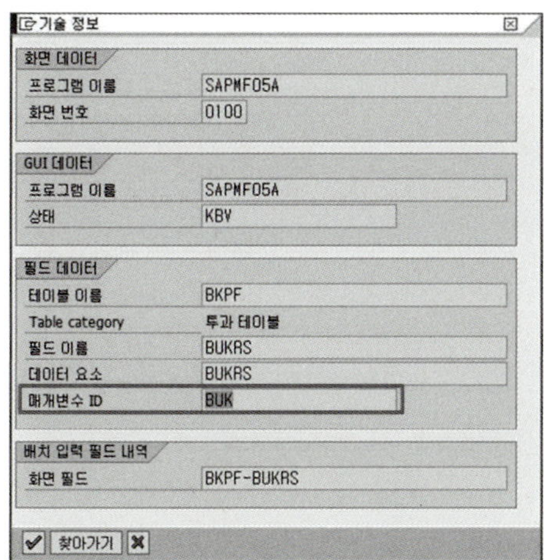

매개변수값 설정

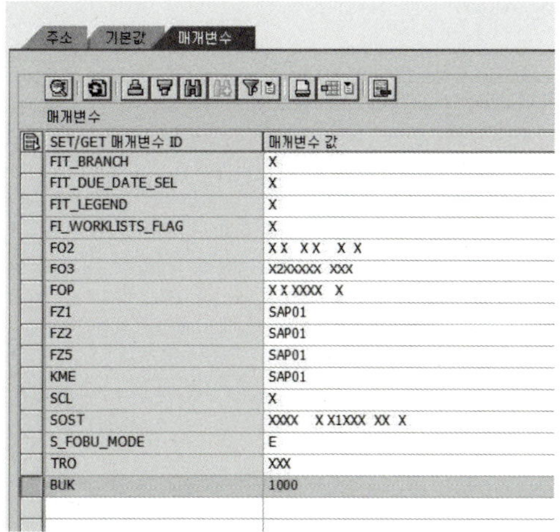

➔ 매개변수 BUK에 매개변수값 1000 지정

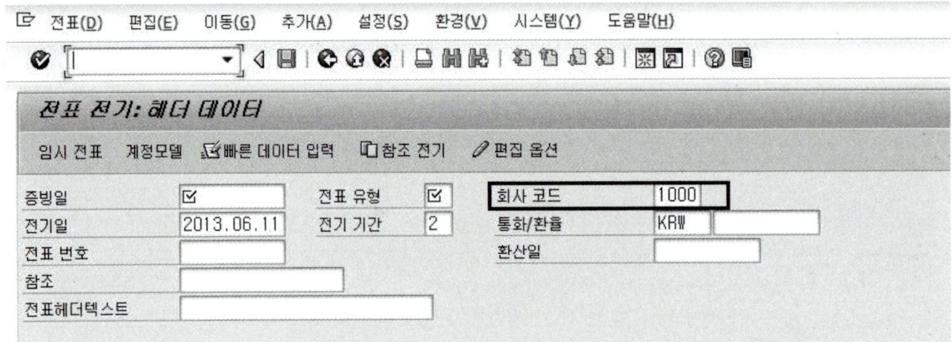

➜ 화면에 매개변수 BUK인 회사코드 필드에 기본값으로 1000이 자동 입력됨(FB01)

3.3 빠른 잘라내기/붙여넣기

활성화하면 마우스 드래그만으로 텍스트 Copy가 되어, 입력 필드에서 Ctrl + V 또는 오른쪽 마우스키로 붙여넣기 할 수 있다.

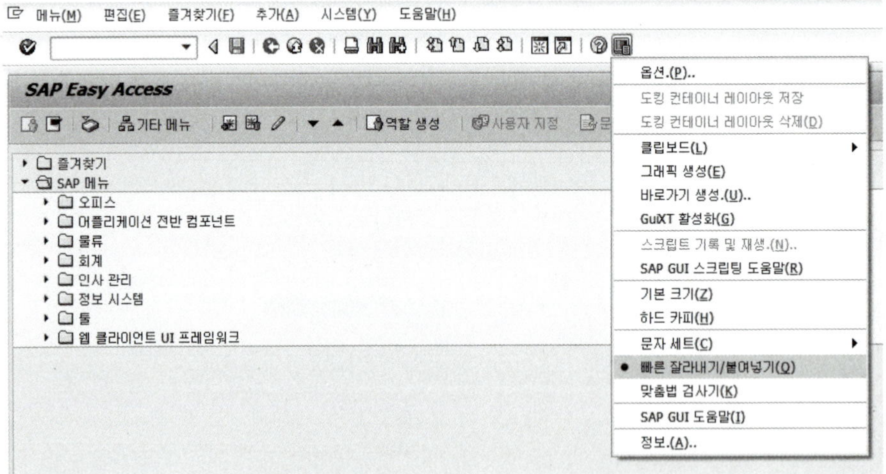

➜ 선택하면 활성, 다시 선택하면 비활성

3.4 즐겨찾기 Download/Upload

세팅해 놓은 즐겨찾기 메뉴를 PC에 파일로 다운로드하거나, 즐겨찾기 파일을 Upload
하여 반영할 수 있다.

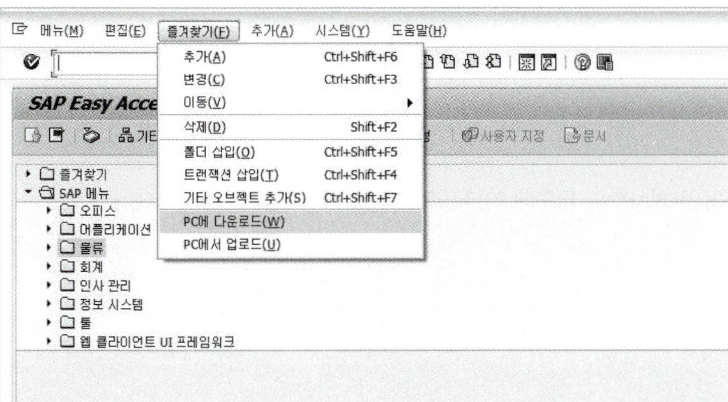

3.5 서버 시스템의 정보 확인(메뉴바 시스템 → 상태)

SAP 시스템의 버전, 서버 호스트 및 데이터베이스 정보와 사용자 로그온 정보 등을 확
인한다.

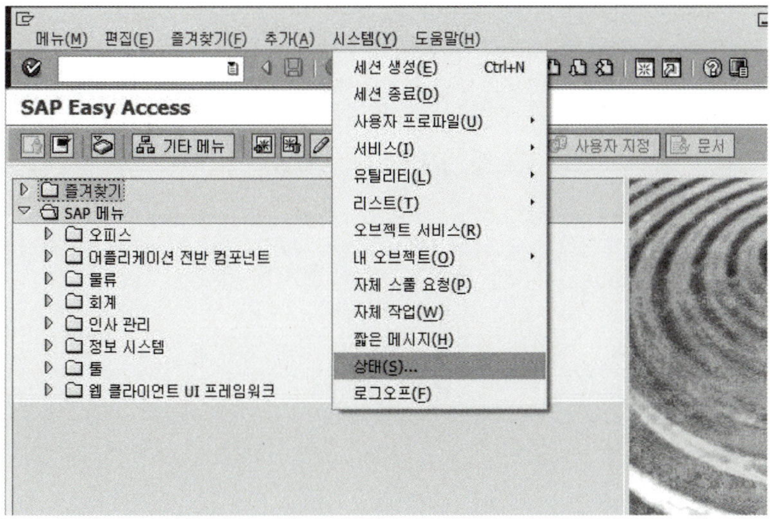

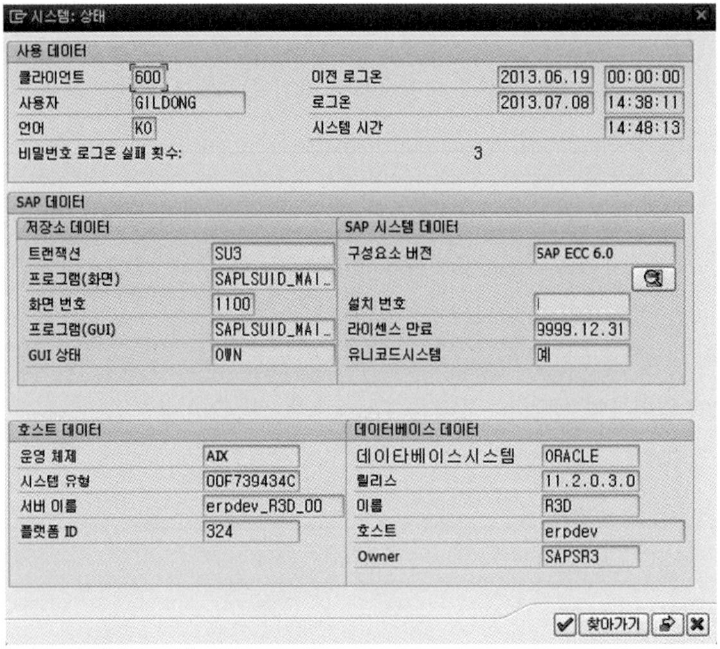

사용 데이터 : Client, 사용자, 언어, 로그온 정보

SAP 데이터

- 저장소 데이터 : 현재 실행 중인 프로그램 정보

- SAP 시스템 데이터 : SAP 서버 버전과 설치 정보

호스트 데이터 : SAP 서버의 OS와 시스템 정보

데이터베이스 데이터 : Database 시스템 및 버전, 이름, 호스트 정보

★기본 명령어

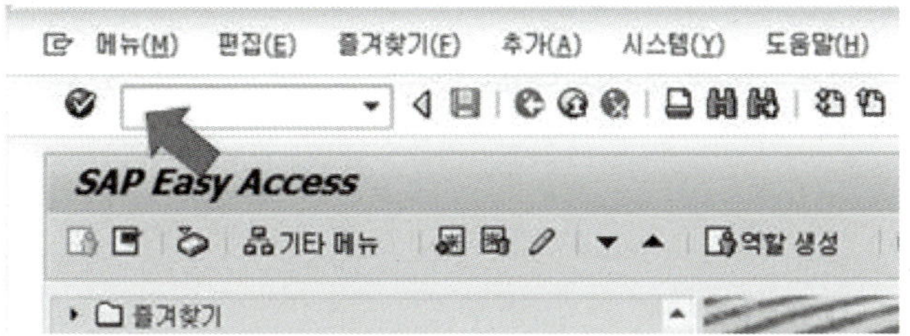

Command Field에 입력하여 실행하는 것으로 Transaction을 Call 하는 것이 아닌 시스템 일반 명령

명령어	설명
/o	세션 연결 화면 추가
/i	현재 세션 종료
/n	실행 중인 프로그램을 종료하고, 초기화면으로 돌아감
/nex	확인창 없이 모든 세션 종료하고 Logoff
/h	디버깅모드 활성화, 이후 어떤 명령이든지 디버깅모드로 실행됨
S000	SAP Standard Area Menu 실행

★연속 실행

기본 명령어와 Transaction code를 연달아 입력하여 실행

/nva03 ➔ 현재 세션 화면 종료하고 va03 실행

/omm03 ➔ 새로운 세션을 오픈하여 mm03 실행

PART 02

주요 모듈 소개

▶ SAP시스템은 서브 모듈로 나누어져 있는데, 회계(FI), 원가(CO), 자금(TR), 영업(SD), 구매(MM), 생산(PP) 등 회사의 조직/업무의 구분과 연계되어 있다. 모듈별로 조직체계, COA, 고객/구매처 등의 마스터 정보, 전표/주문 등의 트랜잭션 정보가 정의되어 있고, 또한 모듈 간 유기적으로 연계되어 있다. 핵심 모듈 몇 개에 대해서 간단한 소개와 조직 및 주요 테이블 구조를 살펴본다.

>>> chapter 01 FI(Finance)

GL계정,고객/구매처, 자산마스터 | 전표의 이해
전표 개별 항목의 상세 정보 | ★부가세 신고를 위한 추가 개발

>>> chapter 02 CO(Controlling)

>>> chapter 03 TR(Treasury)

머니마켓(Money Market) | 현금 관리(Cash Management)
★입출금 관리를 위한 펌뱅킹 시스템

>>> chapter 04 SD(Sales and Distribution)

영업 영역(Sales Area) | 영업 절차의 이해
★수출입 업무 처리를 위한 시스템

>>> chapter 05 MM(Material Management)

구매 조직(Purchasing Organization), 공장(Plant), 저장 창고(Storage Location)
구매 절차의 이해

모듈의 이해

SAP 시스템은 다른 ERP 시스템과 마찬가지로 회사의 기본적인 업무 및 조직별로 모듈화되어 있다. 이렇게 모듈화되어 있으면서 하나의 시스템으로 통합되어 있으므로 별도의 인터페이스 없이 물류의 흐름과 회계의 데이터가 일치하게 되는데, 이러한 실시간 통합성이 ERP의 최대 장점이라 할 수 있다.

재무/관리회계, 자금의 재경 담당 부분은 각각 FI, CO, TR 모듈이고 이를 합쳐서 FCM(Finance Chain Management), 영업, 구매, 생산의 물류 담당 부분은 SD, MM, PP 모듈이고, 이를 SCM(Supply Chain Management), 인사의 HR 모듈을 HCM(Human Chain Management)이라고 부르기도 한다.

이러한 기본적인 핵심 모듈들을 Core Module이라고 하고, 사업의 성격상 필요한 추가 영역인 CRM, SRM, BPC 등을 확장 모듈이라고 한다. 우리나라는 고유의 프로세스가 많아서 SAP에서 지원하기 힘든 수출/수입 업무나 부가세, 펌뱅킹 등은 보통 국내의 외부 솔루션을 사용하거나 SAP ABAP으로 자체 개발하여 구축한다. 여기서는 Core Module 중에 FI, CO, TR, SD, MM에 대한 기본 구성과 주요 마스터/트랜잭션 데이터를 확인하면서 각 모듈에 대한 기본적인 이해를 돕고자 한다.

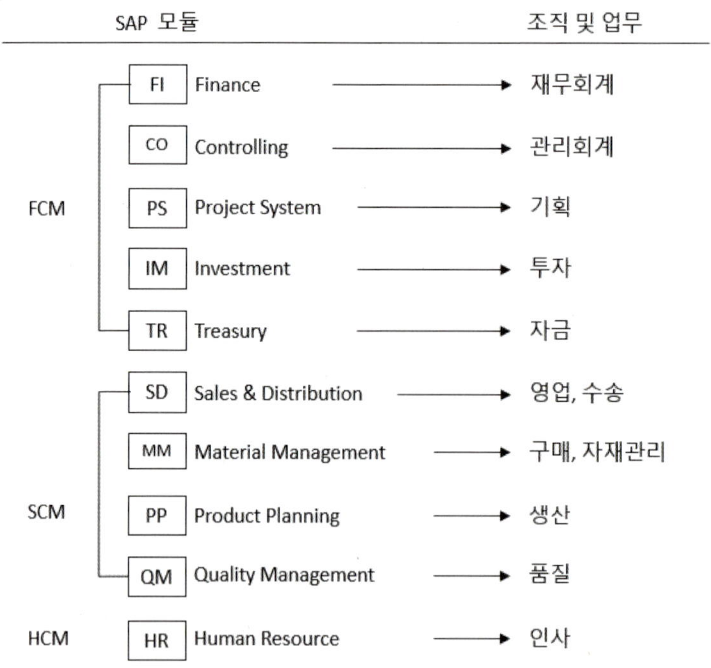

*SAP 모듈별 기본 조직의 관계 구성도

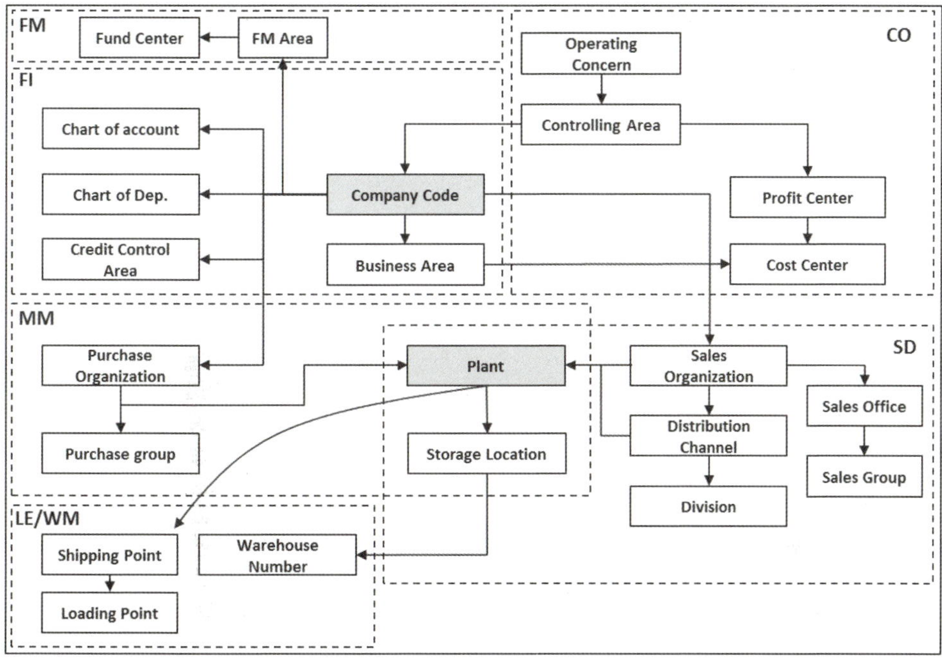

회사코드(Company Code)는 회계 공시 기준의 조직으로 FI, CO, TR의 회계 영역뿐만 아니라 구매(MM)와 영업(SD) 조직 단위와 연계되는 핵심 기본 조직이다. 재무회계(FI)에서는 동일한 회사코드 내 여러 사업 영역(Business Area)을 두어 재무제표를 확인할 수 있고, 총계정원장(Chart of Account), 감가상각 영역(Chart of Depreciation), 여신관리 영역(Credit Control Area) 등의 기준 정보를 관리한다. 원가는 Operating Concern, Controlling Area의 구조로 여러 회사, 여러 사업 부문에 걸친 분석이 가능하도록 지원해 주고, 손익 센터와 코스트 센터는 수익성 및 비용 관리의 기준 조직으로 사용된다.

물류는 공장(Plant)을 통해 자재와 상품의 흐름을 관리하고, 구매/영업 조직, 생산(PP)과 창고관리 등과 연결된다.

영업은 영업 조직(Sales Oranization), 유통 경로(Distribution Channel), 제품군(Division)으로서 영업 영역(Sales Area)이 결정되어 고객과 판매 주문의 분류 기준으로 사용된다. 이 밖에 구매 조직, 창고 등 여러 조직 구조가 물류의 흐름을 지원한다.

FI(Finance)

1.1 GL계정,고객/구매처, 자산마스터 1.2 전표의 이해
1.3 전표 개별 항목의 상세 정보 ★부가세 신고를 위한 추가 개발

재무회계의 업무 영역이다. 회사의 모든 거래(회계상 거래)와 물류의 흐름은 회계전표 (FI Document)를 통해 표현되는데, 이는 결산을 통해 재무보고서로 요약된다. 재무보고 서의 기준이 되는 회계 계정인 GL Account 관리(GL)는 FI에 가장 기본적인 마스터 데이 터이면서 여러 모듈에 연결되는 부분이므로 시스템 구축 초기에 정확히 정의하는 것이 중 요하다. 구매처와의 매입채무 거래를 관리하는 AP(Account Payable), 고객과의 매출채 권 거래를 관리하는 AR(Account Receivable), 그리고 유무형의 회사 자산을 관리하는 AA(Asset Accounting)으로 구성되어 있다.

FI 모듈구성도

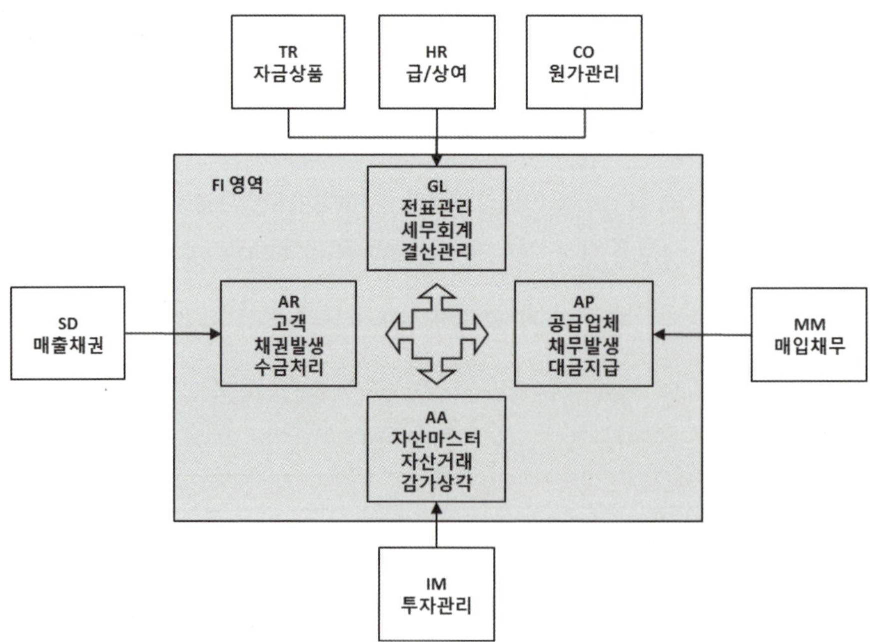

스탠다드 메뉴(S000)에서 재무회계 경로

- ▼ 🗁 SAP 메뉴
  - ▸ 🗀 오피스
  - ▸ 🗀 어플리케이션 전반 컴포넌트
  - ▸ 🗀 물류
  - ▼ 🗁 회계
    - ▼ 🗁 재무회계
      - ▸ 🗀 총계정원장
      - ▸ 🗀 채권
      - ▸ 🗀 채무
      - ▸ 🗀 은행
      - ▸ 🗀 고정 자산
      - ▸ 🗀 특별 목적 원장
      - ▸ 🗀 추가 기능
      - ▸ 🗀 리스 회계
    - ▸ 🗀 재무 공급망 관리
    - ▸ 🗀 관리회계

SPRO 내에서 재무회계 경로

- ▼ 📄 SAP 커스터마이징 구현 안내서(IMG)
  - · 📄 ⊕ 비즈니스 기능 활성화
  - ▸ SAP NetWeaver
  - ▸ 📄 기업 구조
  - ▸ 📄 CA 구성요소
  - ▼ 재무회계(신규)
    - ▸ 재무회계 전역 세팅(신규)
    - ▸ 총계정원장 회계(신규)
    - ▸ 📄 채권 및 채무
    - ▸ 📄 계약 계정(채권 및 채무)
    - ▸ 은행 회계
    - ▸ 연결 준비(신규)
    - ▸ 📄 자산 회계
    - ▸ 📄 리스 회계
    - ▸ 📄 특별 목적 원장
  - ▸ 재무 공급망 관리

1.1 GL계정, 고객/구매처, 자산마스터

GL계정, 고객/구매처, 자산 마스터는 FI뿐만 아니라, 동일한 마스터 키를 가지고 TR, SD, MM 등 다른 모듈에서 함께 사용하는 것으로 전체 ERP의 통합성을 유지시켜 주는 기본 마스터 정보이다. 즉 회계와 영업에서 관리하는 고객의 코드가 동일하므로, 고객의 회사명이나 사업자번호로 비교해 볼 필요가 없이 동일하게 사용할 수 있다.

〈GL 계정 : FS00〉

총계정원장의 계정인 GL 계정은 일반 정보와 회사코드에 종속되는 정보로 나누어지는 데, FS00에서 특성을 조회/변경/생성한다.

일반 정보 : 유형/내역, 키워드/환산, COA 정보로 주로 명칭 등의 일반적인 정보

회사코드 정보 : 제어데이터, 은행/이자/생성, Company Code정보 등 회사코드별로 다르게 부여할 수 있는 정보

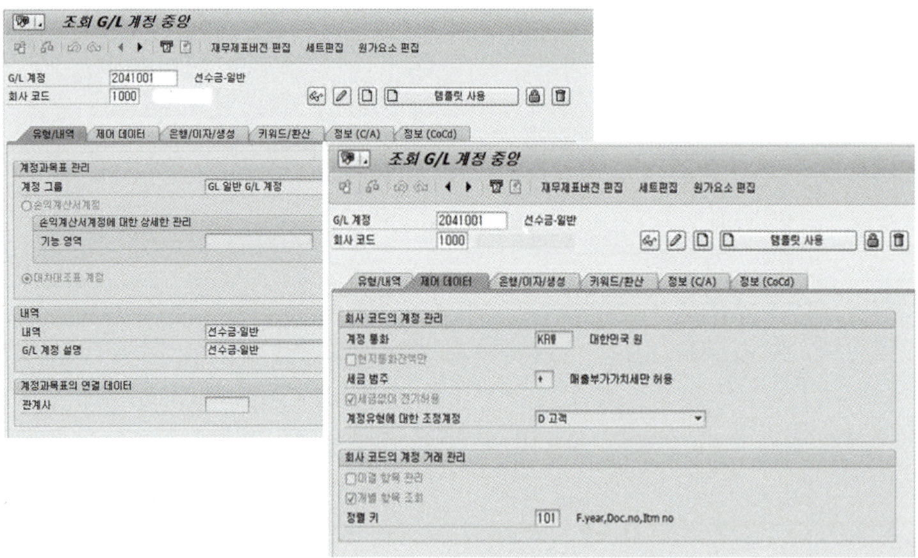

예) 2041001선수금 계정으로 매출부가가치세만 허용되고 고객의 조정 계정으로 사용

〈고객 마스터 : FD03〉

GL 계정처럼 고객 마스터 키에 일반 데이터와 회사코드별 데이터로 관리된다. SD 모듈에서 사용하는 영업 영역(Sales Area)별 데이터도 있는데, SD 모듈에서 관리한다. (XD03 참고)

일반 데이터 : 고객의 이름, 주소, 연락처, 사업자번호, 계좌번호 등 고객의 일반 정보

회사코드 데이터 : GL 조정 계정, 지급 조건 등 회사와의 거래에 필요한 정보

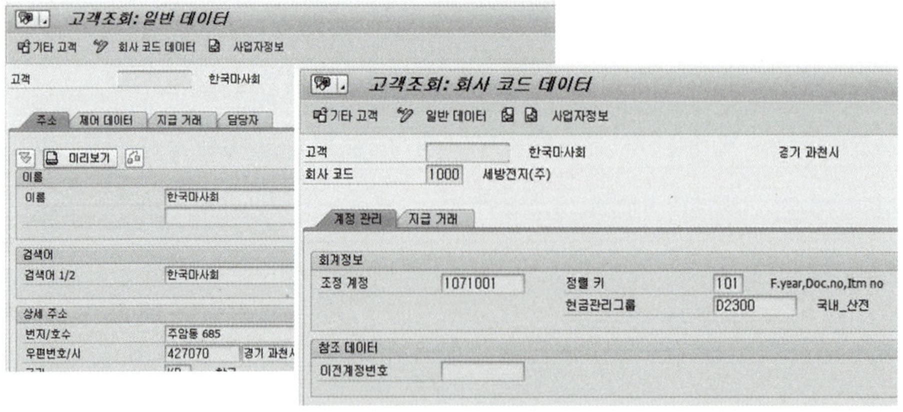

예) 마사회 고객의 주소 정보와 회사코드 1000과 거래할 때의 조정 계정, 정렬키 등의 정보 확인

FD01 : 고객 생성

FD02 : 고객 변경

FD03 : 고객 조회

〈구매처 마스터 : FK03〉

기본적인 구성은 고객 마스터와 동일하게 일반 데이터와 회사코드별 데이터로 나누어진다. 구매 조직별 데이터도 있는데, MM 모듈에서 관리한다. (XK03 참고)

일반 데이터 : 주소, 사업자번호, 은행계좌 등의 해당 업체에 일반적인 정보

회사코드 데이터 : GL 조정 계정, 지급 조건 등 회사와의 거래에 필요한 정보

일반 데이터와 회사코드 데이터 중 조회할 데이터를 하나 이상 체크하고, 화면 이동 버튼으로 데이터를 확인한다.

FK01 : 구매처 생성

FK02 : 구매처 변경

FK03 : 구매처 조회

〈자산마스터〉

마스터 데이터와 감가상각 영역, 영역별 자산가액의 데이터를 관리한다.

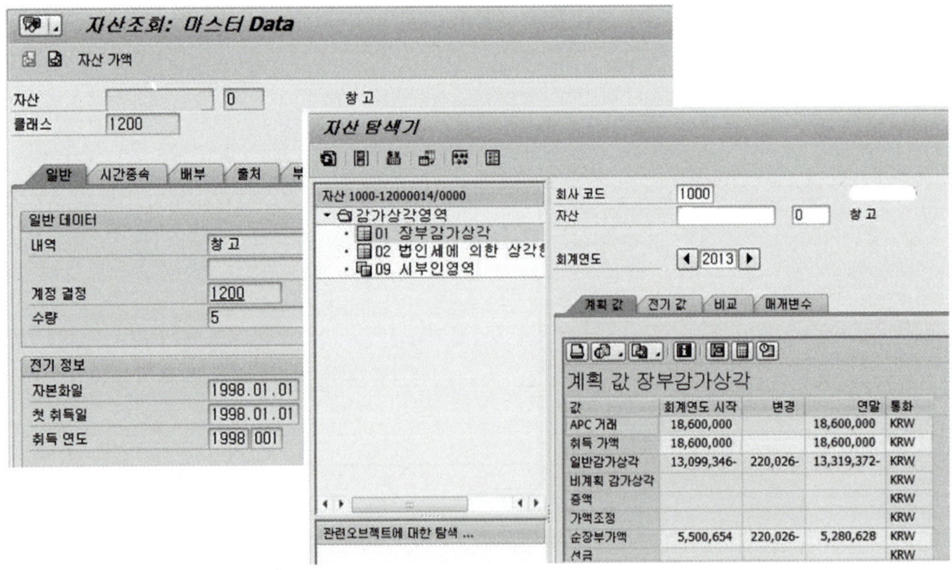

마스터 데이터 : 자산의 이름, 수량, 계정 결정 코드, 영역 등의 정보

감가상각 영역 : 보통 회계/세무상 감가상각 영역을 분리하여 관리한다.

자산가액 : AW01N으로 바로 조회 가능하며, 감가상각 영역별로 상각/전기/잔액을 확

　　　　　인한다.

➜ 1200 유형자산-건물 클래스인 창고 자산의 일반 정보와 장부, 법인세, 시부인의 감가상각 영
역별 자산가액을 확인한다.

1.2 전표의 이해(FB03)

전표(Document)는 FI의 가장 중요한 Transaction 데이터이다. FB01의 기본적인 전표 생성 화면이 있지만, 전표의 종류에 따라 효율적으로 전표를 생성할 수 있도록 FB60, FB70 등으로 특성화되어 있다. SD, MM 등 관련 모듈에서 발생하는 트랜잭션은 설정에 의해 회계로 자동전기(Automatic Posting) 되어 다른 모듈과 데이터가 일치하게 된다.

FB03에서 다양한 조건으로 전표를 조회할 수 있다.

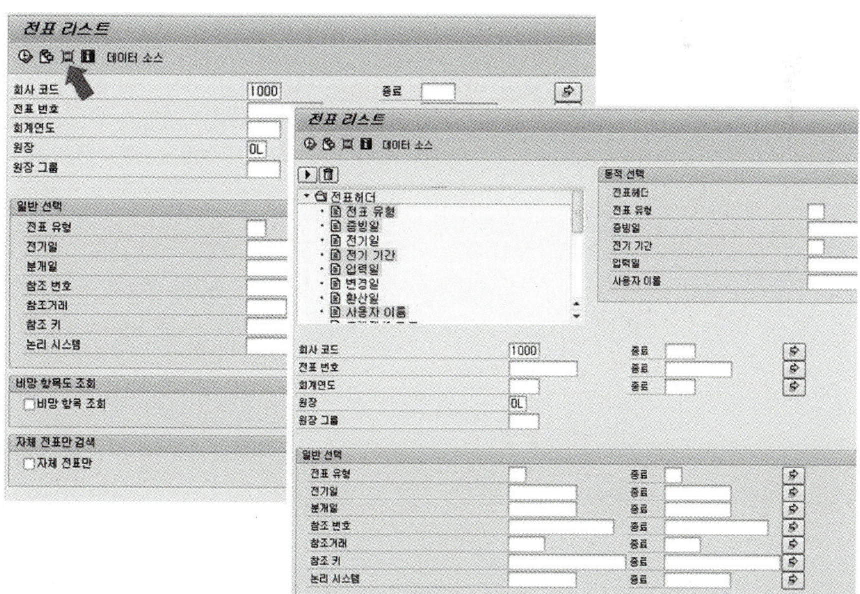

=〉 전표 번호로 조회하는 화면, 전표 리스트 버튼을 클릭하면 다양한 조건으로 조회 가능

=〉 🔲 동적 조건을 클릭하면 전표 헤더와 아이템 데이터에서 조회할 기준 필드를 선택할 수 있다.

전표는 헤더와 아이템 레벨로 구분되며, 아이템에는 항목이 999개까지 올 수 있다.

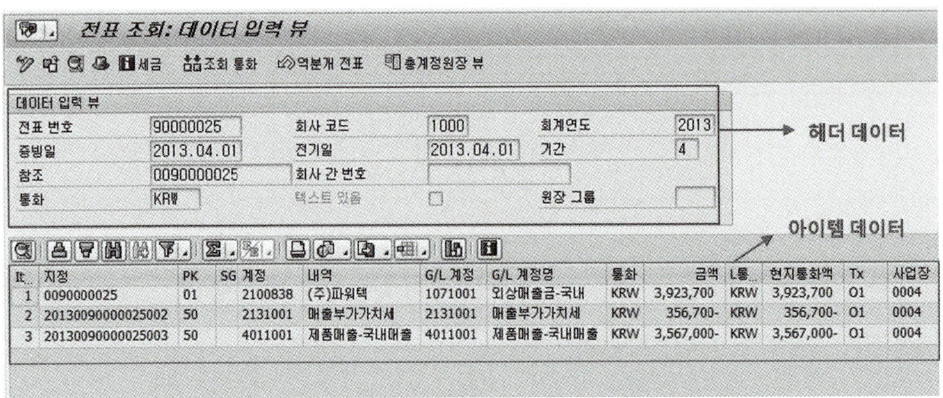

→ SD 영업에서 발생한 Billing 전표 => (매출채권 / 매출 + 매출부가세)

헤더 데이터 : 전표 번호, 전표 유형, 회사코드, 통화, 회계 연도, 증빙일, 전기일 등 전
표를 대표하는 일반적인 정보

헤더 조회 버튼을 클릭하면 더 자세한 추가 정보를 확인할 수 있다.

전표 유형	RV 업 매출채권		
전표헤더텍스트			
		세무 신고일	2013.04.01
참조	0090000025	증빙일	2013.04.01
		전기일	2013.04.01
통화	KR₩	전기 기간	04 / 2013
참조 거래	₩BRK		
참조 키	0090000025	논리시스템	R3DCLNT600
입력자		임시저장인	
입력일	2013.04.01	입력 시간	19:45:17
트랜잭션 코드	₩F01		
변경일		최종갱신일	
역분개인 ;;	90006271 2013		
역분개사유			
원장 그룹			
참조 키(헤더) 1		참조 키 2	

→ 전표 유형, 전표를 생성한 트랜잭션 코드, 역분개 정보 등 전표 헤더 상세 정보를 확인

***전표 유형** : 헤더 데이터의 정보로 전표를 논리적으로 분류하기 위한 구분자로 보통 업무적인 유형별로 사용한다.

아이템 데이터 : 전기키, 계정, GL 계정, 금액 등 각 계정 아이템별 정보

라인을 클릭하면 해당 아이템 라인의 정보를 전체화면으로 확인하고, 추가 데이터  를 클릭해서 기타 정보를 확인할 수 있다.

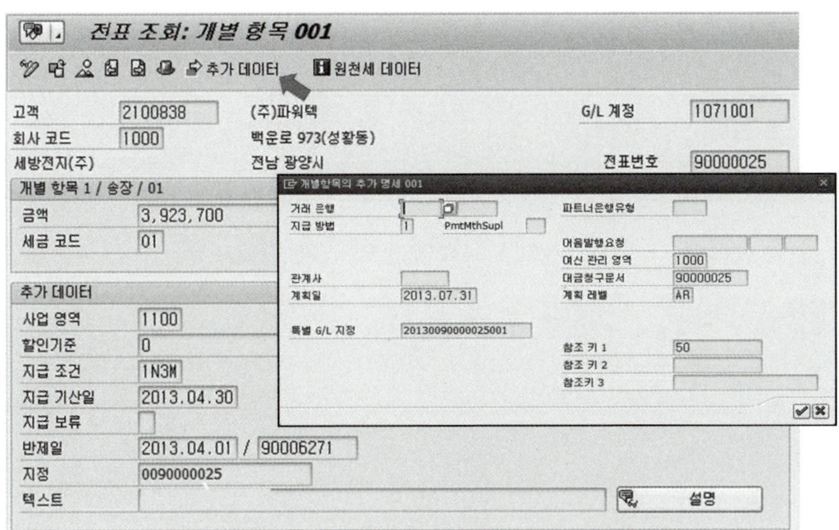

→ 지급 조건과 수금 계획일 등 고객 채권 아이템의 자세한 정보를 확인

1.3 전표 개별 항목의 상세 정보

구분	필드	내용
차대	전기키	차/대변 구분, 계정 유형 결정, 특별GL 거래 여부
계정	계정	GL/고객/구매처/자산 마스터 (전기키에 따라 의미가 달라짐)
	특별 GL 지시자	고객/구매처별로 조정 계정을 변경시키는 구분자
	거래 유형	자산 관련 거래의 구분(취득/이동/매각/폐기/감가상각)
금액	금액	전표 헤더 통화단위로 입력한 거래금액
	현지통화금액	회사코드 통화로 환산한 금액 (환율이나 환산금액을 입력할 수도 있고, 입력하지 않으면 저장된 환율로 자동 계산)
세무	세금 코드	세금 거래와 증빙의 구분
	세액	부가세 금액(자동 계산 or 직접 입력 가능)
	사업장	부가세 신고 사업장 코드
	섹션 코드	원천세 집계/신고의 구분 코드
	사업 영역	재무상태보고서, 손익계산서를 작성하기 위한 내부 구분 조직

지급	지급 조건	대금을 수금/지급하는 일자 계산을 위한 조건 코드
	지급 방법	대금을 수금/지급하는 방법
	지급 계좌	구매처 지급계좌
계정 지정	코스트 센터	원가의 귀속 부서로 코스트 센터 결정 시 사업 영역이 자동 결정됨
	오더	수익/비용 금액을 별도 집계/관리하기 위한 코드
	WBS	프로젝트의 하부 단계 수익/비용 집계 코드
	예산관리 관리	예산 통제의 기준이 되는 조직 코드
	약정 항목	예산 항목 코드로 GL 계정별로 할당되어 자동 검증되는 예산 통제의 기준
	수익성 세그먼트	수익성 분석 기준으로 사용되는 단위
	손익 센터	구분회계 목적의 손익 집계 단위

FB01 : 전표 생성

FB02 : 전표 변경

FB03 : 전표 조회

FI 주요 테이블의 연관 관계도

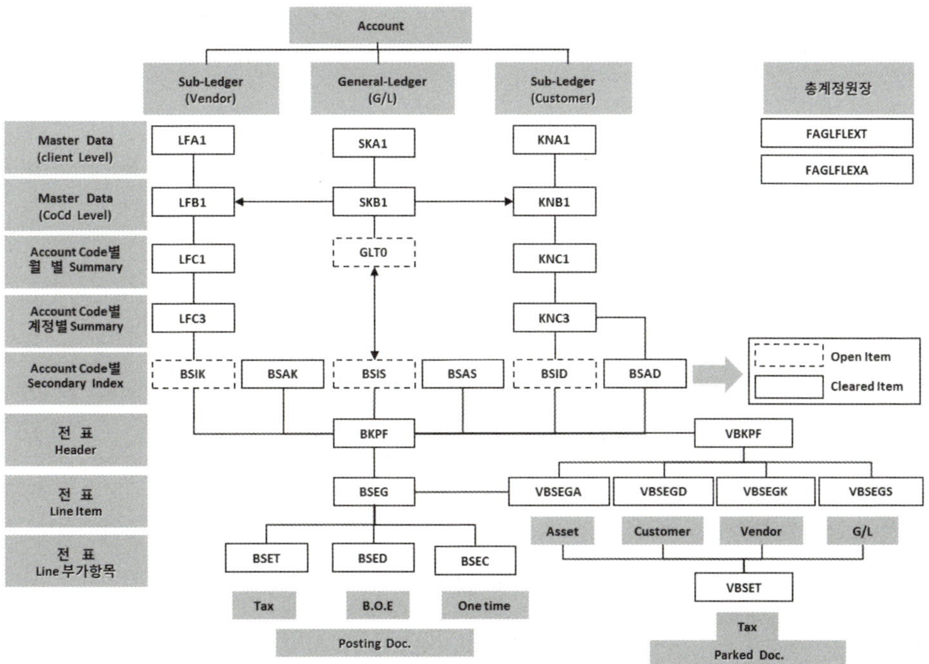

총계정원장/고객원장/구매처의 마스터 데이터와 전표의 트랜잭션 데이터로 구분된다. 반제가 필요한 항목일 경우 BSIK, BSIS, BSID에 전표의 아이템 항목이 미결로 저장되었다가 반제되면 BSAK, BSAS, BSAD로 데이터가 이동한다.

> ### *부가세 신고를 위한 추가 개발
>
> 기본적으로 상거래 시 전자세금계산서의 발행은 e세로 사이트(www.esero.go.kr)를 이용하고, 예정/확정 신고는 국세청 홈택스(www.hometax.go.kr)에서 한다. 하지만 큰 회사의 경우 전자세금계산서를 발행하고, 메일 발송을 하는 등 반복적인 업무의 효율성과 정확성을 위해 ASP 사업자를 사용한다. SAP가 구축될 경우 ASP 솔루션과의 Interface를 개발하여 전표 작성과 부가세 신고를 제어하고, 추가 개발을 통해 국내의 신고 파일 및 출력 양식을 제공하기도 한다.

FI 주요 Transaction Codes

CLOCO	결산 조종석 – 실행		FB50	G/L 계정전기: 단일 화면 트랜잭션
CLOCOC	결산 조종석 – 커스터마이징		FB60	수령 송장 입력
CLOCOS	결산 조종석 – 총합 뷰		FB65	입금 대변메모 입력
F–02	G/L 계정전기 입력		FB70	발행송장 입력
F–03	G/L 계정 반제		FB75	지급 대변메모 입력
F–04	반제 전기		FBCJ	현금 출납장
F–05	외화 평가 전기		FBD1	반복 분개 입력
F–06	입금 전기		FBD2	반복 분개 변경
F–07	지급 전기		FBD3	반복 분개 조회
F–22	고객 송장 입력		FBD4	반복 분개 변경 사항 조회
F–26	입금 빠른 입력		FBL1N	공급업체 개별 항목
F–27	고객 대변메모 입력		FBL5N	고객 개별 항목
F–28	입금 전기		FBRA	반제 항목 재설정
F–32	고객 반제		FBS1	발생/이연 전표 입력
F–41	구매처 대변메모 입력		FBV0	임시 저장 전표 전기
F–43	구매처송장 입력		FBV2	임시 저장 전표 변경
F–44	구매처 반제		FBV3	임시 저장 전표 조회
F–53	지급 전기		FBV4	임시 저장 전표 변경(헤더)
F–63	구매처송장 임시 저장		FBV5	임시 전표의 전표 변경 사항
F–64	고객송장 임시 저장		FBV6	임시 저장 전표 $
F–65	예비 전기		FCV3	조기 경고 리스트
F–66	구매처 대변메모 임시 저장		FD01	고객 생성(회계)
F–67	고객 대변메모 임시 저장		FD02	고객 변경(회계)
F.07	G/L: 차기 이월 잔액		FD03	고객 조회(회계)
F.13	자동 반제(통화 제외)		FD04	고객 변경(회계)
F.14	ABAP/4 레포트: 반복 분개		FD05	고객 보류(회계)
F.15	ABAP/4 레포트: 리스트 반복 분개		D06	삭제 고객 표시(회계)
F.27	정기 계정 명세서		FD10N	고객 잔액 조회
F.2D	고객: FI–SD 마스터 데이터 비교		FD11	고객 계정 분석
F.30	채권: 정보 시스템 평가		FD24	여신한도 변경 사항
F.34	여신 관리 – 일괄 변경		FD32	고객 여신관리 변경
F.46	채무: 정보 시스템 평가		FD33	고객 여신관리 조회
F.48	공급업체 : FI–MM 마스터 데이터 비교		FK01	구매처 생성(회계)
F.56	반복 분개 전표 삭제		FK02	공급업체 변경(회계)
F.64	서신: 요청 사항 유지보수		FK03	공급업체 조회(회계)
F.80	전표의 일괄 역분개		FK04	구매처 변경 사항(회계)
F.81	발생/이연전표 전기역분개		FK05	구매처 블럭(회계)
F110	자동 지급 매개변수		FK06	삭제 구매처 표시(회계)
F150	독촉 실행		FK08	개별적으로 구매처 확인(회계)
FAGLB03	잔액 조회		FK09	구매처 리스트 확인(회계)

FAGLF03	조정
FAGLGVTR	G/L: 차기 이월 잔액
FAGLL03	G/L 계정 개별 항목(신규)
FAGL_FC_VAL	외화 평가
FB00	회계 편집 옵션
FB02	전표 변경
FB03	전표 조회
FB04	전표 변경 사항
FB07	관리 총계
FB08	전표 역분개
FB09	개별 항목 변경
FB10	송장/대변 빠른 전표 입력
FB12	통지서 요청
FB15	항목 지정
FB17	미결항목 지정: 리스트에서 점검
FB41	미지급세 전기
FK10N	구매처 잔액 조회
FKMT	FI 계정 지정 모델 관리
FS00	G/L 계정 마스터 레코드 유지보수
FS04	G/L 계정 변경(중앙)
FSP4	계정과 목표에 G/L계정 변경 사항
FSS4	회사코드에 G/L계정 변경 사항
FV50	G/L 계정 항목 임시 저장
FV60	수령송장 임시 저장
FV65	수령송장 임시 저장
FV70	발행송장 입력
FV75	지급 대변메모 임시 저장
S_ALR_87012357	부가가치세에 대한 세무 신고
S_ALR_87012400	EC 매출 리스트
S_ALR_87013642	코스트 센터 : 자원 분석

CO(Controlling)

관리회계(CO) 모듈은 ERP의 통합성을 가장 명확하게 보여주기 때문에
ERP의 꽃과 열매라고 불리기도 한다.

관리회계(CO) 모듈은 ERP의 통합성을 가장 명확하게 보여주기 때문에 ERP의 꽃과 열매라고 불리기도 한다. 재무회계와 물류와의 실시간 통합성을 기반으로 계획 및 실적 데이터를 집계하여 전략과 의사결정에 필요한 정보를 적시에 제공할 수 있게 해 준다. CO 데이터의 분류 체계를 결정하는 원가요소회계(Cost Element Accounting)부터, 코스트 센터 회계(Cost Center Accounting), 제조원가 관리(Product Cost Controlling), 수익성 분석(Profitability Analysis), 손익 센터 회계(Profit Center Accounting)로 구성되어 있다.

CO 구성도

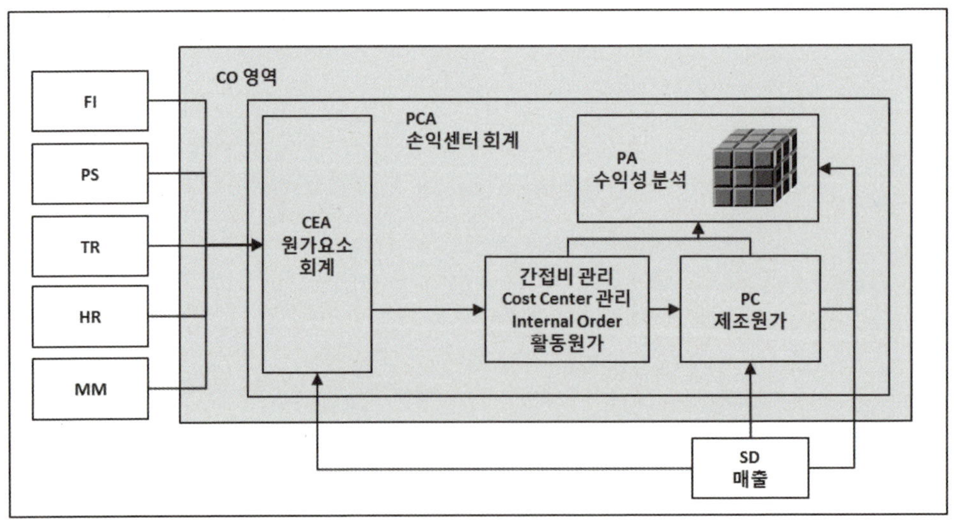

스탠다드 메뉴(S000)에서 관리회계 경로

- ▼ 📁 SAP 메뉴
  - ▸ 📁 오피스
  - ▸ 📁 어플리케이션 전반 컴포넌트
  - ▸ 📁 물류
  - ▼ 📁 회계
    - ▸ 📁 재무회계
    - ▸ 📁 재무 공급망 관리
    - ▼ 📁 관리회계
      - ▸ 📁 원가 요소 회계
      - ▸ 📁 코스트 센터 회계
      - ▸ 📁 내부 오더
      - ▸ 📁 액티비티 기준 원가계산
      - ▸ 📁 제품 원가 관리회계
      - ▸ 📁 수익성 분석
      - ▸ 📁 손익 센터 회계
    - ▸ 📁 기업 관리회계
    - ▸ 📁 전략적 기업 경영

SPRO 내에서 관리회계 경로

- ▼ 📑 SAP 커스터마이징 구현 안내서(IMG)
  - 📑 ⊕ 비즈니스 기능 활성화
  - ▸ SAP NetWeaver
  - ▸ 📑 기업 구조
  - ▸ 📑 CA 구성요소
  - ▸ 재무회계(신규)
  - ▸ 재무 공급망 관리
  - ▸ 전략적 기업 경영/비즈니스 분석
  - ▼ 📑 관리회계
    - ▸ 📑 일반관리회계
    - ▸ 📑 원가요소회계
    - ▸ 📑 코스트 센터 회계
    - ▸ 📑 내부 오더
    - ▸ 📑 액티비티 기준 원가계산
    - ▸ 📑 제품원가관리회계
    - ▸ 📑 수익성 분석
    - ▸ 📑 손익 센터 회계
  - ▸ 📑 투자 관리

CO 주요 Transaction Code

Code	설명	Code	설명
KA01	원가 요소 생성	KO14	내부 오더에 대한 복사 계획
KA02	원가 요소 변경	KO15	계획에 대한 실제 내부 오더 데이타 복사
KA03	원가 요소 조회	KO22	오더 예산 변경
KA04	원가 요소 삭제	KO23	오더 예산 조회
KA05	원가 요소 : 변경 사항 조회	KO24	오더 보충 변경
KA06	2차 원가 요소 생성	KO25	오더 보충 변경
KA23	원가 요소 : 마스터 데이터 리포트	KO26	오더 리턴 변경
KA24	원가 요소 삭제	KO2A	예산전표 변경
KAB9	계획 레포트 : 오더	KO2B	예산전표 조회
KABL	오더: 계획 개요	KO30	오더 가용성 통제 활성화
KABP	관리회계 전표 : 계획	KO88	실제 정산 : 오더
KAH1	원가 요소 그룹 생성	KO8B	정산 전표 조회
KAH2	원가 요소 그룹 변경	KOB1	오더 : 실제 개별 항목
KAH3	원가 요소 그룹 조회	KOB2	오더 : 약정 개별 항목
KAK2	통계 주요 지표 변경	KOB4	오더 : 예산 개별 항목
KB11N	원가 수동 재전기 입력	KOB6	오더 : 계정 금액 개별 항목 정산
KB13N	원가 수동 재전기 조회	KOBP	오더 : 계획 개별 항목
KB14N	원가 수동 재전기 역분개	KOC2	선택 레포트 실행
KB21N	직접 액티비티 배부 입력	KOC4	원가 분석
KB23N	직접 액티비티 배부 조회	KOCF	오더 약정금액 차기 이월
KB24N	직접 액티비티 배부 역분개	KOCO	오더에 대한 예산 이월
KB31N	통계 주요 지표 입력	KOH1	오더 그룹 생성
KB33N	통계 주요 지표 조회	KOH2	오더 그룹 변경
KB34N	통계 주요 지표 취소분개	KOH3	오더 그룹 조회
KB41N	수익 수동 재전기 입력	KOL1	오더 리스트(마스터 데이타)
KB43N	수익 수동 재전기 조회	KONK	오더 번호 범위 유지보수

코드	설명	코드	설명
KB44N	수익 수동 재전기 역분개	KOP1	계획 재평가를 위한 오더 생성
KB61	CO 개별 항목 대체 입력	KOT3	오더 유형 조회
KB63	CO 개별 항목 대체 조회	KP04	계획자 프로파일 설정
KB64	CO 개별 항목 대체 취소분개	KP07	계획 원가 요소/액티비티 입력 조회
KBC1	원가 대체 레이아웃 변형	KP90	계획 원가 삭제
KBC3	화면 변형 : 통계 주요 지표	KP91	계획 원가 삭제
KBC4	대체 수익 화면 변형	KP95	수동 계획 재평가
KBH1	통계 주요 지표 그룹 생성	KP97	코스트 센터에 대한 계획 복사
KBH2	통계 주요 지표 그룹 변경	KP98	코스트 센터에 대한 계획 대 실제 복사
KBH3	통계 주요 지표 그룹 조회	KS01	코스트 센터 생성
KCH1	손익 센터 그룹 생성	KS02	코스트 센터 변경
KCH2	손익 센터 계층구조 변경	KS03	코스트 센터 조회
KCH3	손익센터계층구조 조회	KS04	코스트 센터 삭제
KCH5N	EC-PCA: 표준 계층구조 변경	KS05	코스트 센터 :변경 사항 조회
KCH6N	EC-PCA: 표준 계층구조 조회	KS07	코스트 센터 개략 엔트리 실행
KE51	손익 센터 생성	KS12	코스트 센터 변경
KE52	손익 센터 변경	KS13	코스트 센터 : 마스터 데이터 리포트
KE53	손익 센터 조회	KS14	코스트 센터 삭제
KE54	손익 센터 삭제	KSB1	코스트 센터 : 실제 개별 항목
KE55	손익 센터 마스터 데이타 대량 유지보수	KSB2	코스트 센터 : 약정 개별 항목
KK01	통계 수치 생성	KSB5	관리회계 전표 : 실제
KK02	통계 수치 변경	KSB9	계획 레포트 : 코스트 센터
KK03	통계 주요 지표 조회	KSBL	코스트 센터 : 계획 개요
KK03DEL	통계 주요 지표 삭제	KSBP	코스트 센터 : 계획 개별 항목
KK04	통계 주요 지표 : 마스터 데이터 레포트	KSBT	코스트 센터 : 액티비티 가격
KO01	내부 오더 생성	KSH1	코스트 센터 그룹 생성
KO02	오더 변경	KSH2	코스트 센터 그룹 변경
KO03	내부 오더 조회	KSH3	코스트 센터 그룹 조회
KO04	오더 관리자		
KO12	오더 계획 변경(총괄, 연도)	KSV1N	실제 배부 생성
KO13	오더 계획 조회(총괄, 연도)	KSV2N	실제 배부 변경
KSU1N	실제 평가 생성	KSV3N	실제 1차 요소 배부 조회
KSU2N	실제 평가 변경	KSV5	실제 배부 실행
KSU3N	실제 평가 조회	KSV6N	실제 1차 요소 배부 : 개요
KSU4N	실제 2차 요소 배부 삭제	KSV7N	계획 배부 생성
KSU5	실제 2차 요소 배부 실행	KSV8N	계획 배부 변경
KSU6N	실제 2차 요소 배부 : 개요	KSV9N	계획 1차 요소 배부 조회
KSU7N	계획 평가 생성	KSVB	계획 배부 실행
KSU8N	계획 평가 변경	KSVCN	계획 1차 요소 배부 : 개요
KSU9N	계획 평가 조회	OKKS	관리회계 영역 설정
KSUAN	계획 2차 요소 배부 삭제	RPC0	정보 시스템 코스트 센터 : 선세팅
KSUB	계획 2차 요소 배부 실행	RPO0	정보 시스템 오더 : 선세팅
KSUCN	계획 2차 요소 배부 : 개요		

TR(Treasury)

3.1 머니마켓 3.2 현금 관리
★입출금 관리를 위한 펌뱅킹 시스템

　자금의 업무 영역으로 입출금의 실제 현금 처리부터 자금의 운용/조달 상품 관리, 자금수지 계획과 실적을 관리한다. 비즈니스 파트너는 타모듈과 함께 사용하는 마스터이고, 자금수지의 정확한 실적과 계획 집계를 위해서는 SD, MM, FI 모듈과의 통합이 중요하다. 자금상품의 가장 기본적인 머니마켓 상품 유형과 현금 관리(Cash Management) 부분을 살펴본다.

TR 모듈 구성도

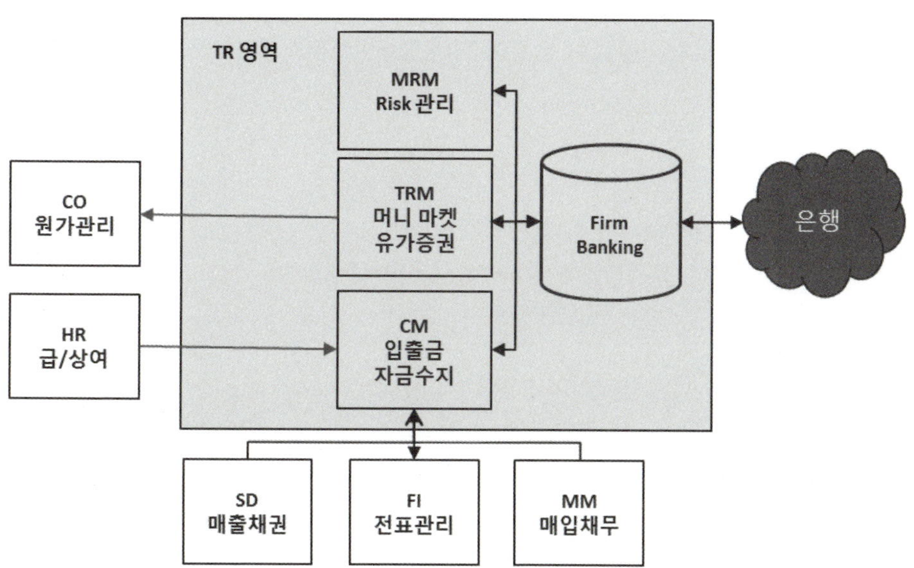

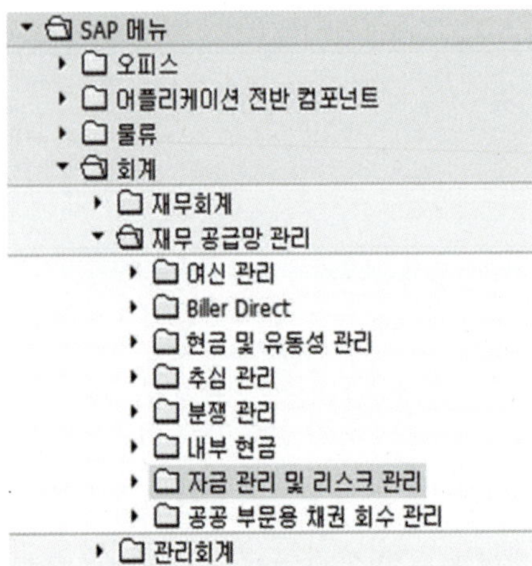

3.1 머니마켓(Money Market)

자금의 운용/조달 상품을 등록하기 위해서는 해당 상품 거래의 상대방이 필요하다. 이 것을 비즈니스 파트너의 역할로서 등록이 되어 있어야 하고, 계좌와 상품 거래 종류, 파생 흐름 등을 파트너별로 관리한다.

비즈니스 파트너의 관리 : BP

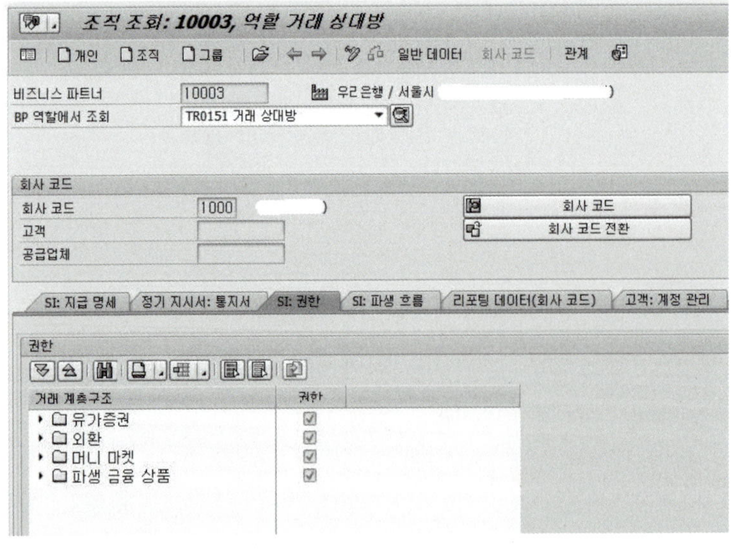

➡ 비즈니스 파트너를 조회 후 회사코드 데이터의 SI : 권한 탭을 클릭하여 해당 비즈니스 파트너 가 어떤 상품 유형을 운용할 수 있는지 확인한다. (유가증권/외환/머니마켓/파생 금융 상품)

머니마켓은 아래와 같이 6가지 유형의 범주로 상품을 생성할 수 있다.

영문명	한글명	특징
Fixed-Term Deposit	정기예금	기본적인 기간별 거래
Deposit at Notice	통지예금	종료 시점을 모르는 거래, 통지 Action으로 만료 처리
Commercial Paper	상업어음	이자선취, NPV 계산
Cash Flow Transaction	현금흐름 거래	현금흐름별로 직접 입력
Interest Rate Instrument	변동 이자부 상품	다양한 이자, 상환 조건
Facility	퍼실러티	여러 거래를 묶는 계약(한도 관리 기능)

예) 머니마켓 정기예금 유형 가입

〈상품 거래의 확인 : FTR_DISPLAY〉

FTR_CREATE로 상품 거래를 생성, FTR_EDIT로 변경한다.

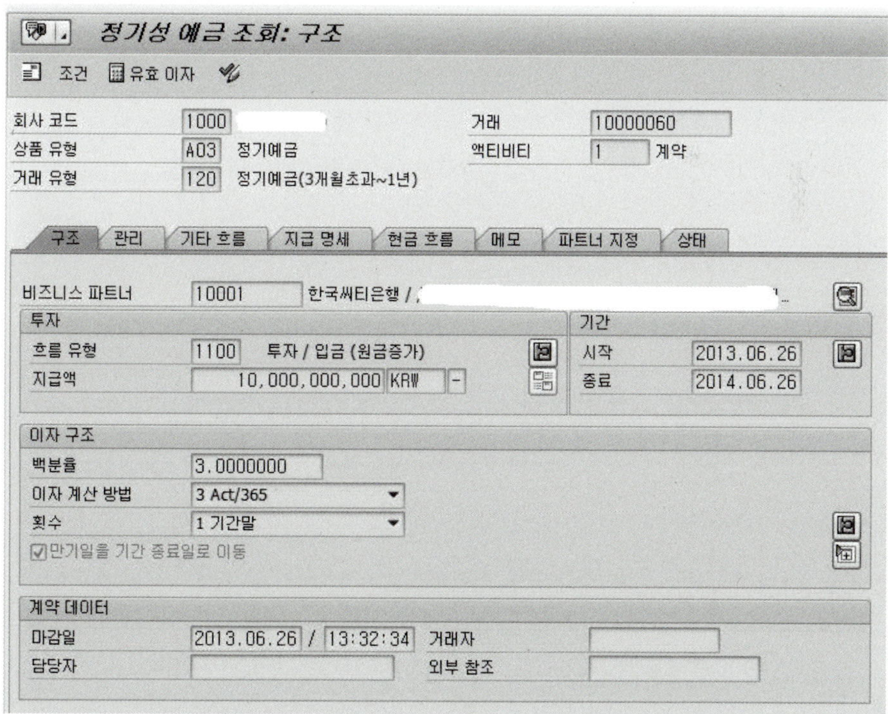

➡ **100억을 2013.06.26부터 1년간 3% 이율로 정기예금 가입한 상품의 조건**

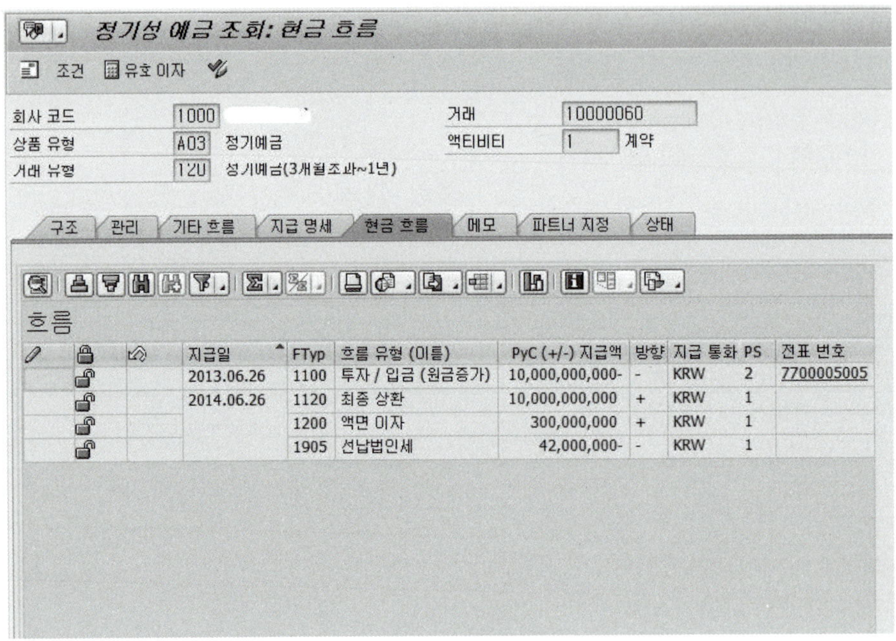

➜ 입력된 상품 조건에 따른 일자별 입출금 현금흐름을 확인

FTR_CREATE : 자금 상품 생성

FTR_EDIT : 자금 상품 변경

FTR_DISPLAY : 자금 상품 조회

3.2 현금 관리(Cash Management)

계획 레벨과 계획 그룹으로 트랜잭션 데이터를 확인하여 현금 계획을 예측하는 부분으로 FI, SD, MM 와 연계가 중요하다.

계획 레벨(Planning Level) : SD, MM의 Order 단계부터 FI의 AP/AR 전표까지 각 단계별 상태를 나타냄

계획 그룹(Planning Group) : 고객/구매처 마스터에 Default로 세팅하여 트랜잭션에서 구분

전표 추가 정보에 계획 레벨 확인 FB03

구매처 마스터에 계획 그룹 FK03

FF7A/FF7B에서 계획 레벨/계획 그룹별 현금흐름 예측 확인

증분 : 데이터의 일/주/월 증가되는 단위

단위 : 숫자 단위 3(100단위 표시)

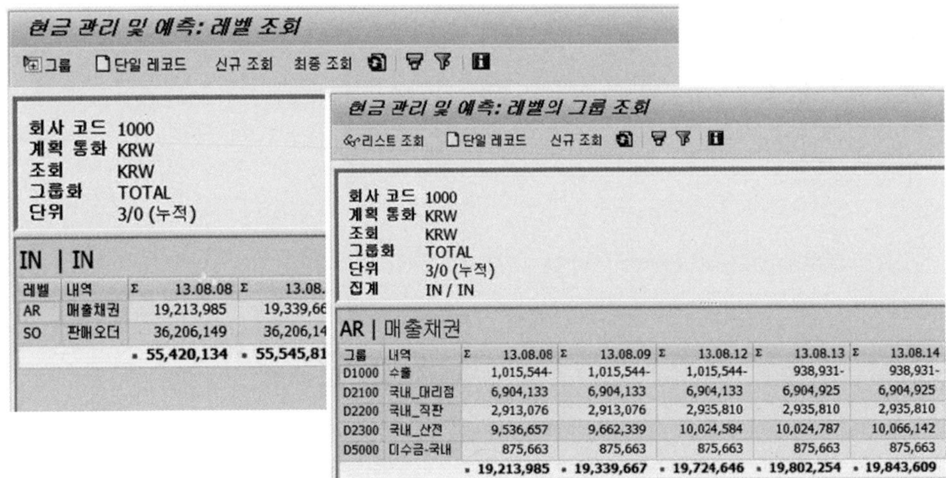

➡ 계획 레벨별, 계획 그룹별 금액을 자금수지 예측 금액을 확인

*자금 계획은 회사의 특수한 상황을 반영하기 위하여 여러 Enhancement를 추가하거나, 다양한 리포팅 화면의 추가 개발이 필요할 수 있다.

TR 주요 테이블의 연관 관계도

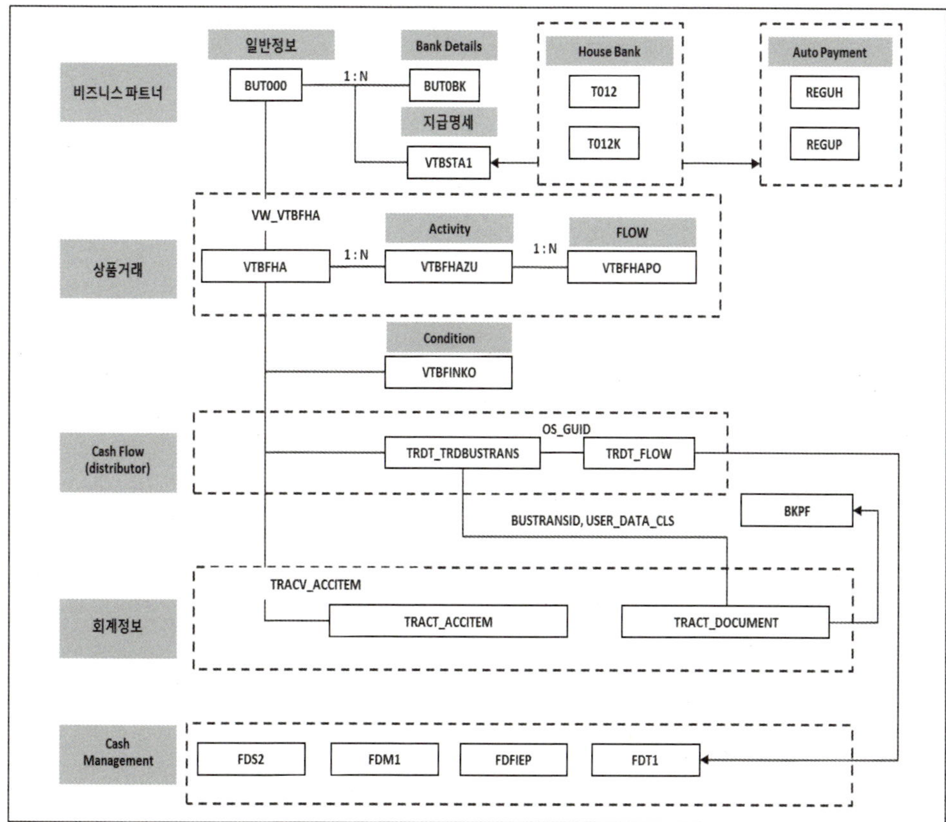

비즈니스 파트너, House Bank의 기본 마스터 정보와 상품 거래의 트랜잭션 데이터, 그리고 Cash Management 관련 주요 테이블의 모습이다. 상품 거래는 단계별, 흐름유형별로 데이터를 관리하고, 관련된 회계정보를 저장한다.

★입출금 관리를 위한 펌뱅킹 시스템

운용/조달 상품 관리와 자금수지 관리 외에 빠뜨릴 수 없는 자금 업무 중 하나가 거래 처로 돈을 출금하거나 어음을 발행하는 일이다. 또한 매일 은행계좌와 회계 계정의 잔액 을 맞추는 시재 작업이 있다. 만약 은행과의 인터페이스가 없다면 창구를 방문하거나 인 터넷 뱅킹으로 대사하는 비효율적인 수작업이 필요하게 된다. 또한 시스템적인 통제가 없 으므로 보안에 취약하거나 담당자의 실수가 발생할 수 있다.

기본 입출금 업무 외에 은행과의 업무 처리를 SAP로 인터페이스 하여 구현하는 방법 은 크게 아래 3가지이다.

i. 은행의 솔루션 사용

은행마다 제공하는 자체 회사 뱅킹 시스템이 있는데, 이를 그대로 사용하면서 SAP와 의 인터페이스를 구축한다.

솔루션이 저렴하거나 무료로 제공하는 곳이 많고, 인터페이스 구축하는 개발이 비교적 간단하나, 해당 솔루션을 제공하는 은행 외에 타은행 서비스가 보통 제한적이므로 사전 에 확인할 필요가 있다.

ii. 펌뱅킹 시스템 구입 및 인터페이스 구축

외부 펌뱅킹 시스템을 구입하여 구축하고 SAP와 인터페이스를 구축하는 것이다. 인터페 이스 구축은 은행 솔루션을 사용할 때와 비슷하고, 은행 서비스 사용에 제한이 없다. 펌 뱅킹 시스템 구입, 펌뱅킹 서비스 VAN사 수수료 등 비용이 다른 방법에 비해 높을 수 있다.

iii. 펌뱅킹 시스템을 SAP로 직접 구축

ABAP으로 펌뱅킹 시스템을 직접 개발하여 구축하는 방법으로 회사의 특성과 요구 사 항을 가장 많이 담을 수 있으나, 요구 사항 수준에 따라 구축 시간이 오래 걸릴 수 있다. VAN사 수수료, 은행 펌뱅킹 사용료 등은 두 번째 방법과 동일하나 구축 비용은 조금 저 렴할 수 있다.

TR 주요 Transaction Codes

BP	비즈니스 파트너 유지보수
BUPA_DEL	아카이브 하지 않고 삭제
FB01L	원장 그룹에 대한 일반 전기
FDFD	현금 관리 구현툴
FF-3	현금 관리 요약 레코드
FF-4	회계전표의 CMF 데이터
FF-5	자재 관리에 관한 CMF 레코드
FF-6	매출의 CMF 레코드
FF63	계획 메모 레코드 생성
FF6A	현금 관리 상태 지급 통지서 편집
FF7A	현금 포지션
FF7B	유동성 예측
FI01	은행 생성
FI06	은행 삭제 표시 설정
FI12	거래 은행/은행 계정 변경
FIBLFFP	임의 서식 지급
FLBPC1	공급업체에서 비즈니스 파트너 생성
FLBPC2	공급업체에 비즈니스 파트너 링크
FLBPD1	고객으로부터 비즈니스 파트너 생성
FLBPD2	고객으로 비즈니스 파트너 링크
FLQAB	은행 명세서 정보에서 지정
FLQAC	FI 정보에서 지정
FLQAD	송장에서 지정
FLQAF	문서 체인으로부터의 지정
FLQAL	송장에서 지정
FLQAM	수동 지정
FLQAM_TP	수동 지정(상위)
FLQC1	유동성 항목
FLQC10	흐름 데이터 재생성
FLQC11	질의 순서(송장)
FLQC12	송장 종료 세팅
FLQC13	FI 메커니즘 세팅
FLQC13F	전표 체인의 설정
FLQC14	FI 지정 분석
FLQC15	질의 순서
FLQC16	질의의 조건에 대한 테이블
FLQC1A	유동성 항목(단일 레벨)
FLQC2	전역 데이터
FLQC20	전역 설정
FLQC3	회사코드 데이터

FLQLS	총계 리스트
FLQMAIN	유동성 계산
FLQQA1	질의 편집(일반)
FLQQA3	질의 조회(일반)
FLQQA5	순서에 대한 질의
FLQQB1	질의편집(은행 명세서)
FLQQB3	질의조회(은행 명세서)
FLQQB5	순서에 대한 질의(은행 명세서)
FLQQB7	요청 테스트(은행 계정 명세서)
FLQQC1	질의 편집(FI 정보)
FLQQC3	질의 조회(FI 정보)
FLQQC5	순서 질의(FI 정보)
FLQQC7	질의 테스트(FI 지급전표)
FLQQD1	질의 편집(송장정보)
FLQQD3	질의 조회(송장정보)
FLQQD5	질의순서(송장)
FLQQD7	질의 테스트(기타 FI 전표)
FLQREP	지급 리포트
FLQT1	대체 전기 생성
FLQT1B	배치 입력으로 전송 생성
FLQT2	대체 전기 변경
FLQT3	대체 조회
FLQTRCBPOS	약정 항목 추출
FLQTRFIPOS	약정 항목에 대한 유동성 항목
FLQUPGRP	질의 순서 업로드(지정)
FLQUPINFAC	정보 계정 업로드(어플리케이션)
FLQUPQR	질의 업로드
FM48	재무예산 변경 : 초기화면
FTR_CREATE	거래 생성(TR-TM)
FTR_DISPLAY	거래 조회
FTR_EDIT	자금 관리 거래 처리
FTR_SHOW	자금 관리 테이블 조회
FWSO	자동 차변 포지션
FWZZ	클래스 마스터 데이터
JBRX	단일값 분석: NPV
OB07C	FI 테이블 TCURV 유지보수
OB08C	FI 테이블 TCURR 유지보수
OB09C	FI 테이블 T030H 유지보수
OB83C	FI 테이블 T056P 유지보수
OBR4	은행 삭제

트랜잭션	설명
FLQC4	기타 실제 계정
FLQC5	질의 순서(은행 명세서)
FLQC6	지정: 순서 - 은행 계정
FLQC7	질의 관련 G/L 계정
FLQC8	질의 순서(FI 정보)
FLQC9	흐름 데이터 삭제
FLQCUST	유동성 계산 세팅 메뉴
FLQF1	유동성 예측 : 데이터 생성
FLQF2	유동성 예측 : 데이터 삭제
FLQF3	유동성 예측 : 데이터 조회
FLQHIST	개별 항목 이력
FLQINFACC	유동성 항목 정보가 있는 G/L 계정
FLQLACCG/L	계정 리스트
FLQLGRP	질의 순서 리스트
FLQLI	개별 항목 리스트
FLQLQR	질의 리스트
TBCD	자금 관리: 변경전표 거래
TBI1	지급 명세 유지보수 표준 명세
TBI6	권한 - SI 유지보수
TBI7	SI 파생흐름 유지보수
TBR0	분개장
TBR6	자금 관리: 참조 생성
TBR7	자금 관리: 참조 변경
TBR8	자금 관리: 참조 조회
TBRL	자금 관리: 일괄 처리 참조
TBSI_TOOLS	표준 명세툴
TF00	Repo 일괄 처리
THM14	헤징 관계 지정 해제
THM54	수동 OCI 재분류
THMEX	헤징 관리 : 어플리케이션
TI00	선물에 대한 일괄 처리
TI10	이자 조정 생성
TI11	이자 조정 변경
TI12	이자 조정 조회
TI37	금리 조정 취소
TI90	전기 릴리스
TI91	일괄 처리 OTC 옵션
TI92	일괄 처리 - 금리 상품
TM00	머니마켓 : 일괄 처리
TM01	정기성 예금 생성
TM06	정기성 예금 정산
OT29C	FI 테이블 001_I 유지보수
OY03	통화 정의
RFTS6510	파일의 TR-CM 지급 통지서 로드
S_ALR_87008531IMG	액티비티 : BARWERT_OTC
S_ALR_87008539IMG	액티비티 : SWAP_RATE_INPUT
S_ALR_87014407	자금 관리 : 재무 거래 분개장
S_ALR_87015216	전기 개요
S_ALR_87015254	전기 개요
S_BCE_68000174	IMG 액티비티: SIMG_CFMENUORFBOB08
TACD	거래자 : 변경전표
TB30	미결 항목 FI 리스트
TBB1	전기 실행
TBB1_LC	전기 완료로 흐름 표시
TBB4	손익 발생/손익 이연
TBB5	발생 처리/이연 처리 취소
TMSC	정기예금 시뮬레이션 조회
TMSD	정기예금 시뮬레이션 삭제
TM_60	여신 한도 및 사용액
TPM1	평가 실행
TPM10	거래 고정, 전기 또는 역분개
TPM12	자금 관리 원장: 포지션 리스트
TPM18	파생 거래 고정/전기
TPM2	평가 취소
TPM20	분개장
TPM27	파생 흐름 생성
TPM28	계정 지정 참조 대체
TPM32	계정 지정 참조 결정 정의
TPM33	계정 결정 개요
TPM44	금융 상품 이익 발생/이연
TPM45	소득의 발생/이연 취소
TPM50	포지션 관리 절차 변경
TPM60	NPV 저장
TPM74	수동 평가할 값 입력
TRLCCHKTRL	커스터마이징 점검
TS00	일괄 처리
TSL00	유가증권 대여: 일괄 처리
TX06	외환 : 일괄 처리
TX10	외환 스왑 생성
TXA5	외환 오더 처리
TXZI	이자 계산기

TM20 머니 마켓 : 일괄 처리 TMR0 머니마켓 : 포지션 리스트 TMR1 머니마켓 : 가변 포지션 리스트 TMSA 정기예금 시뮬레이션 생성 TMSB 정기예금 시뮬레이션 변경/실행	

SD(Sales and Distribution)

4.1 영업 영역 4.2 영업 절차의 이해
★수출입 업무 처리를 위한 시스템

SD는 고객과의 사전 영업 활동부터, 주문을 받아서 제품을 출하, 배송, 채권을 발생하고 수금을 관리하는 부분까지를 포함한다. MM, PP와 연계하여 주문에 대한 상품/제품을 준비하고 출하, 납품을 하고, FI/TR과 연계하여 채권을 발생하여 여신관리 및 수금 처리를 한다. 영업 조직/유통 경로/제품군의 조합으로 영업 영역(Sales Area)이 결정되며, 이는 마스터와 트랜잭션 데이터의 기본 분류기준이 된다.

SD 모듈 구성도

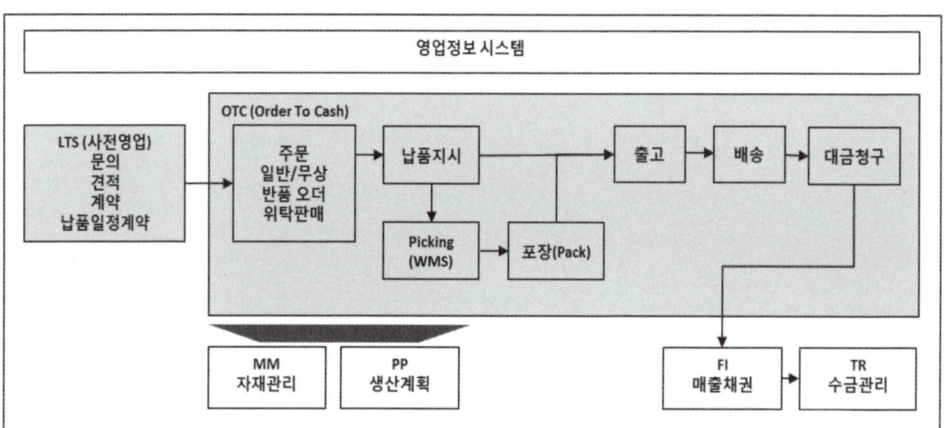

LTS(Lead to Sales) : 사전 영업 활동

OTC(Order to Cash) : 실제 판매주문 후 수금 처리까지의 활동

스탠다드 메뉴(S000)에서 영업/유통 경로〉

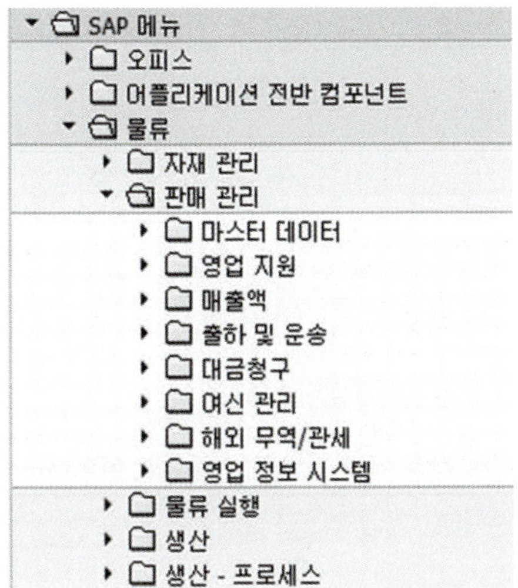

SPRO 내에서 영업/유통 경로

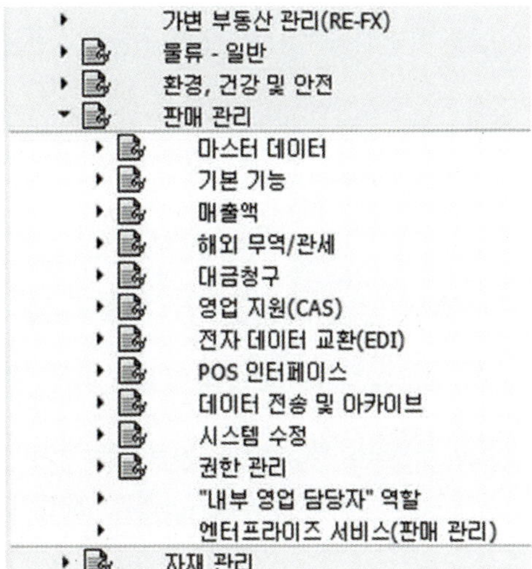

4.1 영업 영역(Sales Area)

영업 조직, 유통 경로, 제품군으로 조합되어 Sales Order, Customer Master, Credit Master의 기준이 되며, 각종 실적과 가격 결정의 조직 단위이다.

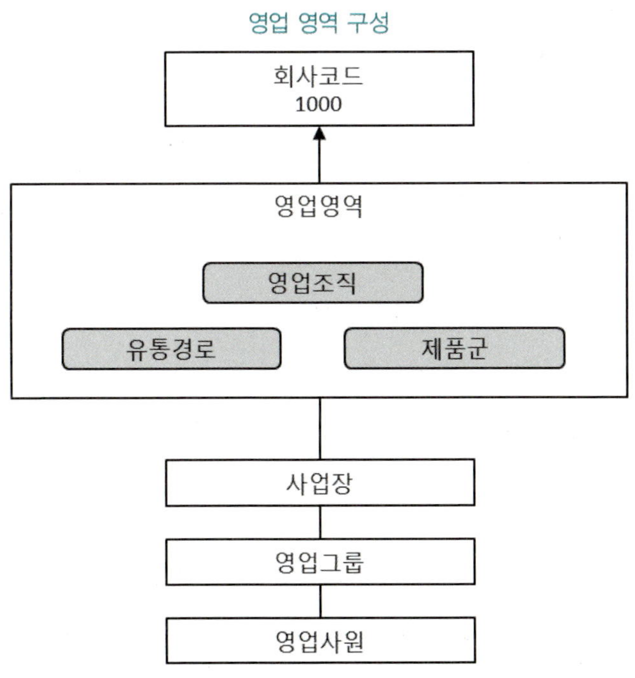

영업 조직(Sales Organization) : 영업의 책임을 지는 조직 단위

유통 경로(Distribution Channel) : 제품이나 서비스가 고객에게 전달되는 방식(예. 직판/대리점/수출 등)

제품군(Division) : 판매하는 제품과 서비스의 그룹 분류(예. 컴퓨터/냉장고/세탁기 등)

*사업장/영업 그룹은 영업 활동 및 실적 관리를 위한 단위 조직

사업장(Sales Office) : 영업팀 또는 영업소로 주로 지역별로 구분

영업 그룹(Sales Group) : 실제 영업 활동을 실행하는 주체로 사원들의 그룹이나 팀

영업 사원(Sales Employee) : 최하위 조직 구조인 영업 직원

고객 마스터 : XD03

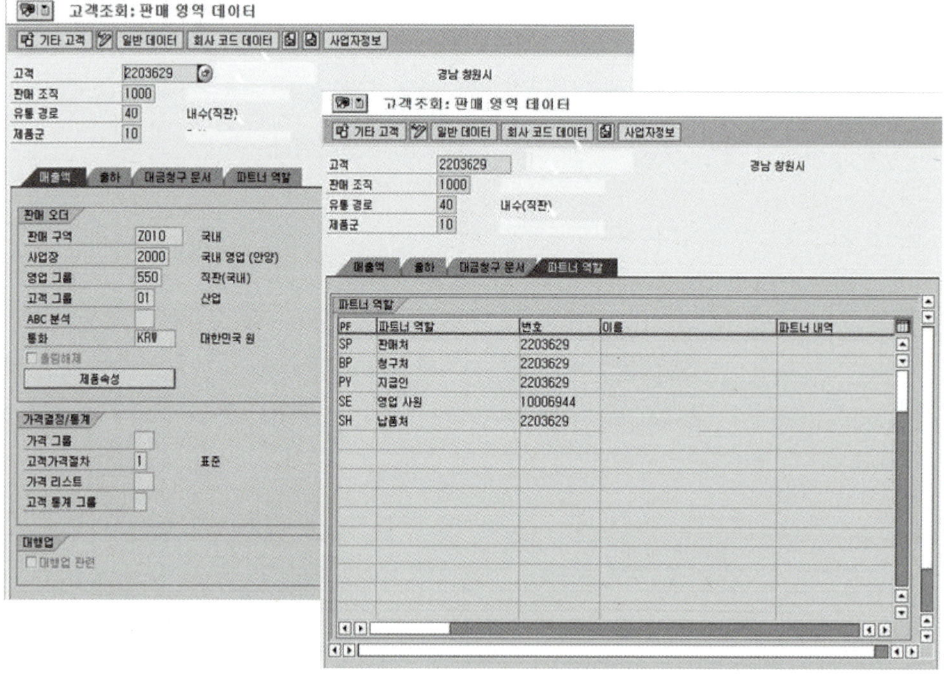

고객 마스터는 3개의 레벨로 데이터가 관리되는데 모든 회사가 공유하는 일반 데이터, 회사코드별 데이터 그리고 SD의 영업 영역(판매 조직, 유통 경로, 제품군)에 해당하는 데이터이다. 매출액, 출하, 대금 청구 문서, 파트너 역할의 정보를 가지고 있다.

*파트너에 지정할 수 있는 주요 역할

실제 판매 주문을 하는 업체와 지급인, 납품처 등이 다를 경우에 마스터에서부터 정보를 관리한다.

역할 기호	역할 이름	설명
SP	판매처	Sold-to party, 실제 판매 업체
BP	청구처	Bill-to party, Billing의 대상 업체
PY	지급인	Payer, 실제 돈을 지급할 업체
SE	영업 사원	Sales Employee, 담당 영업 사원
SH	납품처	Ship-to party, 판매 제품을 배송해야 할 업체

XD01 : 영업 영역 고객 마스터 생성

XD02 : 영업 영역 고객 마스터 변경

XD03 : 영업 영역 고객 마스터 조회

4.2 영업 절차의 이해

i. 사전 영업 활동(Pre-sales)

: 문의(Inquiry), 견적(Quotation)과 계약(Contract) 등의 고객의 주문을 창출하기 위한 중요한 정보원 관리

ii. 영업 오더(Sales Order)

: 고객의 제품/서비스에 대한 주문서로 영업 문서 유형(Sales Document Type)에 따라서 업무 처리 방법이나 기준이 달라진다.

이러한 영업 문서 유형에는 정상/일정 계약/현금 판매/위탁/무상 등으로 구분하여 가격 결정(Pricing), 출하 스케줄링, 여신 체크(Credit Check) 등을 결정짓는다. 하나의 오더 내에서 품목별로 다양한 업무를 처리하기 위해서 강제로 품목 범주와 스케줄링 범주를 변경할 수도 있다.

기본 영업 오더 화면 : VA03

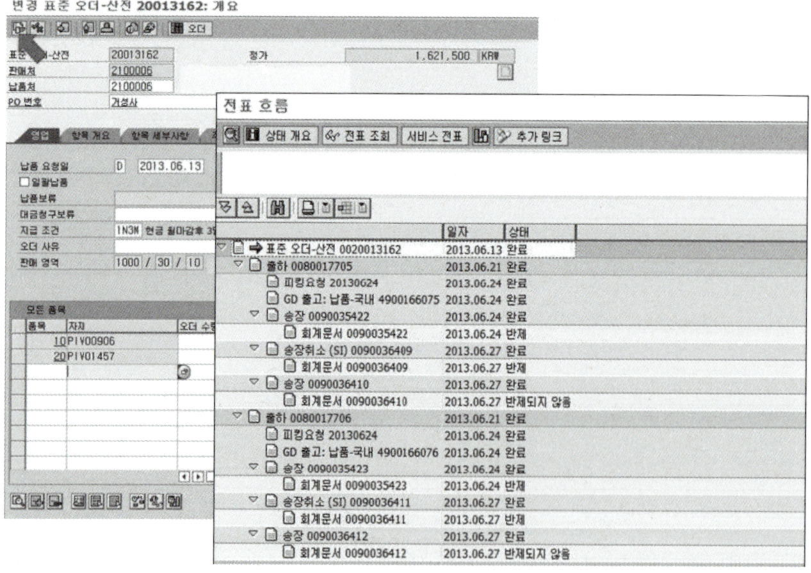

➡ 표준 오더 형식으로 2013년 6월 13일 오더 내역이다. 지급 조건, 인도 조건 등 주문의 일반 항목과 자재별 수량과 단가 등 품목(Item)별 다수의 항목으로 구성되어 있다. ⬚ 문서 흐름을 클릭하면 이후 진행된 출하, 피킹 요청, 출고, 매출전표 등의 이후 처리전표의 흐름을 확인할 수 있다.

VA01 : 판매 오더 생성

VA02 : 판매 오더 변경

VA03 : 판매 오더 조회

iii. 배송 지시(Delivery Document)

: Picking → Packing → Shipment → Route 결정, WMS/LE 시스템과 연계된다.

iv. 출고(Good Issue)

: 실재고가 출고되면서 CO 원가가 기표되는 단계

출하 조회 : VL03N

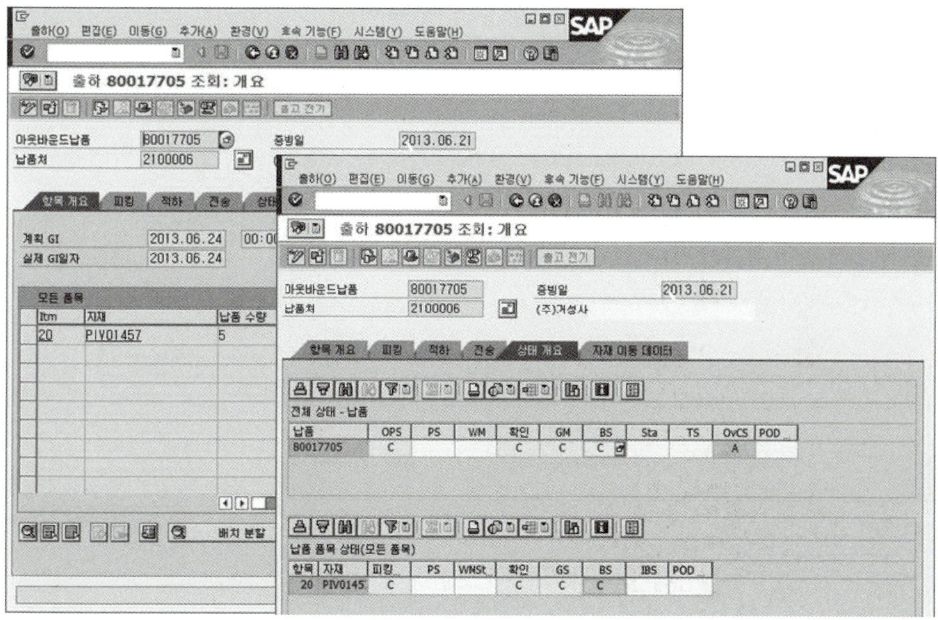

➡ 출하의 일반 정보, 피킹, 적하, 전송의 정보를 확인하고 상태개요 탭을 통해 품목별 처리 상태를 일괄 확인

v. 매출(Billing)

: 매출 채권/매출이 발생하고 세금 계산서를 발행한다.

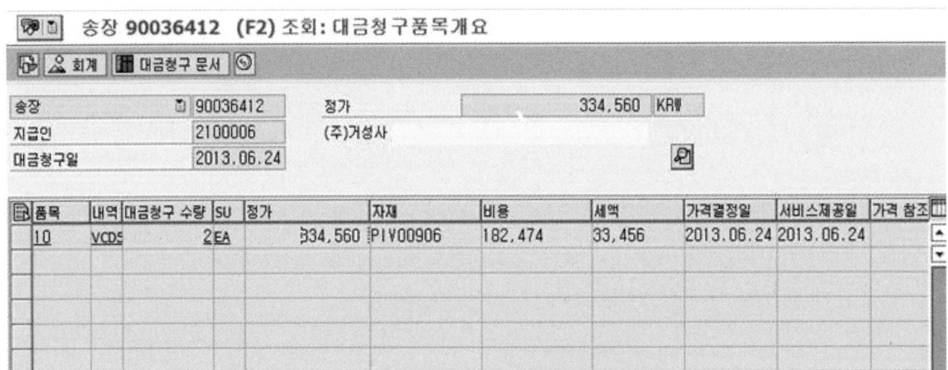

➡ 송장 금액과 대금 청구일 품목별 내역을 확인한다. 회계 버튼을 통해 FI AR 전표로 연결된다.

vi. 입금 후 반제 처리

입금된 내역을 확인하고 F-30, FB05 등의 Standard 화면이나 추가 개발 화면을 사용
하여 AR 전표를 수금 반제 처리한다.

★수출입 업무 처리를 위한 시스템

수출 또는 수입 업무에서 발생하는 선적/보험/신용장/통관/기타 비용 등의 처리는 국가/업체별로 특성이 다양하고 복잡하여, SAP Standard system 내에 이를 모두 포함하고 있지 않다. 그러므로 SAP를 사용하면서 수출/수입 업무도 동일한 시스템을 통해서 진행하려면 대량의 ABAP 추가 개발을 하거나, 수출/수입 업무만 특화된 솔루션을 도입하여야 한다.

SAP 기반의 솔루션을 도입하는 것이 인터페이스 구축 등 여러 가지 면에서 손쉽게 구현할 수 있고, 수출입 시스템을 도입할 때는 SD/MM뿐만 아니라 기타 비용 처리와 네고 차입금 처리 등을 위해 FI, TR과의 연계도 고려해야 한다.

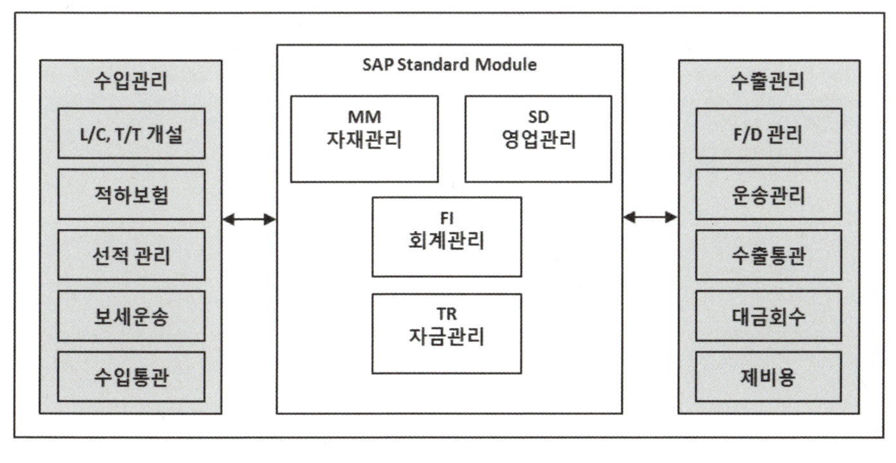

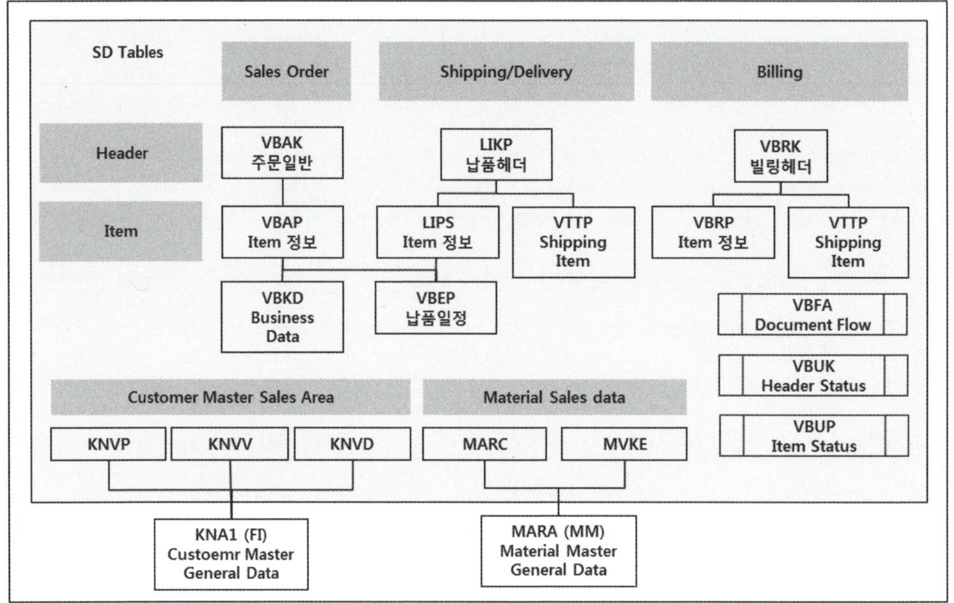

판매 주문 및 출하, 빌링의 정보는 모두 고객과 상품 마스터를 기준으로 헤더와 아이템으로 구분하여 관리된다.

SD 주요 Transaction Codes

VS00: Tcode for Master data
VC00: Tcode for Sales Support
VA00: Tcode for Sales
VL00: Tcode for Shipping
VT00: Tcode for Transportation
VF00: Tcode for Billing

OVLK   C SD Tab TVLK   납품 헤더
V/06   조건 범주: SD 가격 결정
VA00   초기 영업 메뉴
VA01   판매 오더 생성
VA02   판매 오더 변경
VA03   판매 오더 조회
VA05   판매 오더 리스트
VA05N   판매 오더 리스트
VA06   판매 오더 모니터

VA07   영업 – 구매 비교(오더)
VA08   영업 – 구매 비교(조직데이타)
VA11   문의 생성
VA12   문의 변경
VA13   문의 조회
VA14L   납품이 보류된 영업 문서
VA15   문의 리스트
VA15N   문의 리스트
VA21   견적 생성
VA22   견적 변경
VA23   견적 조회
VA25   견적 리스트
VA25N   견적 리스트
VA26   견적의 일괄 처리
VA31   납품 일정 계약 생성

VA32   납품 일정 계약 변경

VA33   납품 일정 계약 조회

VA35   일정 계약 리스트

VA35N   일정 계약 리스트
VA41   계약 생성
VA42   계약 변경
VA42W   마스터 일괄 계약의 워크플로우
VA43   계약 조회

VAM4   합병 : 일본 – 상품 코드
VAN1   실제 재평가: 판매 오더
VAP1   담당자 생성
VAP2   담당자 변경
VAP3   담당자 조회
VARC   SD: 아카이브의 사용자 안내서
VARCH   리포트 변형 변경
VARD   리포트 변형 조회
VAUGL_INFO   반제 정보 전달
VAZE   수금 지급 스플리팅(복수 지급)
VC/1   고객 리스트
VC/2   고객 마스터 데이타표
VC00   영업 지원
VC01   영업 활동 생성
VC010102   후속 액티비티만
VC010103   메일 캠페인+주소를 삭
제하지 마십시오
VC010104   인터넷 메일링
VC01N   영업 활동 편집
VC01N_DRAG_KONTAKT   영업 활동 편집
VC01N_DRAG_MAILING   영업 활동 편집
VC01N_M   메일 편집
VC02   영업 활동 변경
VC03   영업 활동 조회
VC05   영업 지원 모니터
VC06   주소 리스트의 병행 처리
VC10   레포트 트리 – 주소 선택
VCC1   지급 카드 : 작업 리스트
VCFCL   확인 처리 : 돈 세탁
VCHP   C SD 테이블 TVLP 납품 : 품목
VCOMP   완료된 SD 전표
VCPE_MD   SD의 상품 가격 결정
마스터 데이터
VCPE_QUOTATION   SD의 CPE 계
산식 워크벤치
VCPE_RULE   CPE WB : 규칙, 조건,
포뮬러(SD)
VCPE_WB   SD의 CPE 계산식 워크
벤치
VCPH1   보험 계약자 변경 수행
VCPH2   PH 변경 데이터 삭제
VCPH3   PH 변경: 대체 전기 지정
VCR1   경쟁 제품
VCTP   배부 구조 유지보수

VA44	실제 간접비 : 판매 오더
VA45	계약 리스트
VA45N	계약 리스트
VA46	일괄 계약에 대한 일괄 차후 처리
VA51	품목 제안 생성
VA52	품목 제안 변경
VA53	품목 제안 조회
VA55	품목 제안 리스트
VA88	실제 정산 : 판매 오더
VA95	상품 코드/수입 코드 번호 합병
VACB	확장 오더 처리 및 대금 청구
VACF	약정 이월 : 판매 오더
VAH1	송장 처리 항목 조회
VAKC	판매 오더 구성내의 품목
VAKP	구성 : T180 유지보수
VALU	평가 분석
VC_2	고객 팩트 시트 PDF 버전
VD01	고객 생성(매출)
VD02	고객 변경(영업)
VD03	고객 조회(판매)
VD52	선택 화면을 가진 고객 자재 정보 유지보수
VF00	정의하지 않은 9영업 조직 &
VF01	대금 청구 문서 생성
VF02	대금 청구 문서 변경
VF03	대금 청구 문서 조회
VF03_ITEM	품목이 있는 송장 조회
VF04	대금 청구 예정 리스트 유지보수
VF04_AIS	VF04_AIS
VF05	대금 청구 문서 리스트
VF05N	대금 청구 문서 리스트
VF06	배치 대금 청구
VF08	외부 납품에 대한 대금 청구
VF11	대금 청구 문서 취소
VF21	송장 리스트 생성
VF22	송장 리스트 변경
VF23	송장 리스트 조회
VF24	송장 리스트의 작업 리스트 편집
VF25	송장 리스트의 리스트
VF26	취소 송장 리스트
VF31	대금 청구 문서에서 출력
VF42	판매 문서 갱신

VCU3	미완성 로그 조회
VCUAC	덤핑 방지 조회 – 수량 기준
VCUAE	덤핑 방지 조회 – 중량 기준
VCUDC	제3국조회 – 수량 기준
VCUDE	제3국조회 – 중량 기준
VCUN	재로드
VCUP1	특혜 관세 조회 – 수량 기준
VCUP2	특혜 관세 조회 – 중량 기준
VCUPC	제약 제품 조회 – 수량 기준
VCUPF	제약 제품 조회 – 중량 기준
VCUST	고객 리스트
VCUZ1	한도 조회 – 수량 기준
VCUZ2	한도 조회 – 중량 기준
VCUZC	쿼터 조회 – 수량 기준
VCUZE	쿼터 조회 – 중량 기준
VCUZP	한도 조회 – %
VL06F	일반 납품 리스트 – 아웃바운드납품
VL06G	출고에 대한 아웃바운드 납품 리스트
VL06I	입하 모니터
VL06IC	반입 인바운드 납품 확정
VL06ID	분배할 인바운드 납품
VL06IF	선택 인바운 드납품
VL06IG	입고에 대한 인바운드 납품
VL06IP	반입의 인바운드 납품
VL06L	적하할 아웃바운드 납품
VL06O	아웃바운드 납품 모니터
VL06P	피킹에 대한 아웃바운드 납품 리스트
VL06T	아웃바운드 납품 리스트(운송계획)
VL06U	점검되지 않은 아웃바운드 납품 리스트
VL08	피킹 요청 확인
VL09	납품서의 출고 취소
VL10	특정 사용자별 납품 리스트 편집
VL10A	납품 예정 판매 오더
VL10B	납품 예정 구매 오더
VL10C	납품 예정 오더 품목
VL10CU	납품 시나리오
VL10CUA	사용자 역할 (리스트 프로파일)
VL10CUC	프로파일 생성 – 납품
VL10CUE	Function 코드 프로파일 제외
VL10CUF	F 코드 VL10 프로파일
VL10CUV	납품 시나리오

VF43	수익 인식 : 전기 전표	VL10CU_ALL	사용자 역할 (리스트 프로파일)
VF44	수익 인식 : 작업 리스트	VL10D	납품 예정 구매 오더 품목
VF45	수익 인식 : 수익 리포트	VL10E	납품 예정 오더 납품 일정 라인
VF46	수익 인식 : 취소	VL10F	납품 예정 구매 오더 납품 일정 라인
VF47	수익 인식 : 일치성 점검	VL10G	납품 예정 문서
VF48	수익 인식 : 비교 리포트	VL10H	납품 예정 품목
VFBWG	벌크 및 최소 중량	VL10HU	HU의 납품으로 인한 판매 오더
VFBZ	가격에 대한 스케일 기준	VL10I	납품에 대한 납품 일정 라인 만기
VFLI	면세 로그	VL10U	시스템 간 납품
VFP1	대금 청구일 설정	VL10UC	점검하지 않은 납품 점검/조합
VFRB	소급 대금 청구	VL10X	VL10 (기술적)
VFX2	보류된 청구 문서 조회	VL12	백그라운드로 납품 생성
VFX3	보류된 대금 청구 문서 리스트	VL21	백그라운드 출고 전기
VF_VPRS	비용 갱신	VL21A	Batch로의 입고 전기
VKM1	보류된 SD 전표	VL22	납품 변경 문서 조회
VKM3	판매 문서	VL22N	납품 변경 전표 조회
VKM4	SD 문서	VL23	출고(백그라운드 처리)
VKM5	납품	VL23N	출고(백그라운드 처리)
VL00	출하	VL30	출하
VL01	납품 생성	VL31	입하 생성
VL01N	오더 참조로 아웃바운드 납품 생성	VL31N	입하 생성
VL01NO	오더 참조 없이 아웃바운드 납품 생성	VL31W	인바운드 납품 통지 생성(WEB)
VL02	아웃바운드 납품 변경	VL32	인바운드 납품 변경
VL02N	아웃바운드 납품 변경	VL32N	입하 변경
VL03	출하 조회	VL32W	인바운드 납품 통지 변경(WEB)
VL03N	아웃바운드 납품 조회	VL33	입하 조회
VL03N_ITEM	품목 포함 출하 표시	VL33N	인바운드 납품 조회
VL04	납품 예정 리스트 처리	VL34	작업 리스트 인바운드 납품
VL06	납품 모니터	VL35	피킹웨이브 생성 : 납품/시간
VL06C	확정에 대한 아웃바운드 납품 리스트	VL35_S	피킹웨이브 생성 : 선적
VL06D	분배할 아웃바운드 납품	VL35_ST	피킹웨이브 생성 : 선적/시간
VL36	피킹웨이브 변경	VLRL	납품 재로드
VL37	피킹웨이브 모니터	VLSP	차후 아웃바운드 납품 분할
VL38	그룹생성 : 피킹웨이브	VLSPS	HU 스캔을 통한 아웃바운드 납품 분할
VL39	피킹웨이브에 대한 대금 청구 문서	VLUNIV	납품 변경(일반)
VL41	임시 GR 생성	VL_COMPLETE	납품 완료
VL42	개략 GR 변경	VOV8	문서 유형 유지보수
VL43	임시 GR 조회	VS00	고객에 대한 SD 주요 메뉴
VL51	운송 경로 일정 생성 : 초기화면	VS01	스케일 생성
VL51A	일정 생성	VS02	스케일 변경
VL52	운송 경로 일정 변경 : 초기화면	VS03	스케일 조회

VL52A	일정 변경	VS04	참조에 따른 스케일 생성
VL53	운송 경로 일정 조회 : 초기화면	VS05	리스트 스케일
VL53A	일정 변경	VS06	선적비에 대한 리스트 스케일
VL54A	일정으로부터 선적 생성	VS36	고객 조건 생성
VL60	확장된 인바운드 납품 처리	VS37	고객 조건 변경
VL60C	반제	VS38	고객 조건 조회
VL60P	전기	VS39	고객 조건 생성
VL64	작업 리스트 인바운드 납품	VS40	고객 조건 변경
VL65	입하 소거 리포트	VS41	고객 조건 조회
VL66	인바운드 납품 삭제 리포트	VS42	서비스 조건 생성
VL70	피킹 리스트에서 출력	VS43	서비스 조건 변경
VL71	아웃바운드 납품에서 출력	VS44	서비스 조건 조회
VL72	납품 그룹에서 출력	VS45	조건 생성
VL73	"납품의 분산 처리 확정"	VS46	조건 변경
VL74	하역 단위에서 출력	VS47	조건 조회
VL75	출하 통지 출력	VS48	조건 생성
VL76	개략 입고에서 출력	VS49	조건 변경
VLAL	납품 아카이브	VS50	조건 조회
VLBT	작업으로 계획 납품 생성	VSB1	SB 절차 인바운드 모니터 – 기존
VLE1	피킹웨이브가 있는 피킹	VSB1N	자체 대금 청구 절차 인바운드 모니터
VLIDAR	아카이브에서 입하 조회	VSBA	자체 대금 청구 아카이빙
VLK1	피킹웨이브가 있는 피킹	VSIP	계약 선택
VLK2	피킹웨이브가 있는 피킹	VSK1	조건 유형 : 서비스(판매)
VLK3	피킹웨이브가 있는 피킹	VSK2	접근: 유지보수(서비스가격)
VLLA	RW E: 피킹/출고 분석	VSK3	서비스에 대한 조건 결정 절차
VLLC	RWE : 데이터 아카이브	VSK4	유효한 서비스 필드
VLLD	개략 작업 부하 예측: 로그 삭제	VSK5	조건 테이블 생성(서비스)
VLLE	RWE: 입고/반입 분석	VSK6	조건 테이블 변경(서비스)
VLLF	일괄 피킹: 데이터 아카이브	VSK7	조건 테이블 조회(서비스)
VLLG	RWE: 전체 개요 분석	VSK8	SD 서비스 : 예외
VLLP	개략 작업 부하 예측: 로그 조회	VSM0	소프트웨어 유지보수 프로세스
VLLQ	RWE: 공급업체 반품 분석	VSM4	거절 코드를 SMP 문서에 지정
VLLR	RWE: 고객/점포 반품 분석	VSTK	피킹 확인
VLLS	다양한 표준 분석 세팅 App 42	VT00	운송
VLLV	W&S: RWE/일괄 피킹 제어	VT01	기존 : 선적 생성
VLMOVE	HU 자재 이동	VT01N	선적 생성
VLODAR	아카이브에서 출하 조회	VT02	기존 : 선적 변경
VLPOD	POD – 아웃바운드 납품 변경	VT02N	선적 변경
VLPODA	POD – 아웃바운드 납품 조회	VT02_MEM	선적 변경(메모리에서)
VLPODF	작업 리스트: POD 후속 처리	VT03	기존 : 선적 조회
VLPODL	작업 리스트: POD 납품	VT03N	선적 조회
VLPODQ	자동 PoD 확정	VT04	운송 작업 리스트
VLPODW1	납품 증명(통신기)	VT05	출하 작업 리스트 : 로그
VLPODW2	WEB을 통한 납품 증명	VT06	선적 선택 : 자재 계획
VLPP	품목 범주에 대한 포장 요청	VT07	백그라운드에서 일괄 실행

VT11	선적 선택 : 자재 계획	VT10	선적 선택 : 시작
VT12	선적 선택 : 운송 처리	VT60	TPS로 위치 마스터 데이타 전송
VT13	F4-도움말 선적 번호	VT61	외부 운송 계획 납품
VT14	선적 선택 : 이용	VT62	납품을 운송 대행 업체에 전송
VT15	선적 선택 : 임의 생산 능력	VT63	납품의 운임 계획 상태
VT16	선적 선택 : 체크인	VT68	TPS에서 납품 할당 해제
VT17	확장 도움말 (F4) 선적 번호	VT69	운임 계획의 계획 납품
VT18	F4 도움말 출하 시작	VT70	선적 출력
VT19	선적 입찰 상태 모니터	VTAA	오더 복사 제어에 대한 오더
		VTAF	오더 복사 제어에 대한 대금 청구 문서
VT20	총 선적 처리 모니터	VTAR	선적 아카이브
VT22	변경 문서 선적 조회	VTBW	재구성 : BW 선적 데이타
VT30	선적에 대한 초기 인터넷 전송		
VT30N	운송 업체에 대한 입찰이벤트		
VT31	선적 입찰		
VT31N	운송 대행 업체에 대한 선택 변형		
VT32	선적 상태 리스트		
VT33	운송 업체에 대한 선적 계획		

MM(Material Management)

5.1 구매 조직(Purchasing Organization), 공장(Plant), 저장 창고(Storage Location)
5.2 구매 절차의 이해

물류 영역 중 원재료/주재료 등의 구매 요청부터 발주, 입고, 송장 검증, 대금 지불의 업무를 처리하는 모듈이며, 재고 관리를 위해 PP, QM, SD, PM 모듈과, 자재 입출고/지급 회계 처리를 위해 FI, TR과의 연계와 통합성이 중요하다.

MM 모듈 구성도

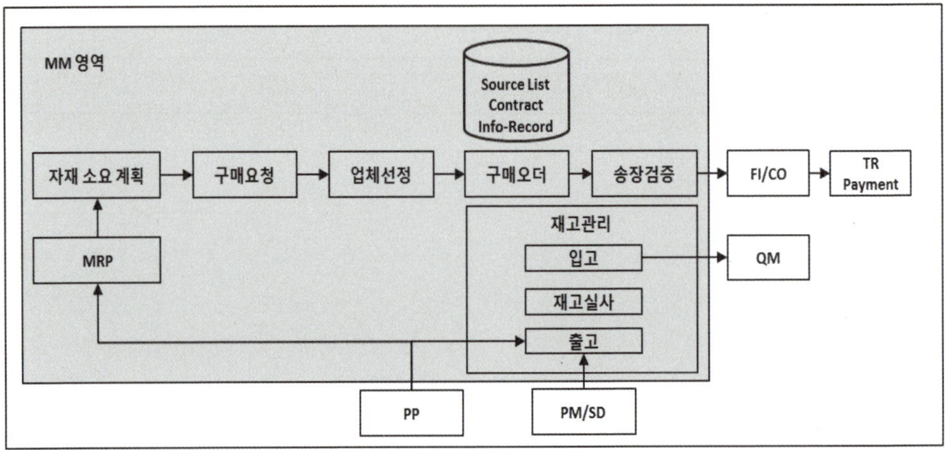

스탠다드 메뉴(S000)에서 구매/재고 관리 경로

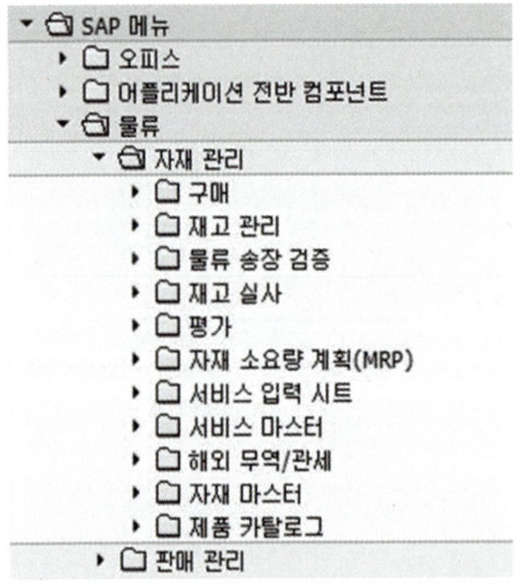

SPRO 내에서 구매/재고 관리 경로

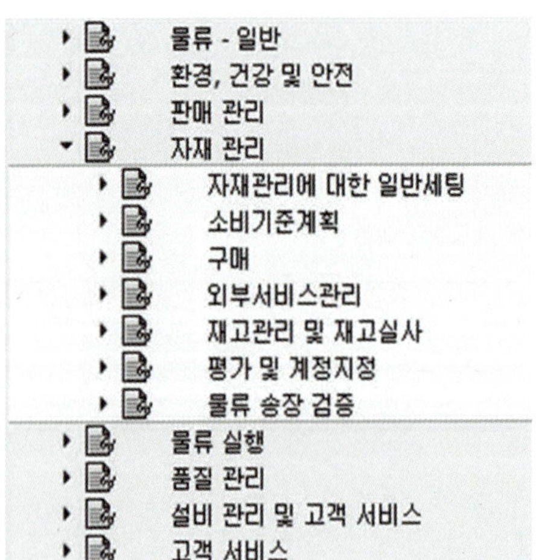

5.1 구매 조직(Purchasing Organization), 공장(Plant), 저장 창고 (Storage Location)

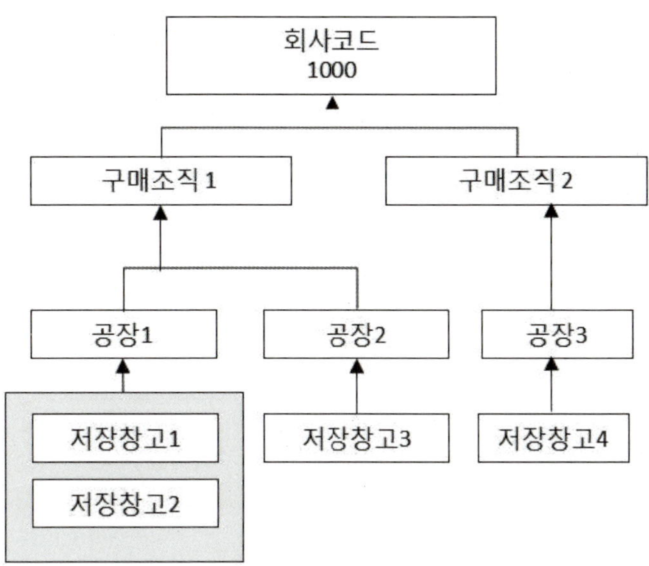

구매 조직(Purchasing Organization) : 구매 데이터의 분석과 리포팅의 단위(가격 조건을 업체와 협상, 계약의 법적 책임 조직)

공장(Plant) : 구매, 설비, MRP(자재 소요 계획)의 주체가 되는 재고 자산이 관리되는 단위

저장 창고(Storage Location) : 재고 수량을 관리하는 단위로 재고 실사의 기준

〈구매처 마스터 : XK03〉

FK03에서 관리하는 일반 데이터, 회사코드 데이터 외에 구매 데이터와 파트너 역할의
구매 조직별 데이터를 조회할 수 있다.

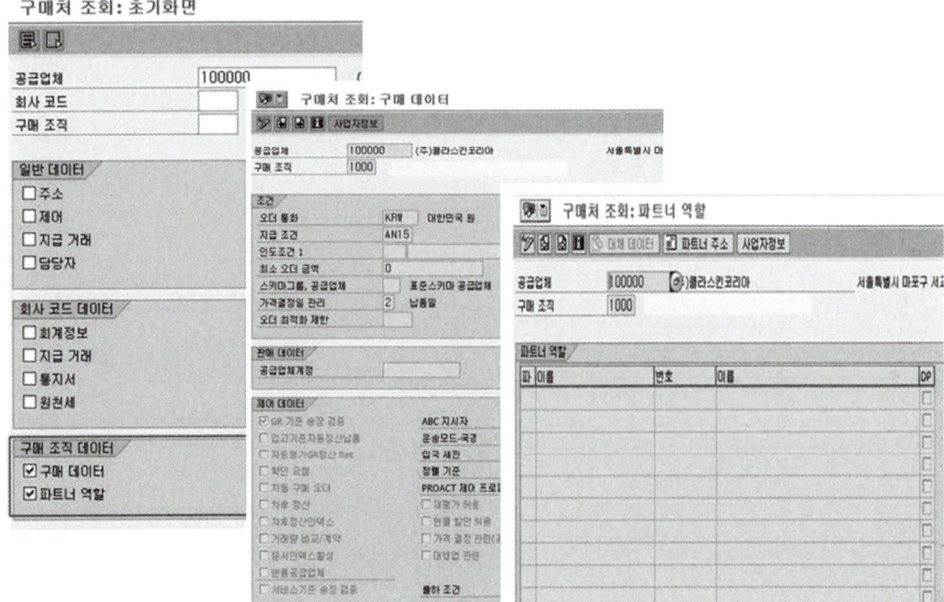

100000 구매처의 1000 구매 조직 데이터를 조회하여 오더 통화, 구매 지급 조건, 가격
결정일, 제어 데이터 등을 확인한다.

XK01 : 구매 조직 구매처 생성

XK02 : 구매 조직 구매처 변경

XK03 : 구매 조직 구매처 조회

〈자재 마스터 : MM03〉

자재와 상품,제품의 마스터 데이터로 기본 데이터부터 회계 관련 데이터까지 많은 모듈이 관련되어 있어, 마스터 중 가장 크고 복잡하다.

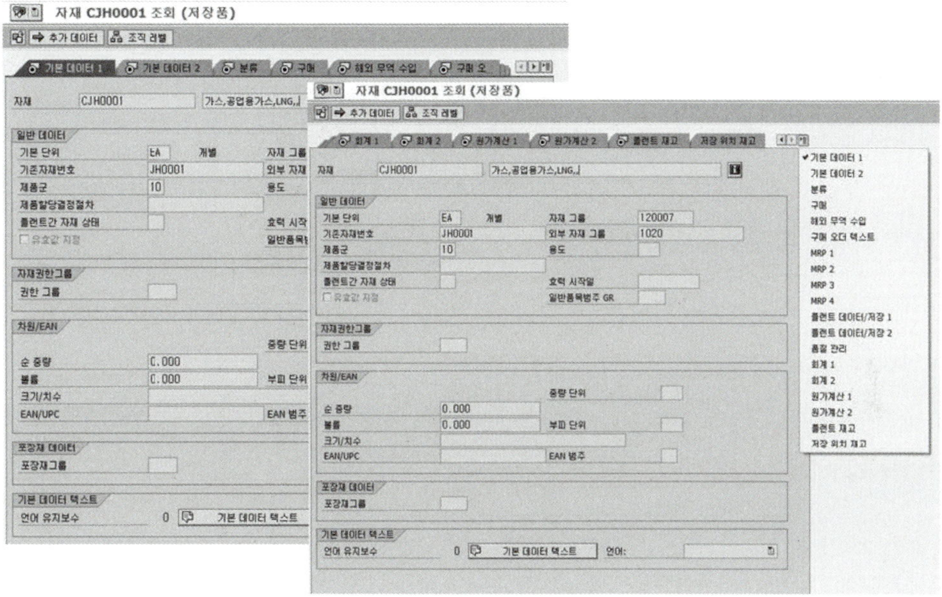

➔ 자재 마스터를 조회 후 기본 데이터 등 관련 데이터 탭을 확인

MM01 : 자재 생성

MM02 : 자재 변경

MM03 : 자재 조회

5.2 구매 절차의 이해

i. 자재 소요

: 생산 시스템과의 통합으로 MRP/MPS에 따른 자재요구량을 계산해 구매량을 결정하도록 지원, 마스터 데이터를 이용해 공급업체를 선정한다.

ii. 구매 요청

: 생산/판매 계획, 과거 데이터로부터 예측 또는 수동으로 직접 생성하며, RFQ/자동/개별 발주 등의 주문으로 처리된다.

iii. 견적

: 견적 요청을 한 후 업체들의 견적을 비교하여 공급업체를 선정한 후 구매 주문으로 전환된다.

iv. 구매 주문

: 구매 요청, RFQ, 구매 계약 등을 참조하여 생성되며, 아래와 같은 종류로 나누어진다.

주문 유형	내용
표준 오더	일반적인 구매 오더, 입고 시 재고에 반영이 되고, 정산 시 물대와 기타 비용에 대해서 대금을 지불
외주가공/사급 (Subcontract)	입고 시 재고에 반영이 안 되고 업체에 원재료를 무상으로 공급, 정산 시에 가공비만 지급
위탁 재고 (Consignment)	입고 기준 정산하지 않고 재고 수량만 반영, 출고(소비)된 수량에 대해서 정산
재고 이동	회사 내에 재고 이동 시에 운송비 등의 비용 정산을 위한 주문 유형
서비스	작업 등의 용역비 정산을 위한 주문 유형

구매 주문 화면 : ME23N

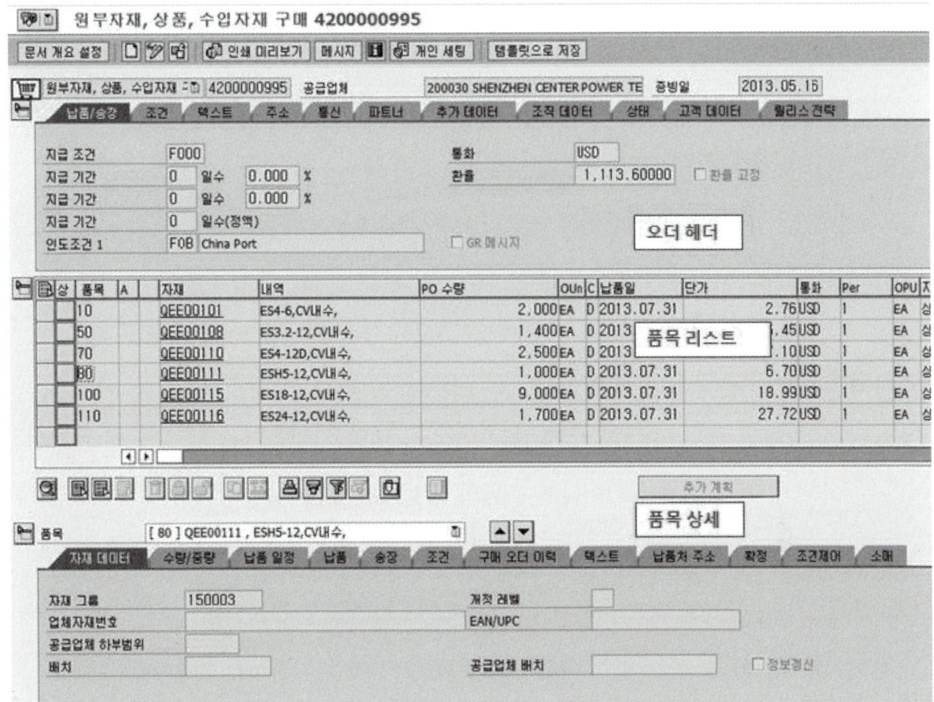

➡ 헤더와 품목 리스트, 품목별 상세 내역의 3가지 항목으로 구분된다. 원부자재 6개 품목에 대한 구매 주문이다.

ME21N : 구매 주문 생성

ME22N : 구매 주문 변경

ME23N : 구매 주문 변경

v. 자재 입고

: 자재와 입고의 종류에 따라 정해진 품질 검사를 하여 합격된 재고에 대해 가용 재고

로 이전된다.

vi. 송장접수

: 구매한 품목에 대해 송장과 구매 오더, 실입고 내역을 검증하는 단계로 세금 계산서
처리 시 회계 및 자재 전기가 일어나서 물류와 회계가 일치된 원가 집계가 가능하게 된다.

vii. 대금 지급

: 자금모듈의 펌뱅킹 등을 통해 실제 지급 처리를 완료하고, AP를 전표를 반제한다.

*MM 주요 테이블의 연관 관계도

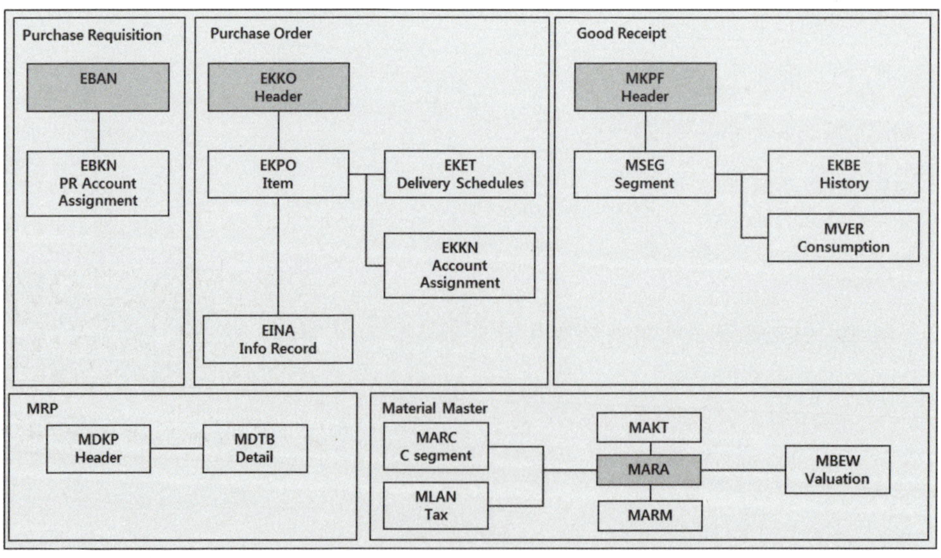

구매처 마스터와 자재 마스터를 기준으로 구매 요청(Purchase Requisition), 구매 주
문(Purchase Order), 입고/송장 정보가 헤더와 아이템 구조로 관리된다.

MM 주요 Transaction Codes

MB21	예약 생성		ME59	PO 자동 생성
MB22	예약 변경		ME5F	릴리즈 독촉장 : 구매 요청
MB23	예약 조회		ME61	공급업체 평가 유지보수
MB25	예약 리스트		ME62	공급업체 평가 조회
ME03	소스 리스트 조회		ME63	자동 하부 기준 평가
ME11	구매 정보 레코드 생성		ME6A	공급업체 평가 변경
ME12	구매 정보 레코드 변경		ME6F	인쇄
ME13	구매 정보 레코드 조회		ME6G	백그라운드로 공급업체 평가
ME14	구매 정보 레코드 변경		ME85	납품 일정 라인 재번호 지정
ME15	삭제 플래그 구매 정보 레코드		ME86	일정 라인 총합
ME21N	구매 오더 생성		ME87	PO 이력 요약
ME22N	구매 오더 변경		ME88	계약 누적 수량/조정일 설정
ME23	구매 오더 조회		MEB3	리베이트 조정 조회(차후 정산)
ME23N	구매 오더 조회		MEK3	가격 조건 조회(구매)
ME24	구매 오더 보충 유지보수		MEQ3	쿼타 조정 조회
ME25	소스 결정으로 PO 생성		MI01	재고 실사 전표 생성
ME28	구매 오더 릴리스		MI02	재고 실사 전표 변경
ME31K	계약 생성		MI03	재고 실사 전표 조회
ME31L	납품 일정 계약 생성		MI04	문서로 재고 실사 입력
ME32K	계약 변경		MI05	재고 실사 변경
ME32L	납품 일정 계약 변경		MI06	재고 실사 조회
ME33K	계약 조회		MI07	차이 리스트 처리
ME33L	납품 일정 계획 조회		MI08	문서로 차이 리스트 생성
ME34K	일괄 계약 보충 유지보수		MI09	문서 없이 재고 실사 입력
ME34L	납품 일정 계약 보충 유지보수		MI10	문서 없는 차이 리스트 생성
ME37	운송 일정 계약 생성		MI11	재고 실사 문서 재실사
ME3P	일괄 계약 가격 재계산		MI20	차이 인쇄 리스트
ME3R	납품 일정 계약 가격 재계산		MI21	재고 실사 전표 인쇄
ME41	견적 요청 생성		MI22	자재별 재고 실사 문서 조회
ME42	견적 요청 변경		MI23	자재별 재고 실사 문서 조회
ME43	견적 요청 조회		MI24	재고 실사 리스트
ME44	RFQ 보충 유지보수		MIAL	재고 문서 : 아카이브 읽기
ME45	릴리즈 RFQ		MIDO	재고 실사 개요
ME47	견적 생성		MIGO	재고 입고
ME48	견적 조회		MIRO	수령 송장 입력
ME49	가격 비교 리스트		MM01	자재 & 생성
ME51N	구매 요청 생성		MM02	자재 & 변경
ME52N	구매 요청 변경		MM03	자재 & 조회
ME53	구매 요청 조회		MN03	메시지 조회 : RFQ
ME53N	구매 요청 조회		MN06	메시지 조회 : PO
ME54	구매 요청 릴리스		MN09	메시지 조회 : 개괄 계약
ME55	구매 요청 일괄 릴리스		MN12	메시지 조회 : 납품 일정 계약의 일정
ME56	구매 요청에 공급원 지정		MN15	메시지 조회 : 서비스 입력서
ME57	요청 지정 및 처리		MP02	AMPL 레코드 조회
ME58	오더 : 지정 요청		WWNC	차후 정산 정산 실행 : 조건스키마 조회
			WWSC	차후 정산 : 조건레코드 조회

PART 03

기본
사용 방법

SAP 시스템을 효율적으로 사용하기 위해서 사용자가 알아두어야 하는 SAP의 기본 기능을 설명한다. 필요한 항목을 빠르게 검색하는 Search Help, 데이터 리스트를 조회하여 정렬, 합계 등을 손쉽게 활용할 수 있는 ALV, 그리고 반복적인 운영 작업을 조건을 저장해 놓을 수 있는 변형(Variant)에 대한 사용법은 SAP 시스템을 제대로 활용하기 위해 꼭 알아두어야 하는 기능이다. Standard 에서 제공하지 않는 Search Help를 만들어서 제공할 수 있는데, 유지보수자나 컨설턴트들은 참고할 수 있을 것이다.

>>> **chapter 01 Search Help(탐색 도움말)**

개인 리스트 관리 | 탐색 도움말 생성 | ★탐색 도움말 필드 설명

>>> **chapter 02 ALV의 활용**

레이아웃 변경 | 레이아웃 선택 | 레이아웃 저장
★Table Control

>>> **chapter 03 변형(Variant) 관리**

Search Help(탐색 도움말)

1.1 개인 리스트 관리 2.2 탐색 도움말 생성
★탐색 도움말 필드 설명

입력 필드에서 입력 가능한 항목 리스트창을 띄우거나, 검색 조건창을 띄워 필요한 입력값을 찾게 도와주는 것을 Search Help 또는 Match Code라고 한다. Search Help에서 개인 리스트를 관리하는 방법을 알아보고, Search Help 오브젝트를 생성하는 방법을 설명한다.

입력 필드에서 F4 또는 오른쪽 버튼을 눌렀을 때 나오는 Search Help창

➡ 입력필드 오른쪽 끝 버튼이 보이면 Search Help가 연결되어 있는 것이다.

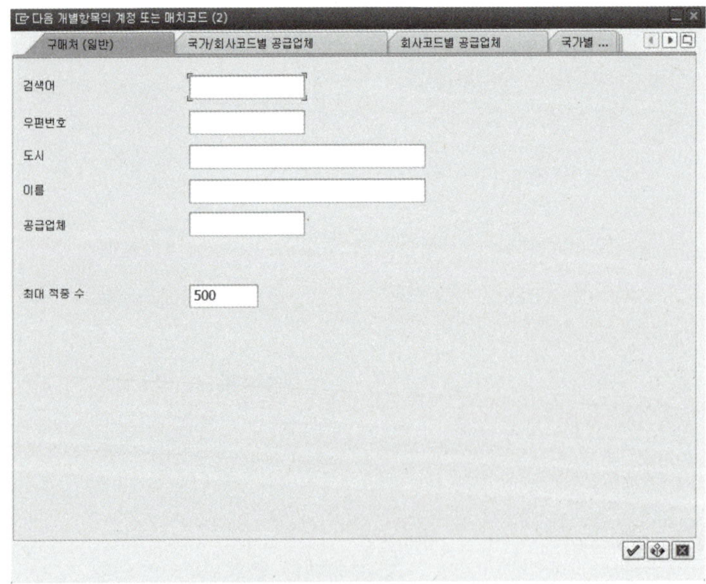

➡ 여러 조건으로 데이터를 찾을 수 있다.

1.1 개인 리스트 관리

Search Help에서 자주 사용하는 값만 자신의 리스트로 만들어 보여지도록 한다.

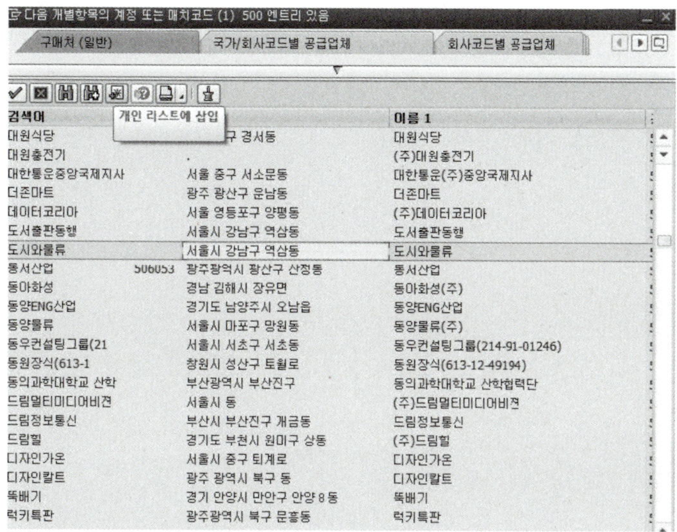

i. 리스트 중에서 개인 리스트에 입력될 값을 선택하고, 위의 "개인 리스트에 삽입" 버튼을 클릭한다.

ii. "개인값 리스트" 버튼을 클릭하면 개인 리스트 대상만 조회된다.

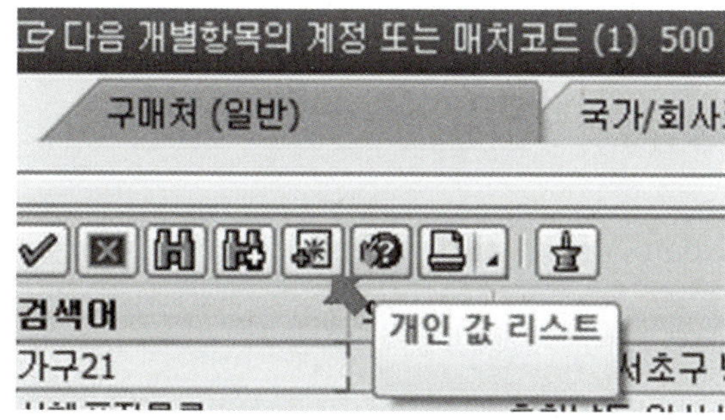

(다음 번 Search Help 조회 시부터는 기본적으로 개인 리스트 조회)

iii. 개인값 리스트 조회 후에는 항목을 삭제하거나 전체 조회로 이동할 수 있다.

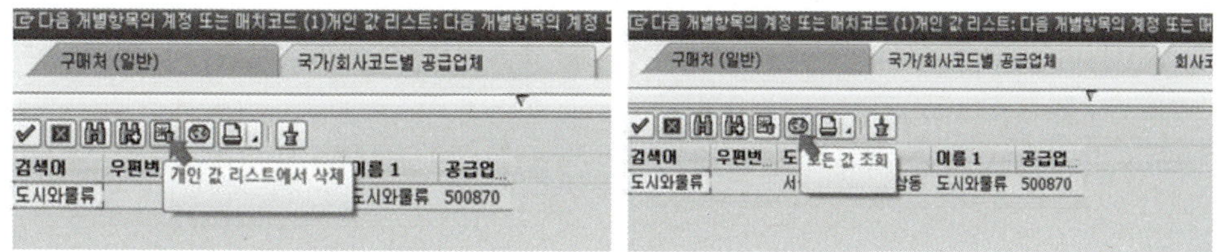

1.2 탐색 도움말 생성

신규로 개발한 화면 등에 사용하기 위해 Standard에서 제공하지 않는 Search Help 를 생성하는 방법으로 보통 IT 유지보수 담당자가 생성하여 화면에 연결시킨다.

예) 은행 키(BNKA)를 기준으로 거래 은행코드(T012) 리스트를 확인하는 Search Help

i. 데이터베이스 뷰 생성(SE11)

Search help에서 사용할 리스트를 View로 생성한다. Display 할 필드들이 있는 테이블을 기준으로 조인하여 View를 생성한다. 아래와 같이 Client(MANDT)와 은행 키(BANKL) 필드로 두 테이블의 결합 조건을 추가한다.

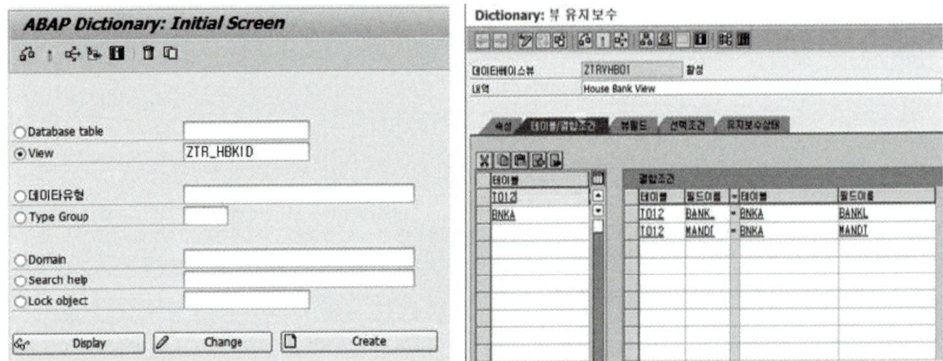

➜ SE11에서 View의 이름을 입력하고 "Create" 버튼을 클릭

ii. 뷰필드(Select)에는 리스트에 보여질 필드들, 선택 조건(Where)에는 기본적인 제한 조건을 넣는다. (회사코드 1000, 국가 KR)

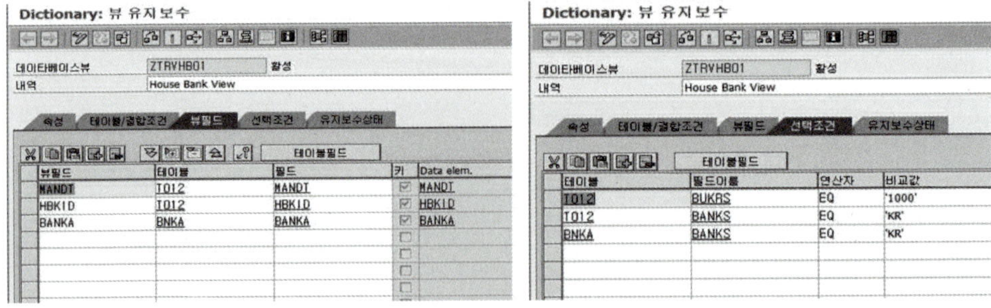

iii. 앞에서 결합 조건으로 생성한 뷰를 사용하는 Search Help 생성(SE11)

➡ SE11에서 Search Help란에 이름을 입력하고 "Create", 선택 방법에 생성한 View를 입력

★탐색 도움말 필드 설명

데이터 수집

선택 방법 : 사용할 View(미리 정의되어 있어야 함)

다이얼로그 작동

다이얼로그 유형 : 처음 탐색창을 띄웠을 때의 형태 결정

    A값 세트에 따른 다이얼로그

    C값 제한 다이얼로그

    D값 즉시 조회

핫키 : 실제 필드에서 "=Q" 형식으로 사용

    예) =Q.호남 ⇒ Search Help 첫 번째 탭 조건에 '호남'으로 조회한 결과

탐색 도움말 Exit : exit function

매개변수 : 지정된 View에서 매개변수를 지정

    IMP, EXP   : Search Help 실행 시 Import/Export 될 변수

    Lpos   : 변수의 List 위치

    Spos   : 변수의 Selection 위치

*Standard Search Help의 수정

Standard Search Help는 미리 정의되어 있어서 개발자 권한이 있다 하더라도 다른 Standard Object처럼 수정이 불가능하다. Standard 화면에서 사용하는 이런 Search Help에 추가 조건을 주거나 필드를 추가하려면 BC에게 접근 권한을 받은 후에 뷰와 Search Help를 SE11에서 수정해야 한다.

〈예. 지급방법 Standard Search Help 수정〉

➡ 해당 Search Help를 열고 오른쪽 마우스키를 클릭하고, 기술 정보에서 오브젝트명을 확인

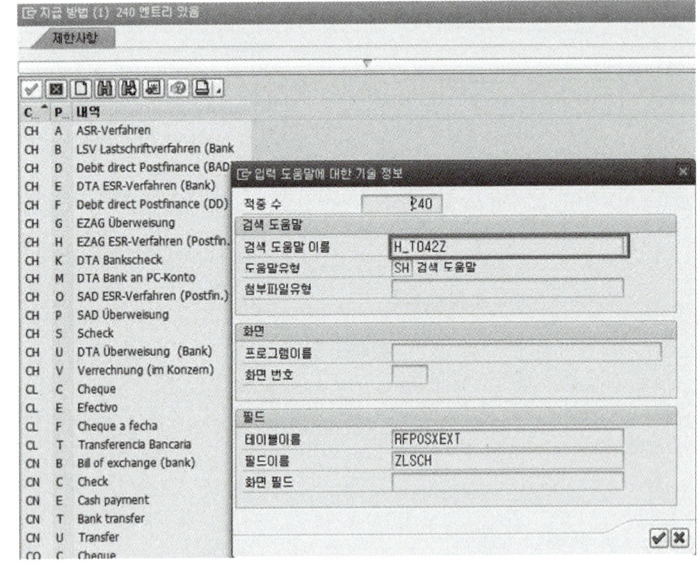

Chapter 02

ALV의 활용

2.1 레이아웃 변경 2.2 레이아웃 선택 2.3 레이아웃 저장
★Table Control

SAP 표준 리스트의 Display 방법인 ALV(ABAP List Viewer)는 엑셀에서 리스트를 조회한 것과 같이, 필드를 선택하고 정렬 방법을 변경하거나 항목별 sum을 보여주는 등의 강력한 기능을 가지고 있다. 또한 용도에 맞는 화면의 레이아웃을 저장해 놓고, 필요할 때마다 선택해서 사용할 수 있어서 불필요하게 데이터를 다운로드 받아 엑셀작업 하는 번거로움을 줄일 수 있다.

ALV 아이콘 버튼

전표 리스트

	CoCd	전표 번호	연도	유형	전기일	증빙일	세무 신고일	통화	역분개	TCode
	1000	90000624	2013	RV	2013.05.03	2013.05.03	2013.05.03	KRW	90000632	VF01
	1000	90000625	2013	RV	2013.05.03	2013.05.03	2013.05.03	KRW	90000626	VF01
	1000	90000626	2013	RV	2013.05.03	2013.05.03	2013.05.03	KRW	90000625	ZSDR0250
	1000	90000627	2013	RV	2013.05.03	2013.05.03	2013.05.03	KRW	90000628	VF01
	1000	90000628	2013	RV	2013.05.03	2013.05.03	2013.05.03	KRW	90000627	ZSDR0250

➡ 보통 리스트상에 Layout을 선택/변경/저장하는 세 가지의 버튼이 나오거나, 하나의 버튼에 세 개의 기능이 합쳐져 있다.

메뉴에서 ALV 레이아웃 설정

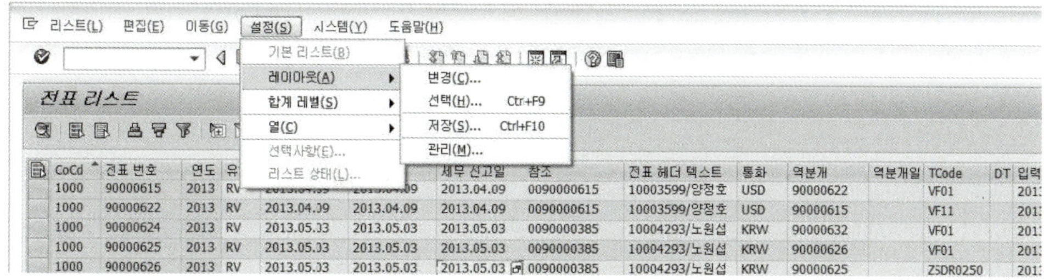

➡ 메뉴의 레이아웃/변경, 선택, 저장, 관리도 ALV의 버튼과 동일한 기능을 한다.

▦ 2.1 레이아웃 변경

표시된 열 : 화면에 보이는 필드 항목을 추가하거나 제외한다. 항목을 왼쪽으로 옮기면
표시된다.

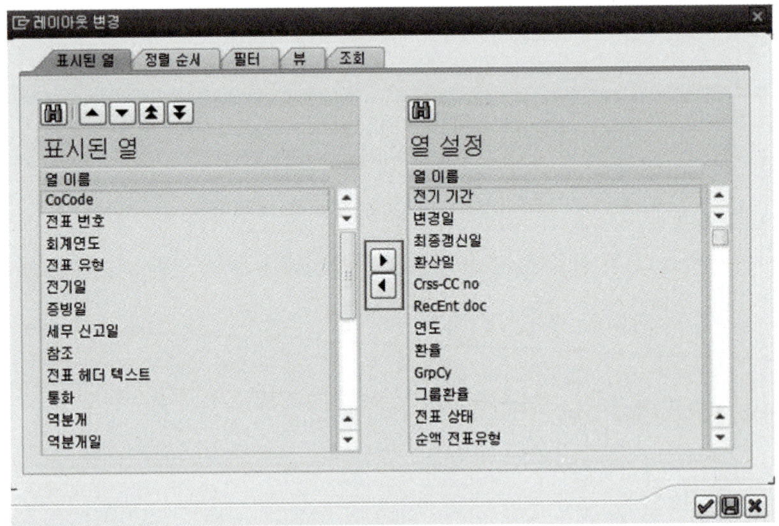

정렬 순서 : 표시된 열 중에서 정렬의 기준이 되는 항목을 선택하고, 오름차순, 내림차
순을 결정한다. (숫자, 금액 필드일 경우 Sub-Total을 설정할 수 있다.)

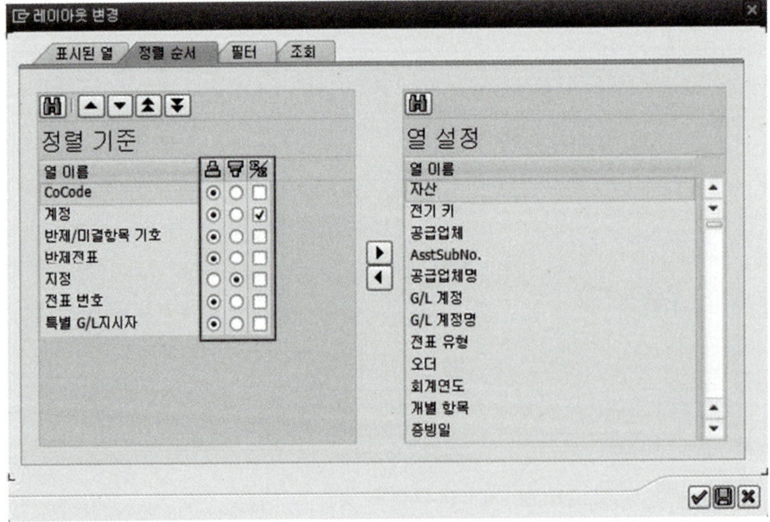

필터 : 조회된 결과에서 특정 필드로 필터링하여 볼 수 있도록 기준 항목을 선택한다. 오른쪽에 필터로 사용할 수 있는 전체 필드 중 왼쪽으로 이동하면 필드 조건값을 주어 조회할 수 있다.

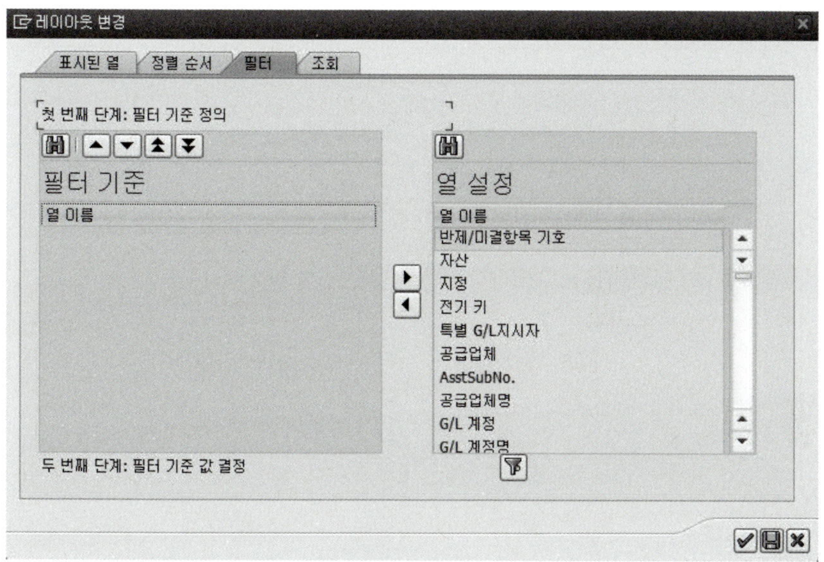

조회 : 눈금선의 표시 여부, 정렬 기준으로 셀 병합 등 조회 시 리스트에 표시되는 상세 옵션을 설정한다.

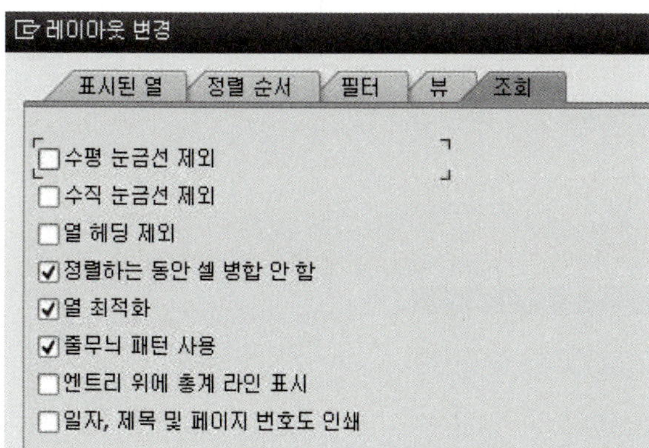

▦ 2.2 레이아웃 선택

저장된 ALV 레이아웃을 선택하여 설정된 기준에 맞게 리스트를 변경하여 다시 Display 한다.

레이아웃은 3가지 성격이 있는데, 이름에 첫 자로 구분된다.

/ 로 시작 : 사용자가 새로 만든 레이아웃이나 모든 사용자가 사용할 수 있도록 허용

숫자로 시작 : SAP Standard 레이아웃으로 모든 사용자가 사용 가능

문자로 시작 : 사용자가 사용자 고유 레이아웃으로 정의

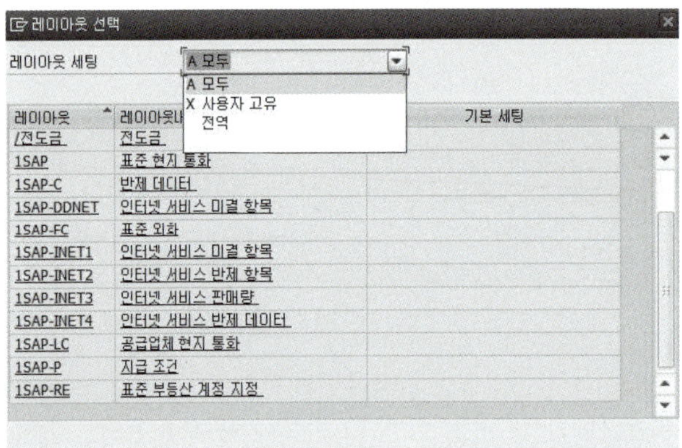

▦ 2.3 레이아웃 저장

정렬이나 표시 항목들을 변경한 후 레이아웃으로 저장한다.

사용자 고유 : 작성자만 선택가능

기본 세팅 : 조회 시 기본 레이아웃으로 지정

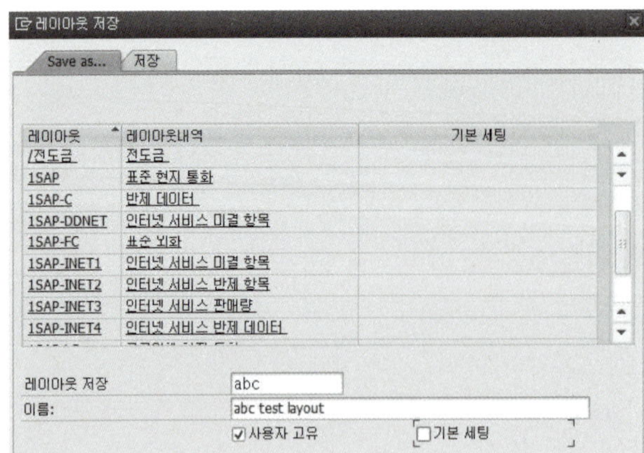

★Table Control

SAP의 표준 List display 방식으로 ALV 이외에 Table Control 방식이 있다.

➜**Table Control로 조회된 데이터는 오른쪽 위에 관리자 버튼이 있다.**

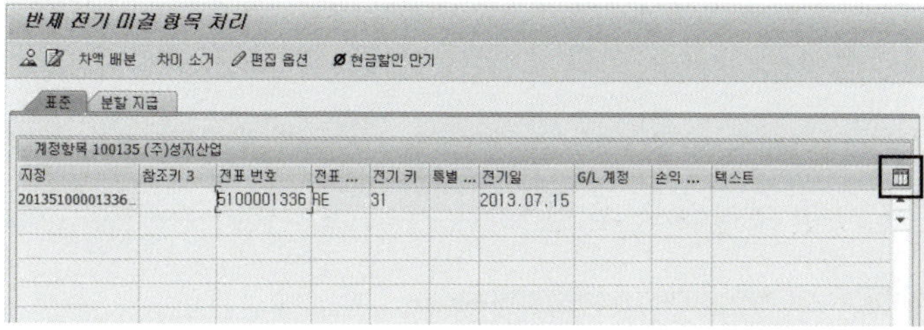

관리자 선택

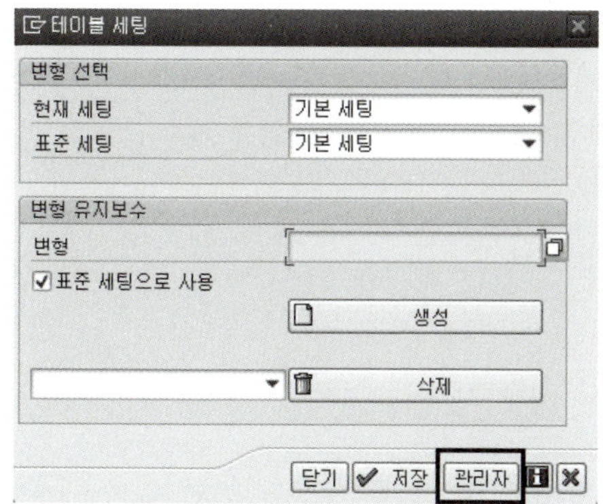

표시 항목 등 설정

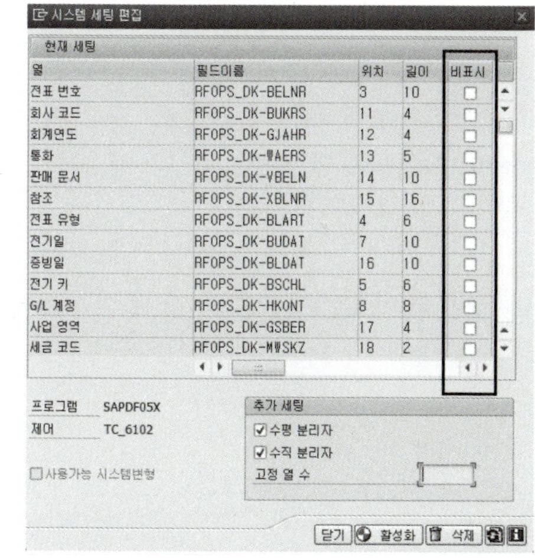

변형(Variant) 관리

Report 프로그램에서 자주 사용하는 조회 조건을 저장하여 필요할 때마다 불러서 사용할 수 있다.

Report 프로그램에서 자주 사용하는 조회 조건을 저장하여 필요할 때마다 불러서 사용할 수 있다. 이런 조건값 전체를 변형(Variant)이라는 이름으로 관리하는데, 조건에는 동적값을 허용하는 등 다양한 조건을 줄 수 있어서 주기적으로 처리하는 결산 처리 등에 유용하게 사용할 수 있다.

예) 전표 리스트 조회 변형 생성(FB03)

i. 조회 조건을 입력한 후 또는 초기화면에서 저장 버튼을 클릭하면 변형관리 화면으로 바뀐다.

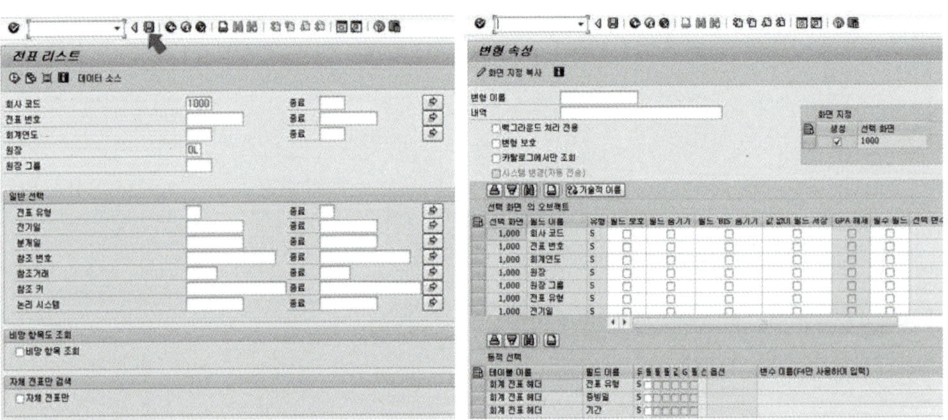

➡ 초기화면에서 저장 버튼을 클릭하면 변형(Variant) 화면으로 변경된다. 조건의 특정값을 입력한 후 변형을 만들면 해당 조건값이 반영된 변형(Variant)이 생성된다.

백그라운드 처리 전용 : 체크하면 스케줄링 작업 등의 백그라운드 전용 작업으로만 처리하는 변형

변형 보호 : 체크하면 해당 변형을 생성자만 조회할 수 있음

ii. 이름과 내역을 입력

변형 이름	FI_DOC01
내역	당월 내전표만 조회

iii. 화면 각 필드별 설정

필드 보호 : 해당 필드가 수정 불가하도록 고정

필드 숨기기 : 화면에서 필드 안 보이게 숨김

값 없이 필드 저장 : 저장 시 필드값이 있었더라도 공백으로 변형(Variant) 저장

필수 필드 : 해당 필드는 입력을 필수값으로 설정

선택 변수 : 테이블의 변수 및 동적 일자를 계산하여 자동 입력

▶ 변형 속성

선택 변수를 선택하십시오.

변수 유형	내역
T	T: TVARV의 테이블 변수
D	D: 동적 일자 계산

예) 회사코드 필드는 수정 불가, 회계연도 필수, 전표 유형은 공백, 전기일자는 조회 당월 조건으로 변형 세팅

선택 화면 의 오브젝트

선택 화면	필드 이름	유…	필드 보…	필드 숨기기	필드 'BIS' 숨기기	값 없이 필드 저…	GPA 해…	필수 필…	선택 변수	옵…	변수 이름(F4만 사용하여 입력)
1,000	회사 코드	S	☑	☐	☐	☐	☐	☐			
1,000	전표 번호	S	☐	☐	☐	☐	☐	☐			
1,000	회계연도	S	☐	☐	☐	☐	☐	☑			
1,000	원장	S	☐	☐	☐	☐	☐	☐			
1,000	원장 그룹	S	☐	☐	☐	☐	☐	☐			
1,000	전표 유형	S	☐	☐	☐	☑	☐	☐			
1,000	전기일	S	☐	☐	☐	☐	☐	☐	D		시작한 달에서 오늘까지
1,000	분개일	S	☐	☐	☐	☐	☐	☐			

iv. 변형 가져오기 버튼으로 선택

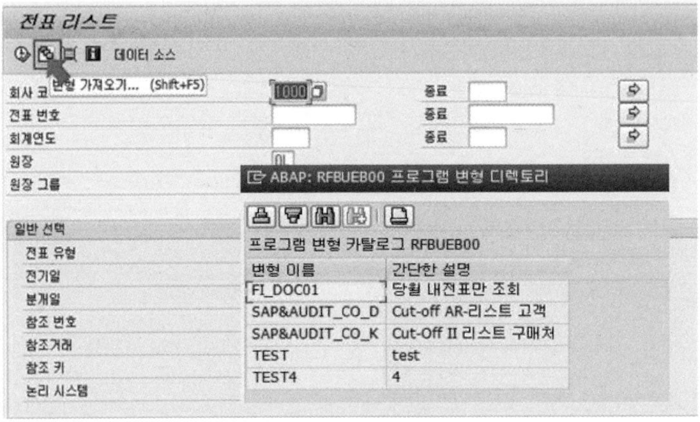

➡ 변형 가져오기 버튼을 클릭하여 저장된 변형(Variant)을 확인하고 선택한다.

변형 선택 후 조건이 바뀐 화면(조회일자 2013.7.15)

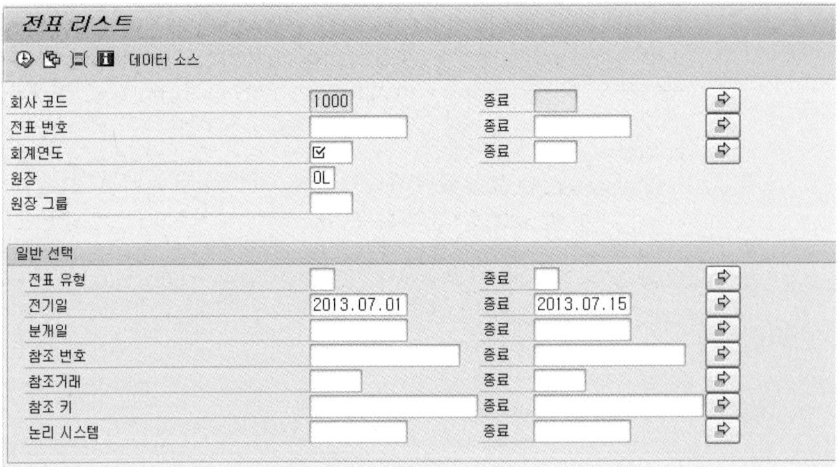

*개발, 테스트 서버에서 저장한 변형을 운영으로 전송하는 것은 'Transport 관리' 장을 참고

PART 04

유지보수 기능

SAP 시스템은 유지보수와 대량 업무처리를 위해 다양한 툴과 많은 기능을 제공한다. 이 장에서는 비교적 단순한 Report나 마스터성 데이터를 관리하는 프로그램을 손쉽게 만드는 방법, 반복 작업을 Recording 하거나, 일괄 변경을 한 번에 실행하는 방법 등 유지보수자가 반드시 숙지해야 되는 내용을 설명한다.

>>> **chapter 01 퀵 뷰어(SQVI)**

퀵 뷰어로 조회 리포트 생성 | 퀵 뷰어에 트랜잭션 코드 연결

>>> **chapter 02 Maintenance Table/View(SM30)**

유지보수 화면 생성 | 트랜잭션 코드에 연결(SE93) | ★유지보수 화면에 기능 추가하기(SE54)

>>> **chapter 03 View Cluster(SM34)**

View Cluster 생성 | 종속성을 가지는 view 항목 추가 | Transaction 코드 부여(SE93)

>>> **chapter 04 LSMW(Legacy System Migration Workbench**

LSMW 기본 작업 생성 | LSMW 메뉴 기능

>>> **chapter 05 SPRO**

SPRO의 개요 | SPRO의 추가 정보 표시 | SPRO 경로 파일로 다운로드

>>> **chapter 06 MASS**

퀵 뷰어(SQVI)

1.1 퀵 뷰어로 조회 리포트 생성
1.2 퀵 뷰어에 트랜잭션 코드 연결

Standard Report 프로그램에서 보여지지 않는 항목이 있거나, 너무 복잡하게 많은 걸 보여줄 때 간단하게 원하는 데이터만 조회하는 Viewer를 만들 수 있다. DB와 SQL의 간단한 지식만 있으면 Transaction Code를 부여하여 ABAP 코딩 없이도 간단한 Report 프로그램을 만들어 사용할 수 있다.

SQVI 퀵 뷰어 : 초기화면

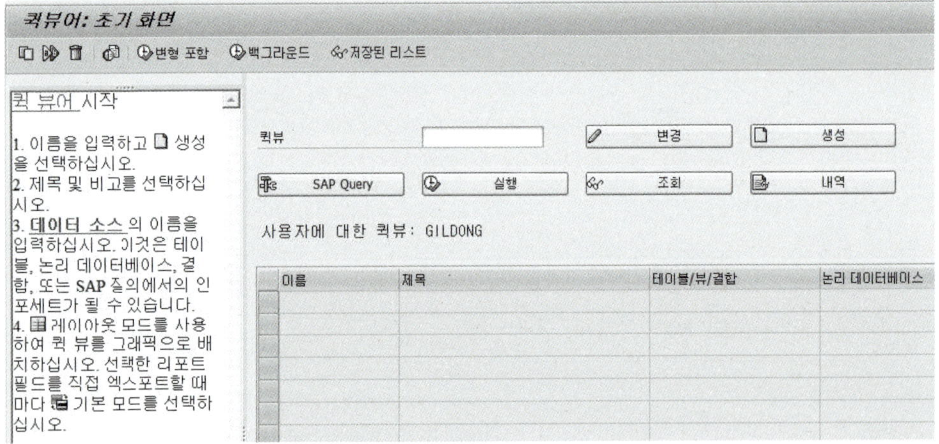

1.1 퀵 뷰어로 조회 리포트 생성

예) 자산 마스터(ANLA)와 자산클래스 마스터(ANKA), 클래스명(ANKT) 테이블을 조인하여 클래스를 조회 조건으로 자산 리스트를 조회하는 Viewer 생성

i. 이름을 입력하고 생성 버튼을 클릭

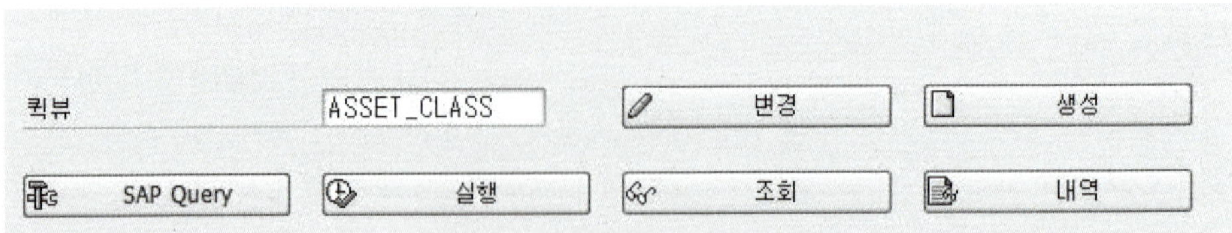

ii. 제목과 주석을 입력하고 데이터 소스를 선택

데이터 소스 : 테이블이 1개일 때는 데이터 소스, 2개 이상을 조인할 때는 테이블 결합

iii. 테이블 삽입을 클릭하여 ANLA, ANKA, ANKT를 각각 삽입

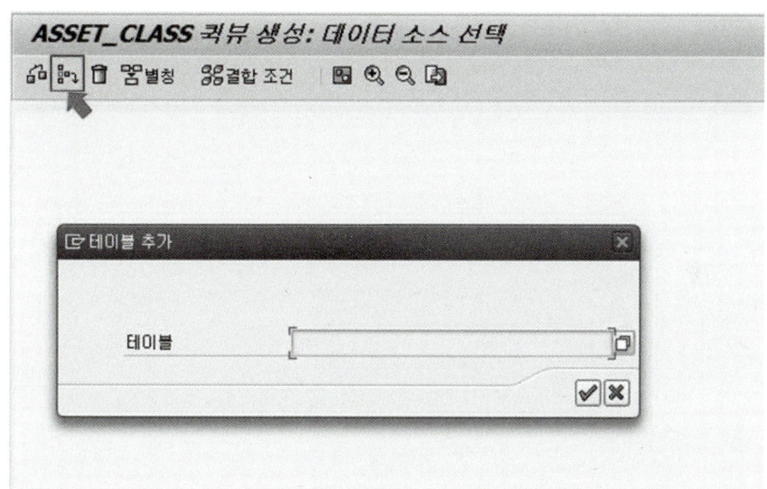

➜ 삽입한 3개의 테이블이 자동으로 키값 기준 조인되어 보여진다.

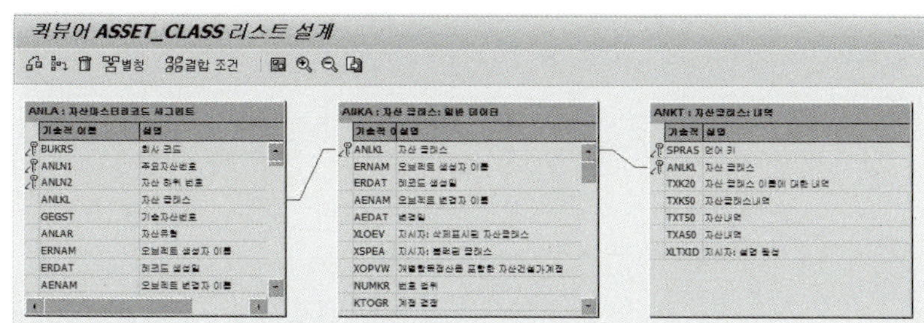

*테이블 삽입 후 조인 조건이 잘못되었거나 추가로 필요한 경우 편집이 가능하다.

결합 조건 삭제 : 링크를 선택하고 오른쪽 마우스키를 누른 후 삭제(*왼쪽 외부 조인은 Outer 조인을 의미)

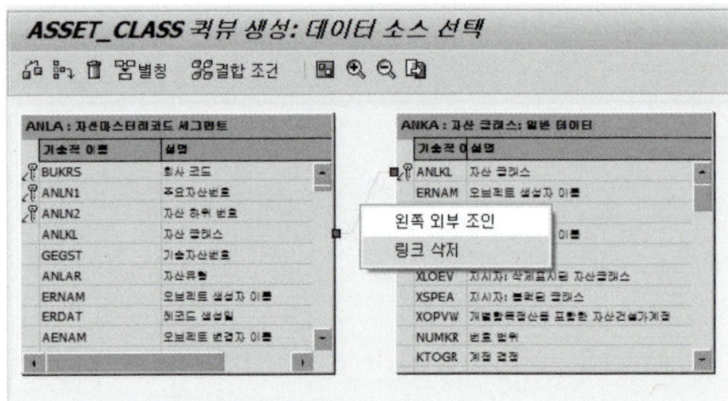

결합 조건 추가 : 한쪽 필드를 선택한 상태에서 연결할 필드까지 마우스 드래그하면 조건이 추가된다.

(결합 조건은 Table 간 Join 조건이며, 오른쪽 마우스 버튼을 클릭하여 Outer 조건도 줄 수 있다.)

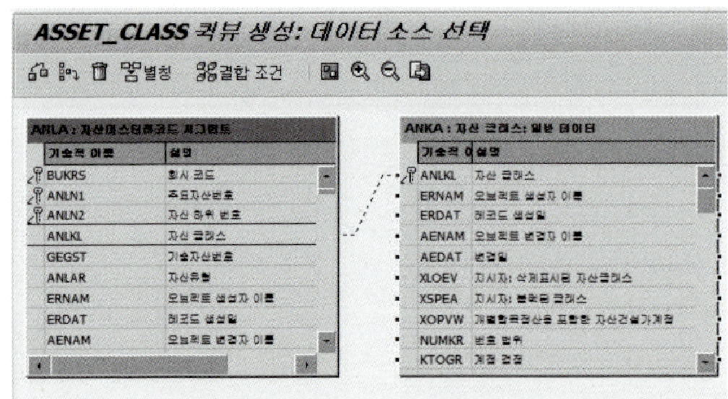

iv. F3 또는 Back 버튼으로 나온 후 리스트 필드와 선택 필드를 체크한다.

리스트 필드 : 조회 후 결과 리스트로 보여질 필드를 선택

선택필드 : 조회 조건으로 사용할 입력 필드를 선택

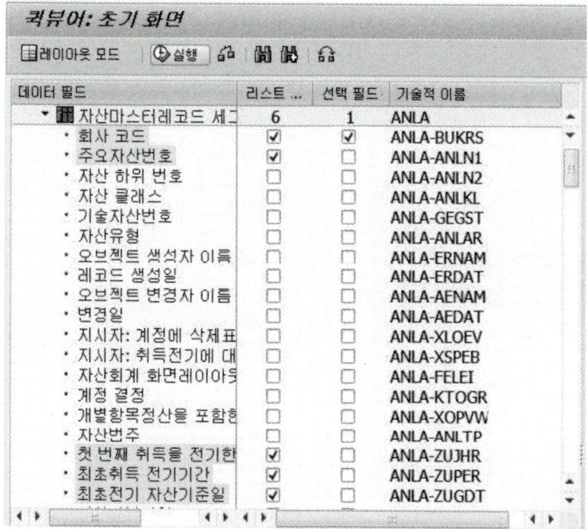

v. 필드의 순서와 정렬 등의 추가 세부 조건을 설정한다.

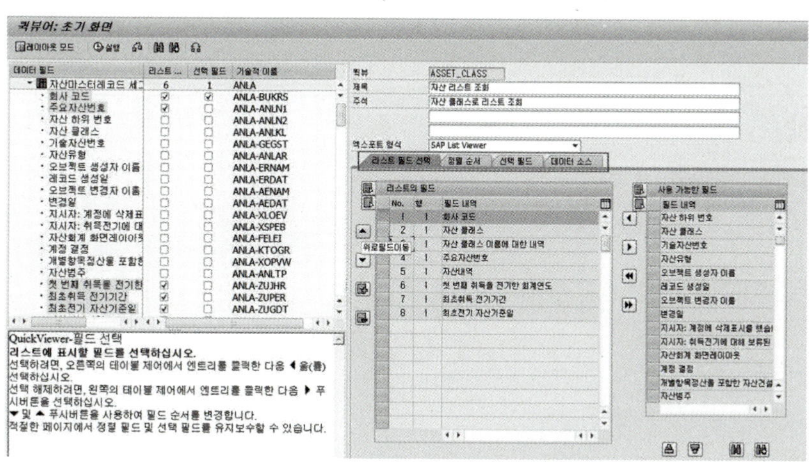

리스트 필드 : 결과로 보여질 필드들과 화면 순서 결정(회사코드 제일 위로 이동)

정렬 순서 : 리스트의 정렬 필드 선택(자산 클래스 선택)

선택 필드 : 조회 조건으로 사용할 필드들과 화면 순서 결정(회사코드 → 자산 클래스
로 순서로 변경)

데이터 소스 : 대상 테이블 추가 및 삭제

vi. 실행 후 결과 확인

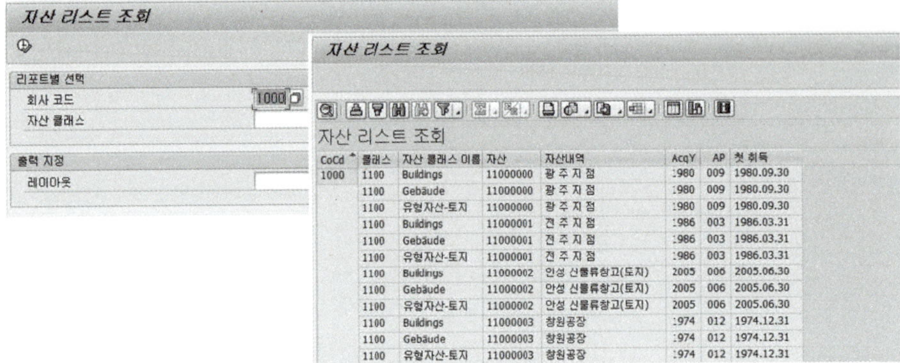

1.2 퀵 뷰어에 트랜잭션 코드 연결

트랜잭션 유지보수를 이용하여 퀵 뷰어에서 만든 조회 리포트를 트랜잭션 코드로 바로 호출할 수 있도록 연결한다. 운영 환경에서는 보통 트랜잭션 관리(SE93)을 허용하지 않기 때문에 퀵 뷰어 오브젝트는 운영에서, 트랜잭션 코드는 개발에서 생성하여 CTS 전송하여야 한다.

i. 퀵 뷰어 오브젝트의 프로그램명 확인 및 복사

프로그램 실행 후 시스템 메뉴 → 상태

(프로그램 란에 있는 내용을 드래그한 후에 복사한다.)

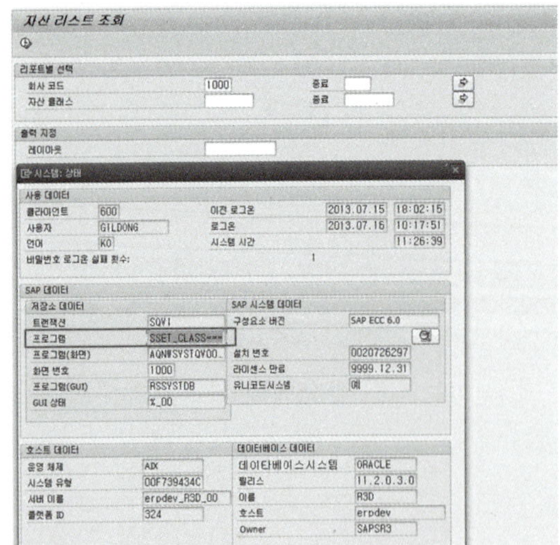

ii. 트랜잭션 관리에서 트랜잭션 코드 생성(SE93)

iii. 내역을 입력하고, Program and Selection Screen 선택

iv. 복사한 프로그램명을 붙여넣기 하고, 저장(CTS로 전송)

v. 트랜잭션 코드로 실행

Chapter 02

Maintenance Table/View(SM30)

2.1 유지보수 화면 생성   2.2 트랜잭션 코드에 연결(SE93)
★유지보수 화면에 기능 추가하기(SE54)

별도의 ABAP 프로그램 개발 없이 테이블 데이터를 쉽게 입력/수정/삭제할 수 있는 유지보수 화면을 생성한다.

회사 고유의 처리 방법이라든가 부가세 코드의 성격 등 기준이 되는 정보를 유지보수 화면을 통해 관리하는데, 테이블에서 바로 만들 수도 있고, 여러 테이블을 조인한 뷰를 만들고, 유지보수 화면을 생성할 수도 있다.

테이블 또는 뷰 생성(SE11) ➡ 유지보수 생성(SE11) ➡ 유지보수 뷰 확인(SM30)
➡ Transaction code 부여(SE93)

2.1 유지보수 화면 생성

예) 구매처 계정 그룹별 활성화 여부를 제어하는 유지보수 뷰 개발

뷰 '구매처 계정그룹 활성화' 조회: 개요

구매처 계정그룹 활성화

그룹	YES/NO	기준내역
1000	☑	
2000	☑	
5000	☑	
6000	☑	
7000	☑	
8000	☑	
X100	☐	결산시 임직원 구매처 제한
X200	☑	

i. 기준 테이블 생성(SE11)

유지보수 툴을 통한 유지보수를 허용한 테이블

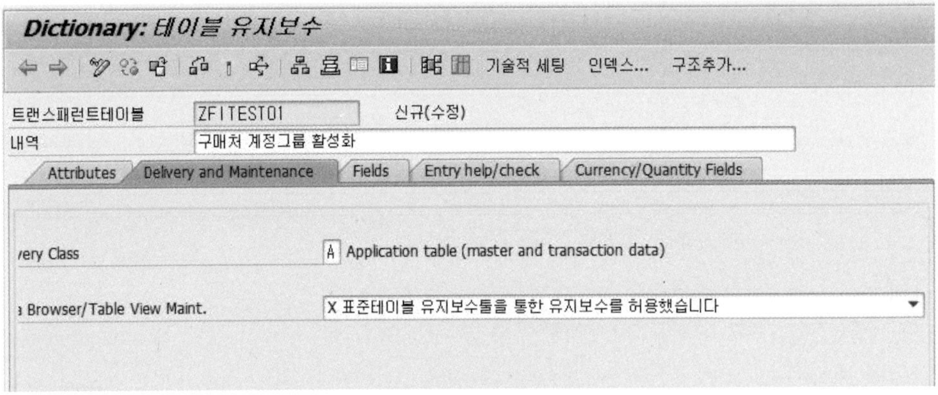

필드 정의(테이블 필드 상세 정의 방법은 생략)

필드	키	Initi...	Data element	데이타유형	길이	소숫자...	내역
MANDT	✓	✓	MANDT	CLNT	3	0	클라이언트
KTOKK	✓	✓	KTOKK	CHAR	4	0	공급업체 계정 그룹
ZYN	☐	☐	ZYN	CHAR	1	0	YES/NO 여부
ZTXT20	☐	☐	TXT20	CHAR	20	0	기준텍스트
	☐	☐					
	☐	☐					

*필드 중 체크박스 도매인 설정 참고(/OSP/DT_XFLAG)

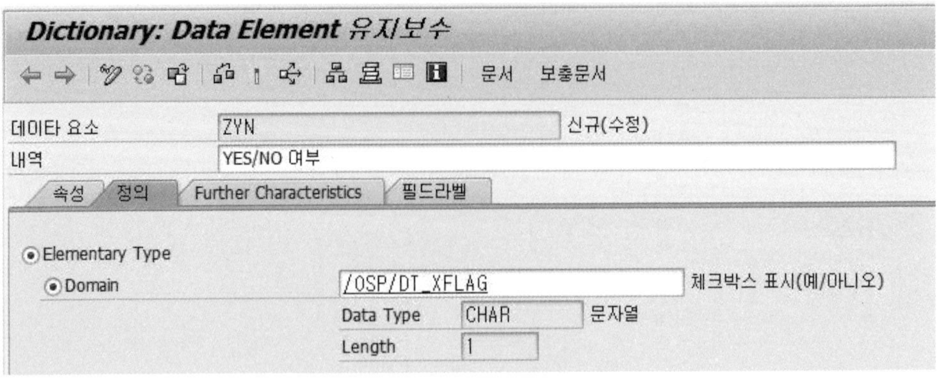

*그룹 필드에 탐색도움말 세팅(H_T077K)

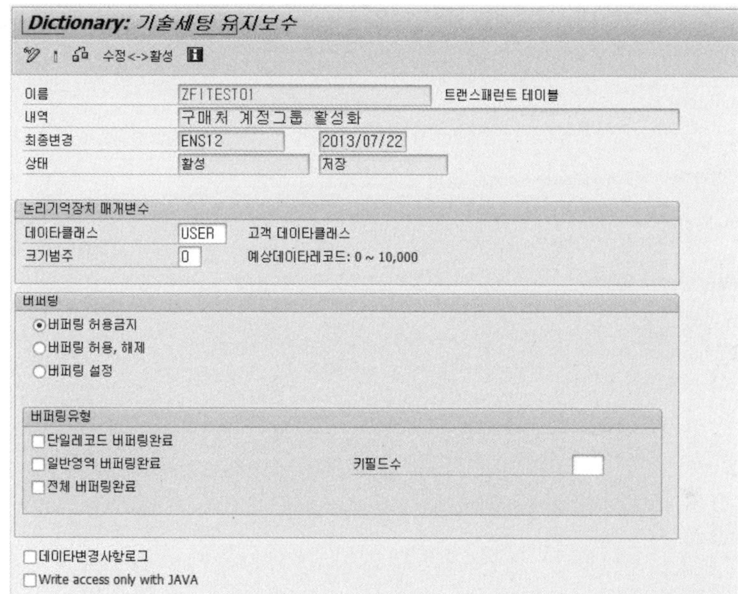

기술 세팅 후 저장, 활성

ii. 테이블 유지보수 생성 시 실행(메뉴 유틸리티 → 테이블 유지보수 생성기)

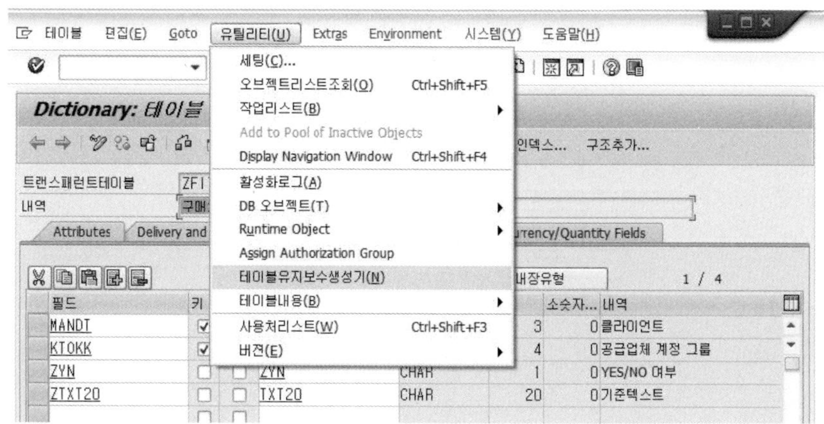

권한 그룹, Function 그룹, 유지보수 유형, 개요 화면 입력

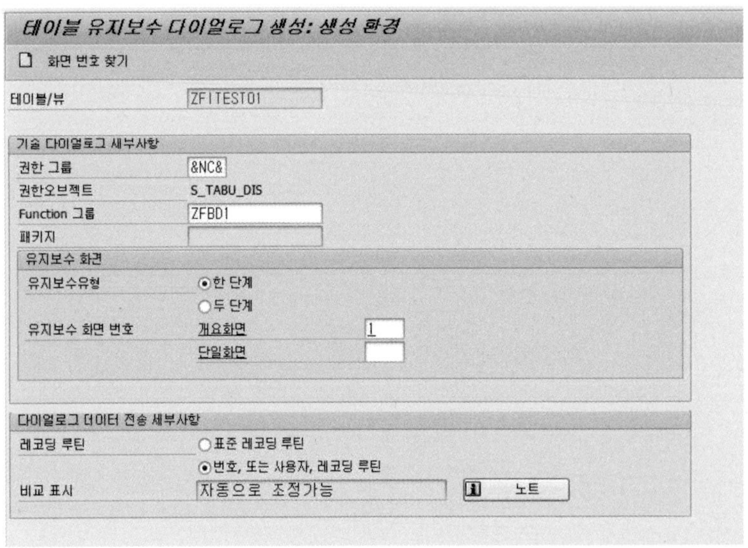

iii. SM30에서 유지보수 뷰 확인

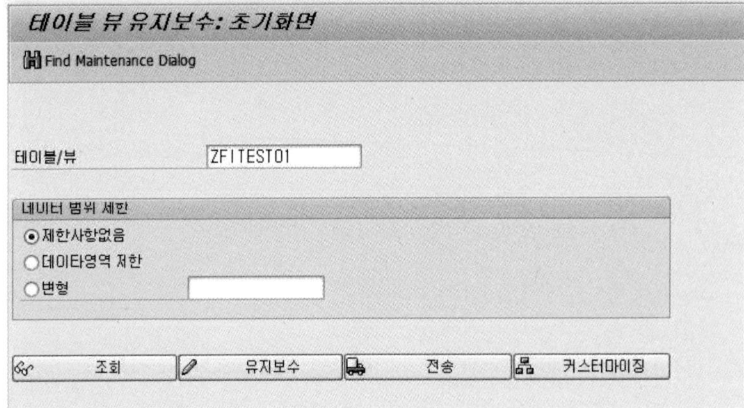

테이블 필드 확인

2.2 트랜잭션 코드에 연결(SE93)

생성할 Transaction를 입력 후 생성, Transaction with parameters 선택

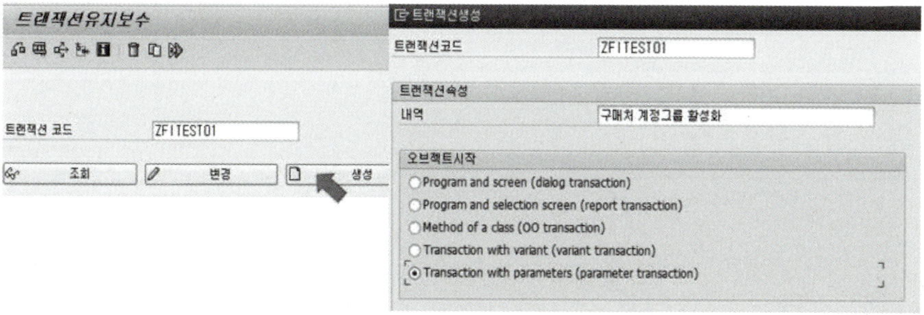

트랜잭션 코드(SM30), 화면 필드 이름과 값 입력 후 확인

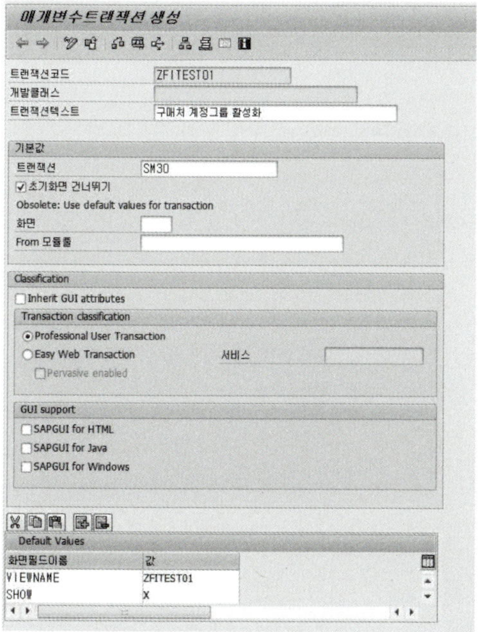

VIEWNAME : 테이블, 뷰 이름

SHOW : X

Transaction 코드로 직접 실행 확인

★유지보수 화면에 기능 추가하기(SE54)

유지보수 화면에 간단한 소스를 추가하여 저장되기 전 메시지 처리를 한다.

i. 생성된 오브젝트 선택 후 생성/변경 클릭

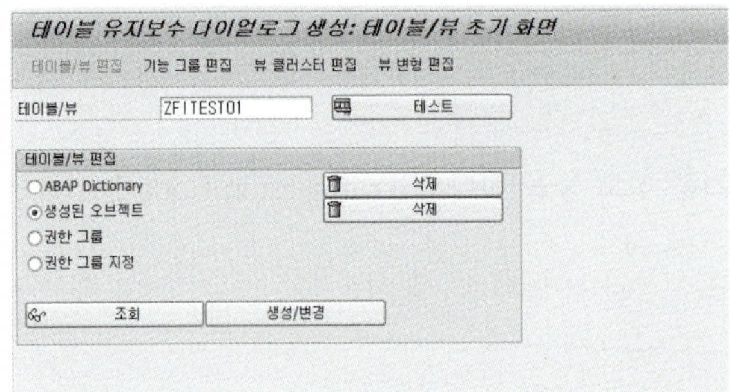

ii. 메뉴 환경 → 수정 → 이벤트 선택

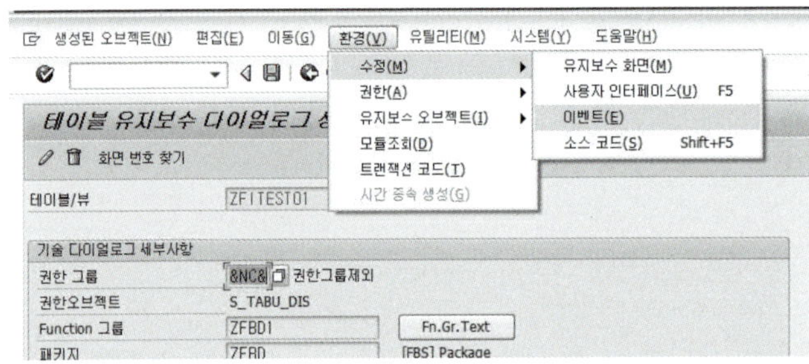

iii. 저장하기 전 01 이벤트를 등록한 후 Form 구문 추가(편집기 버튼)

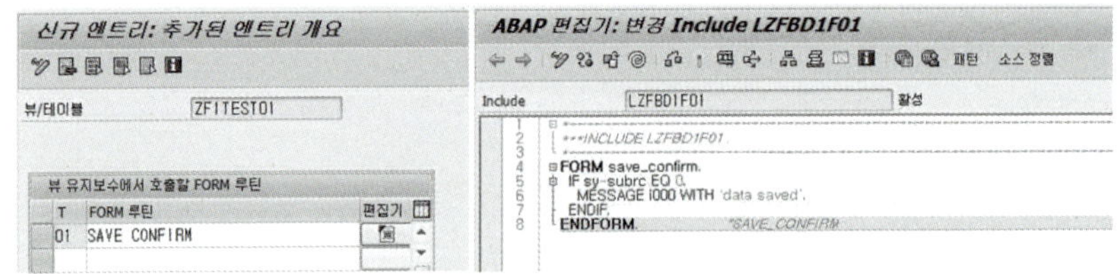

iv. 저장 시 메시지창 Popup 확인

Chapter

03

View Cluster(SM34)

3.1 View Cluster 생성   3.2 종속성을 가지는 view 항목 추가
3.3 Transaction 코드 부여(SE93)

여러 가지 속성이 비슷한 유지보수 테이블/뷰를 묶어서 한 화면에서 트리 구조로 관리할 수 있는데, 이것을 View Cluster라고 한다. 부가세에 대한 기준 정보 전체, 다양한 인사 코드 정보, 회사 고유의 영업 기준 정보 등을 하나의 Transaction Code에서 확인하고, 수정할 수 있으므로 복잡한 프로그램의 개발 없이 기준 정보를 효율적으로 관리할 수 있다.

뷰 클러스터 화면

3.1 View Cluster 생성

i. 테이블/뷰를 선택한 후 뷰 클러스터 편집 버튼 클릭(SE54)

ii. 뷰 클러스터 생성/변경 클릭

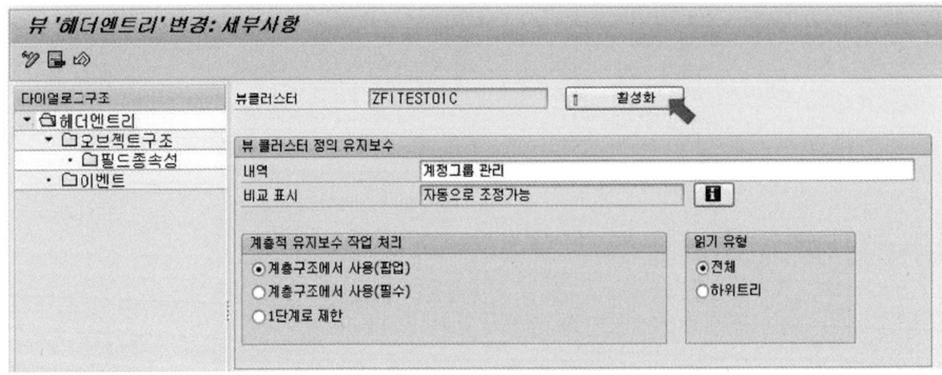

iii. 오브젝트 구조의 뷰와 내역 입력 후 필드 종속, 저장 클릭

Dep : R(헤더), S(종속), Pos : 위치 숫자

iv. Back 한 후 활성화

v. 뷰 클러스터 확인(SM34)

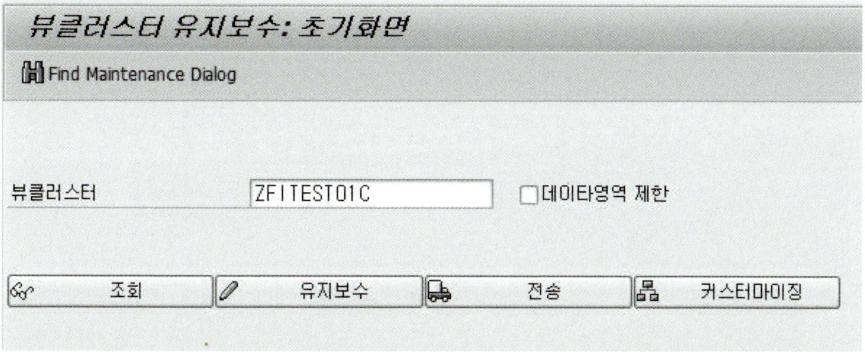

뷰클러스터 유지보수: 초기화면

🔛 Find Maintenance Dialog

뷰클러스터   ZFITEST01C   ☐ 데이타영역 제한

조회   유지보수   전송   커스터마이징

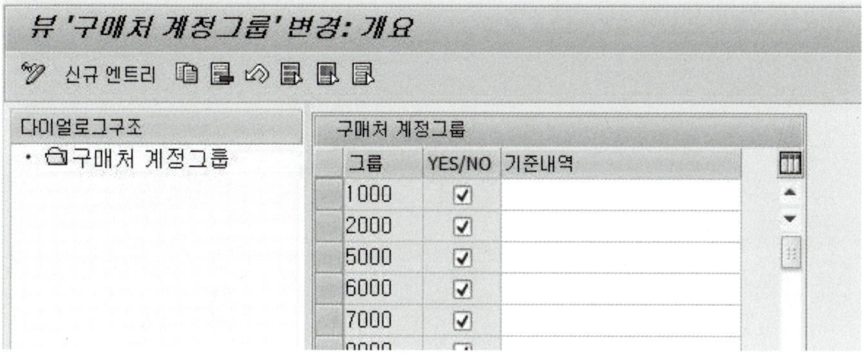

뷰 '구매처 계정그룹' 변경: 개요

신규 엔트리

다이얼로그구조
· 구매처 계정그룹

구매처 계정그룹

그룹	YES/NO	기준내역
1000	✓	
2000	✓	
5000	✓	
6000	✓	
7000	✓	
9000	☐	

3.2 종속성을 가지는 view 항목 추가

뷰 클러스터에서 항목에 종속성을 가지는 데이터를 하위 항목으로 연결하는 방법이다.

i. 키값으로 종속되는 테이블 및 유지보수 생성/확인(구매처 계정 그룹으로 종속)

Dictionary: 테이블 유지보수

기술적 서팅   인덱스...   구조추가...

트랜스패런트테이블   ZFITEST03   활성
내역   구매처 계정 활성

Attributes | Delivery and Maintenance | Fields | Entry help/check | Currency/Quantity Fields

Srch Help   내장유형   1 / 5

필드	키	Initi...	Data element	데이타유형	길이	소숫자...	내역
MANDT	✓	✓	MANDT	CLNT	3	0	클라이언트
KTOKK	✓	✓	KTOKK	CHAR	4	0	공급업체 계정 그룹
KUNNR	✓	✓	KUNNR	CHAR	10	0	고객 번호
ZYN	☐	☐	ZYN	CHAR	1	0	YES/NO 여부
ZTXT20	☐	☐	TXT20	CHAR	20	0	기준텍스트

ii. 뷰 클러스터에서 오브젝트 추가 후 필드 종속 활성화(SE54)

선행 : ZFITEST01, Dep => S

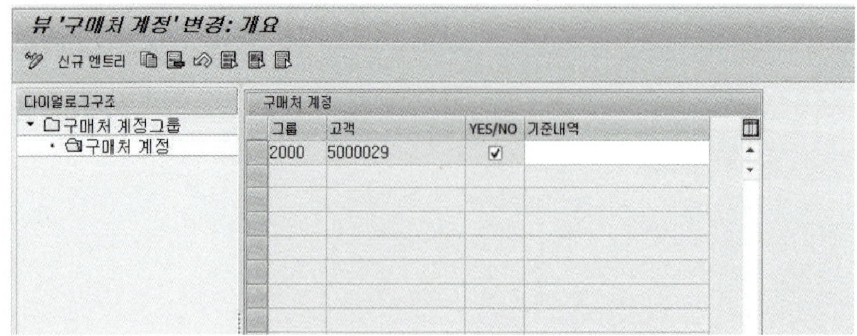

iii. 필드 종속성 입력(ZFITEST03-KTOKK = ZFITEST01-KTOKK)

iv. Back 한 후 뷰 클러스터 재활성화

v. 종속된 뷰 클러스터 확인(SM34)

3.3 Transaction 코드 부여(SE93)

생성한 뷰 클러스터에 Transaction Code를 부여한다.

i. SE93에서 Transaction 코드명을 입력하고, 생성을 클릭

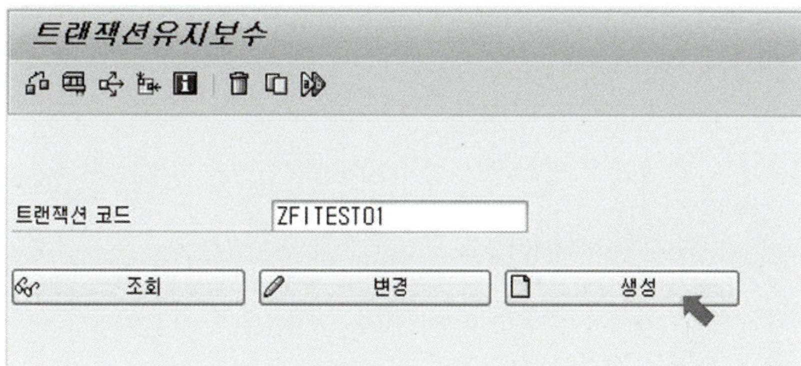

ii. 내역을 입력하고, Transaction with parameters 선택

iii. 텍스트와 트랜잭션 코드(SM34)와 Default Value 값 입력 후 확인

(트랜잭션 : SM34/VCLDIR-VCLNAME : 뷰 클러스터 이름/UPDATE : X ⇒ 기본 수

정 모드로 실행)

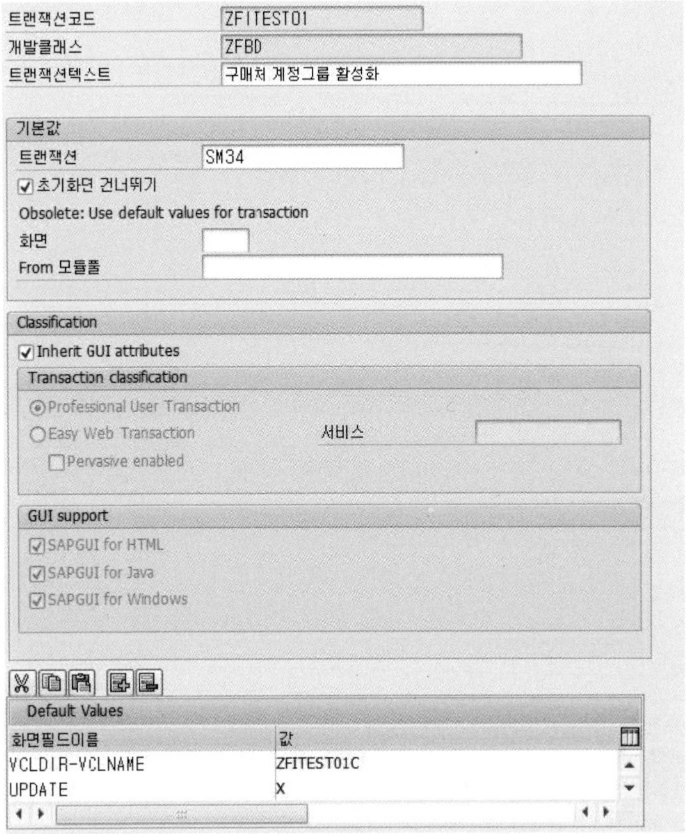

iv. Transaction code로 실행 확인

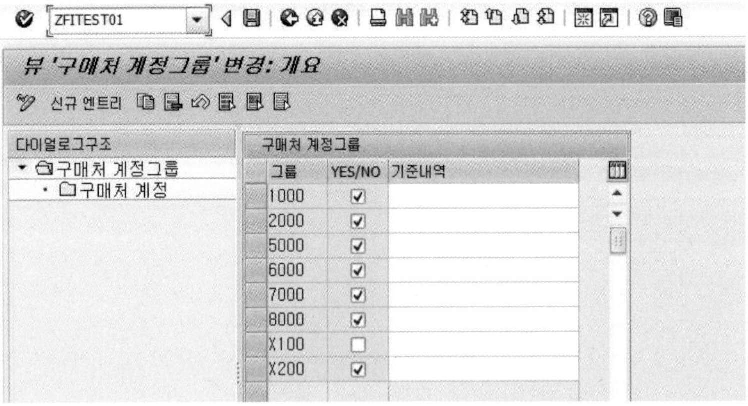

Chapter 04

LSMW(Legacy System Migration Workbench)

4.1 LSMW 기본 작업 생성
4.2 LSMW 메뉴 기능

LSMW는 원래 기존의 레거시 시스템으로부터 데이터를 받아서 한 번에 올릴 수 있도록 해 주는 툴로 대량의 데이터 생성/변경 등의 작업을 효율적으로 처리할 수 있는 강력한 기능을 가지고 있다.

4.1 LSMW 기본 작업 생성

예) FI01 Bank Key 등록 화면을 Recording 하여 금융결제원 전체 은행코드를 입력하는 LSMW를 만들어 실행한다.

i. LSMW 실행하여 New 버튼을 클릭하여 Project, Subproject, Object를 입력한다.

Project – Subproject는 LSMW 항목의 상위, 하위 그룹이다.

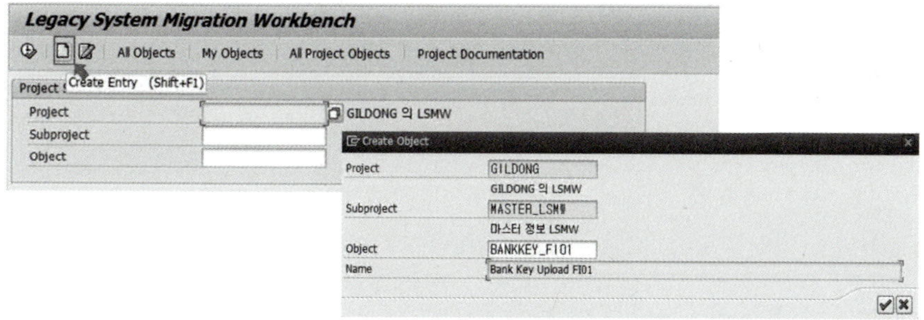

ii. 확인 후 실행을 클릭하면 프로세스 단계가 나타난다.

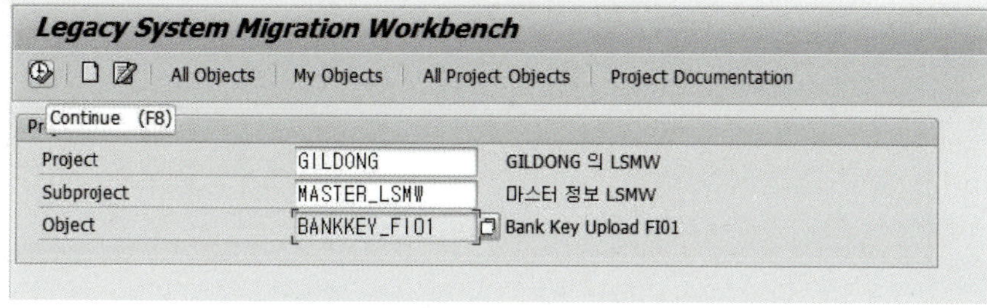

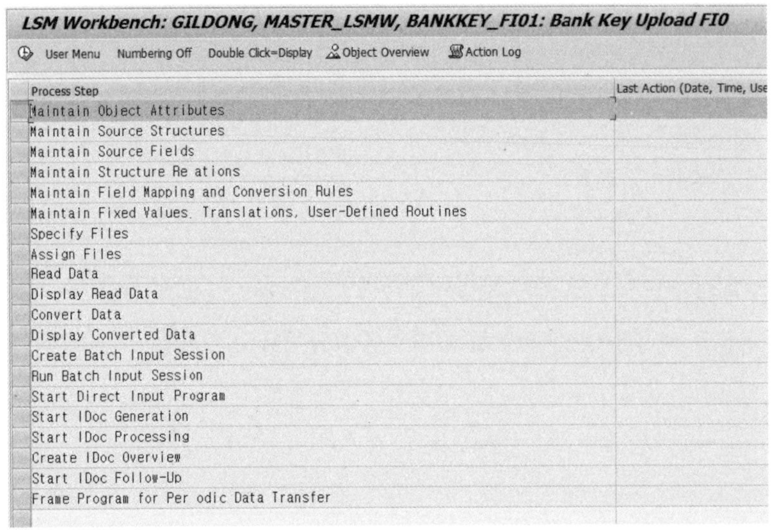

iii. Maintain Object Attributes를 더블클릭 또는 선택 후 실행하여 Change 모드로

변경 후 Batch Input Recording 선택

*LSMW는 프로그램을 통한 batch/direct Input, 레코딩, BAPI, IDoc의 오브젝트 타

입과 Import 방법을 사용할 수 있다.

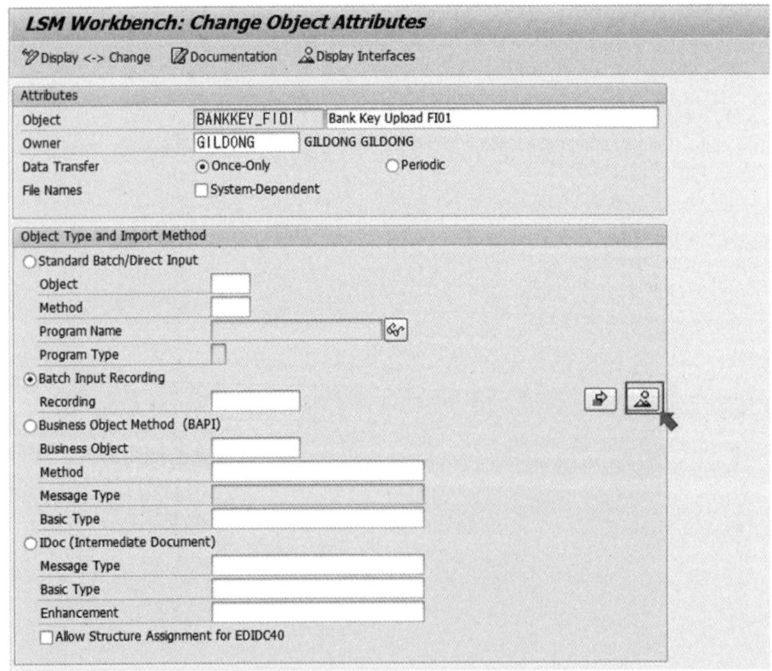

iv. 오른쪽 중간에 Recording Overview 버튼을 눌러 레코딩 화면으로 넘어가고,
New 버튼을 눌러 이름을 준다.

v. 트랜잭션 코드를 넣고 실행한다.

vi. 레코딩이 끝나면 Default All을 클릭하여 필드명을 부여한 후, 해당 레코딩을 저장
한다.

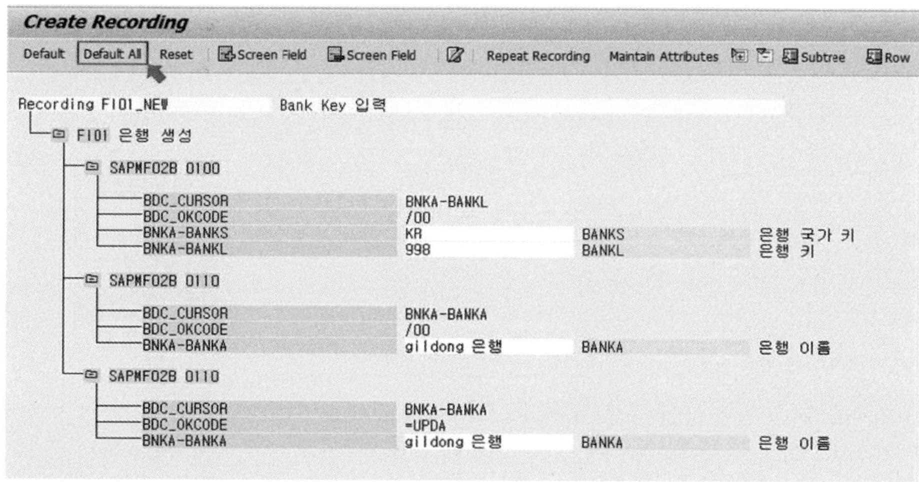

vii. 저장 후 Back 하여 단계별로 입력/저장 처리한다.

Maintain Source Structures : Import 할 데이터 구조의 이름을 정의

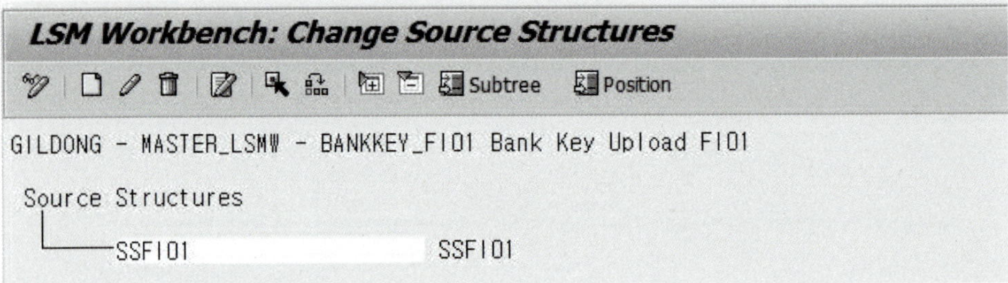

Maintain Source Fields : Import 할 데이터의 세부 필드의 타입, 크기, 이름 정의

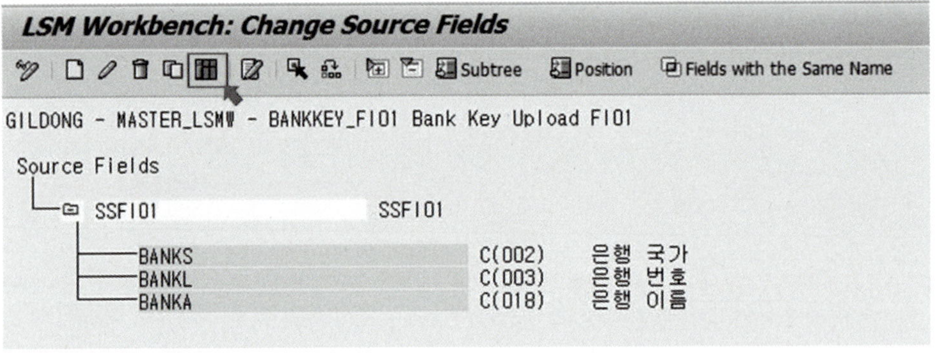

*Object Overview을 클릭하면 레코딩된 구조체의 필드를 확인할 수 있다.

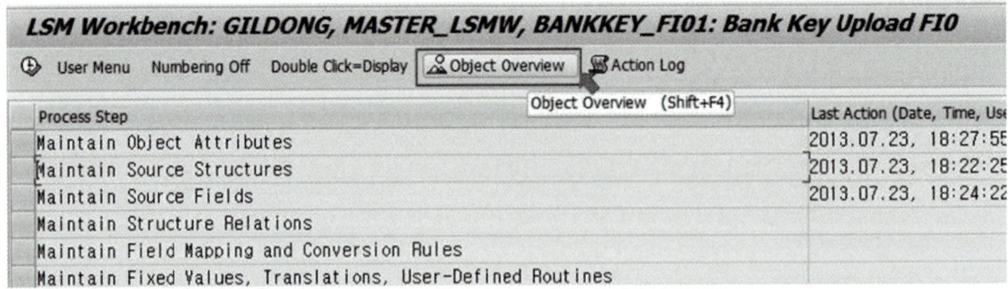

Maintain Structure Relations

: Import 할 구조체 간의 관계 정의(여기서는 구조체가 하나이므로 바로 저장)

Maintain Field Mapping and Conversion Rules

: 레코딩된 구조체와 입력 구조체의 매핑과 conversion 룰을 정의

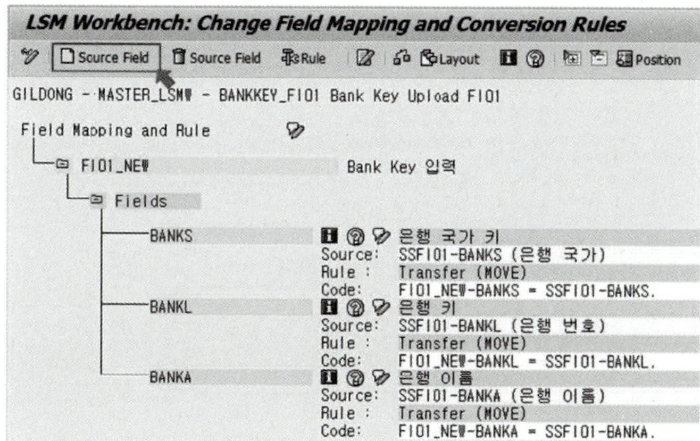

Maintain Field Values, Translations, User-Defined Routines

: 고정값, 루틴 등을 추가(여기 예에서는 Skip)

Specify Files : 로컬 PC에서 Import 할 파일의 위치와 성격 정의

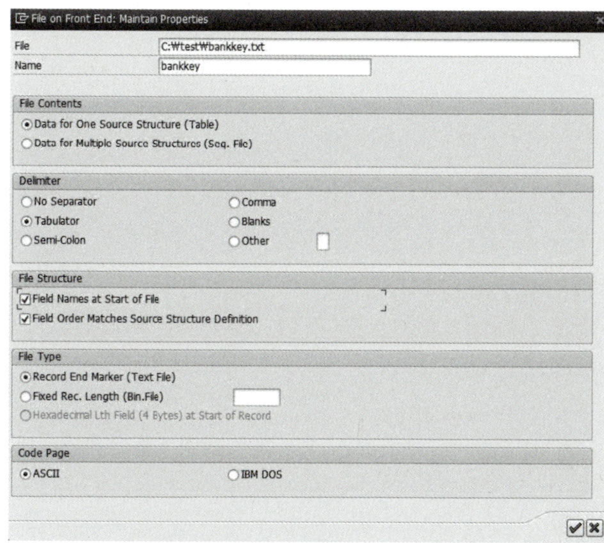

=> C:\test\bankkey.txt 파일로 Import, 하나의 구조체로 탭으로 구분된 필드를 가지

며 첫째 행은 필드명을 나타냄

필드의 순서는 소스구조체의 순서와 동일

*이후 단계는 파일을 지정하여 처리하는 단계로 화면은 생략한다.

Assign Files

: 소스 구조체의 Import 할 파일을 지정(여기 예에서는 하나씩이므로 바로 저장하면 됨)

Read Data : 지정된 경로의 파일을 읽어서 서버에 Upload

Display Read Data : 읽은 파일을 확인

Convert Data : 읽은 파일을 소스구조체 형식으로 Conversion

Display Converted Data : Conversion이 끝난 Import 파일을 최종 확인

Create Batch Input Session

: 모든 준비가 끝나고 Import 작업을 배치 작업 세션으로 생성

Run Batch Input Session

: 배치 작업 화면에서 해당 작업을 실행한다. (SM35 배치작업 참고)

4.2 LSMW 메뉴 기능

오브젝트 실행 후 메뉴에 대한 설명이다.

| ⏱ User Menu | Numbering Off | Double Click=Display | 👤 Object Overview | 📜 Action Log |

i. User Menu

LSMW 각 단계를 활성/비활성 시킨다. LSMW 성격에 따라 불필요한 단계를 안 보이게 체크를 빼면 된다.

☞ User Menu

Personal Settings for Process Step Menu

Active	Process Step
☑	Maintain Object Attributes
☑	Maintain Source Structures
☑	Maintain Source Fields
☑	Maintain Structure Relations
☑	Maintain Field Mapping and Conversion Rules
☑	Maintain Fixed Values, Translations, User-Defined Routines
☑	Specify Files
☑	Assign Files
☐	Generate Read Program
☐	Display Read Program
☑	Read Data
☑	Display Read Data
☐	Generate Conversion Program
☐	Display Conversion Program
☑	Convert Data
☑	Display Converted Data
☐	Check Converted Data Against Customizing
☑	Create Batch Input Session
☑	Run Batch Input Session
☐	Analyze Erroneous Transactions
☑	Start Direct Input Program
☑	Start IDoc Generation
☑	Start IDoc Processing
☑	Create IDoc Overview
☑	Start IDoc Follow-Up
☑	Frame Program for Periodic Data Transfer

ii. Numbering Off

LSMW 각 단계별 순서 번호를 보이게/안 보이게 바꾼다. (Numbering On 후의 단계 화면)

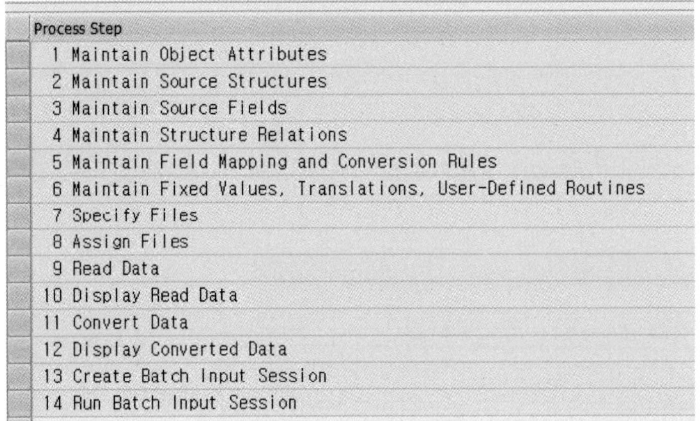

iii. Double Click = Change

더블클릭 했을 때 단순 조회 모드인지, 변경 모드인지 결정

iv. Object Overview

레코딩한 오브젝트에 대한 상세 정보 확인, Import 구조체를 만들 때 참고한다.

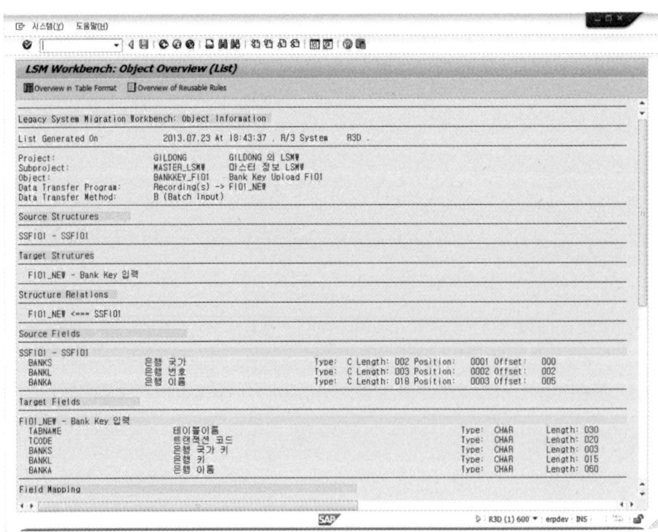

v. Action Log : 실행된 Process step들에 대한 상세 정보 조회

Chapter 05

SPRO

5.1 SPRO의 개요 5.2 SPRO의 추가 정보 표시 5.3 SPRO 경로 파일로 다운로드

SAP의 일반적인 설정 또는 모듈별 특성을 세팅하는 곳이다. SAP 최초 구축 시 회사코드부터 설정 작업을 해야 하고, 업무 프로세스가 변경될 경우 이곳에서 각 모듈별 위치에 맞는 항목을 찾아 Customizing 작업을 해야 한다. SPRO 작업은 보통 개발 서버에서 변경 및 테스트를 한 후에 운영에 반영하는 것이 일반적이다. 각 모듈별 Customizing은 다루지 않고, 여기서는 SPRO에서 작업하는 방법과 확인할 수 있는 항목 등을 살펴본다.

5.1 SPRO의 개요

SAP NetWeaver와 기업 구조 등 전 모듈과 관련된 부분이 있고, 재무회계, 물류 등 각각의 모듈별 항목들이 트리 구조로 구성되어 있다. 문서 아이콘은 내용에 대한 설명을 보여주고, 시계 아이콘이 있는 하위 항목이 실제 Customizing 항목이다.

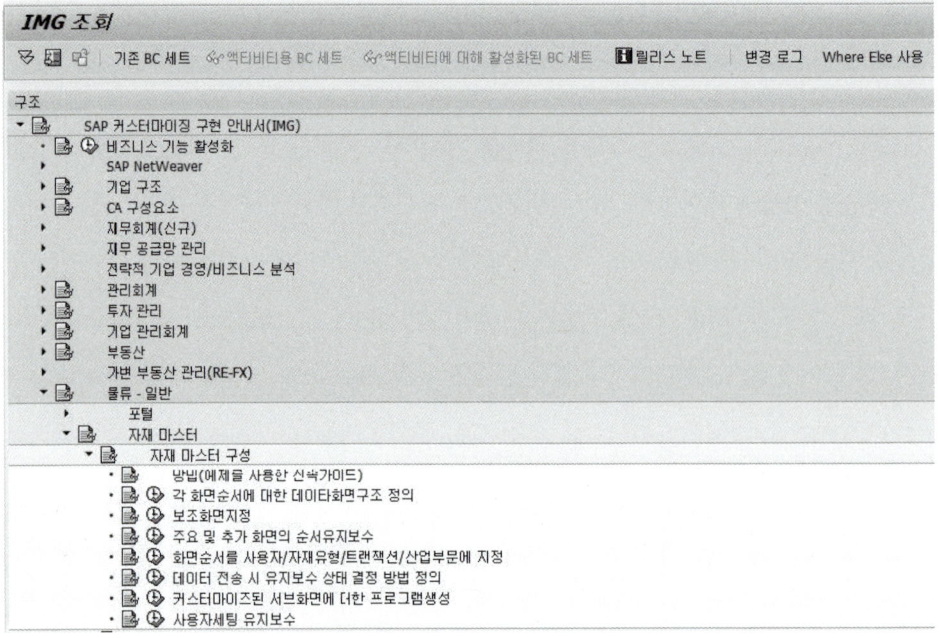

5.2 SPRO 추가 정보 표시

추가 정보 메뉴에서 Customizing 항목의 성격을 추가로 표시체크 하면 추가 정보열이 추가되면서 해당 항목의 정보를 보여준다.

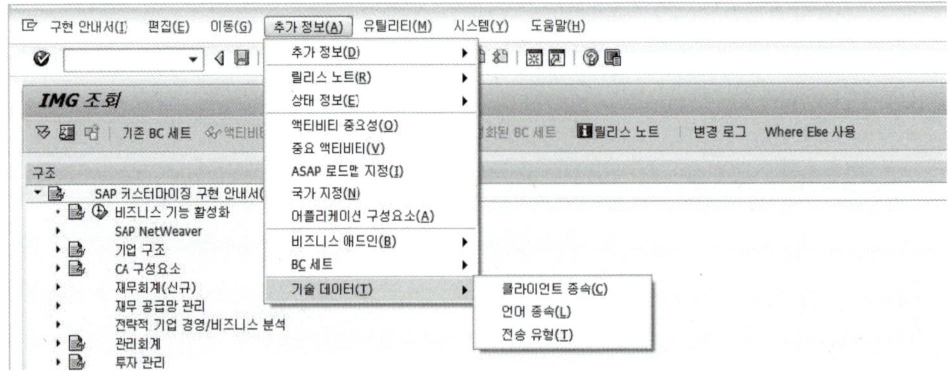

*클라이언트 종속

"클라이언트 고유"는 동일 Instance 내에서도 다르게 설정할 수 있는 항목이며, "클라이언트 간"은 동일 Instance 내에서 동일하게 적용되는 설정 항목이다. 따라서 동일한 Instance 내의 "클라이언트 간" 변경은 CTS 전송이 필요 없다.

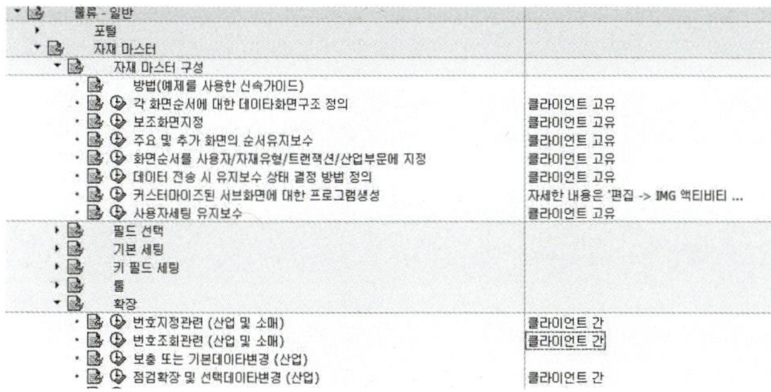

*언어 종속

"표준 번역 절차를 사용한 번역"은 항목 데이터가 저장되는 테이블에 언어키 필드가 가지고 있으며, "테이블은 언어키를 포함하지 않음"은 언어키 필드가 없는 데이터 항목이다.

*전송 유형

"자동전송"은 수정 시 자동으로 CTS가 생성되고, "수동전송"은 별도로 CTS를 생성하여 전송하여야 한다.

5.3 SPRO 경로 파일로 다운로드

Customizing의 매뉴얼을 만들거나 내용을 정리하기 위해 구조를 파일로 다운받는 방법이다.

SPRO 화면을 실행하기 전에 화면 옵션을 변경해야 한다.

i. 메뉴 설정 → 사용자 고유 선택

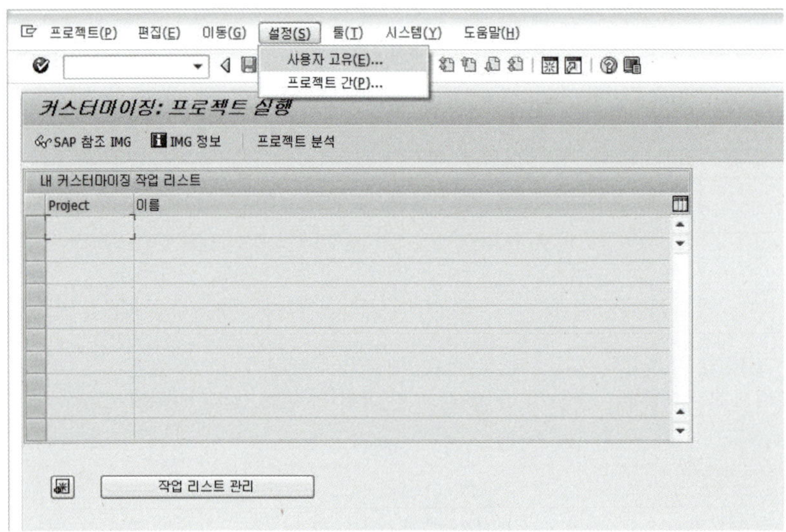

ii. Disp. Struct. With Control과 Disp. List with Grid Control의 체크를 지운다.

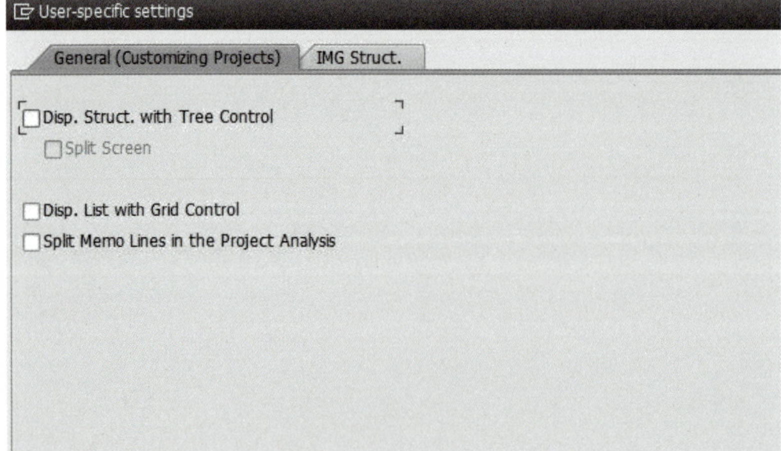

iii. IMG 실행 후 다운받을 트리 항목을 선택 후 메뉴 시스템 → 리스트 → 저장 → 로컬파일 선택

(화면에 보이는 내용만 저장되므로 저장할 항목이 모두 보이도록 펼친 후 저장)

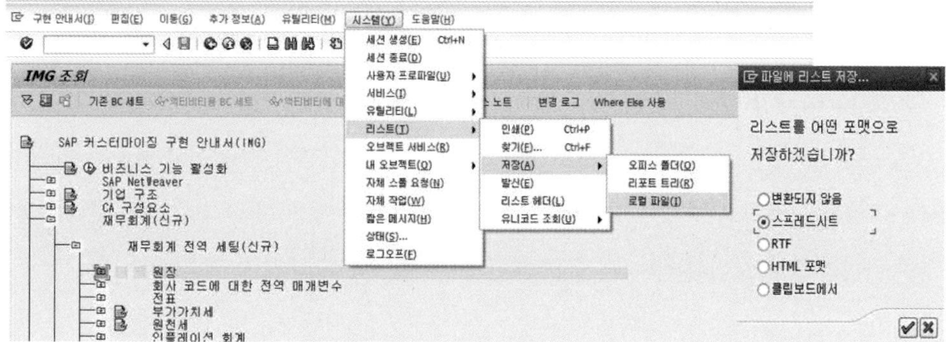

경로 및 파일명 입력 후 생성

iv. 파일 확인

MASS

Standard 데이터의 대량 변경

Standard 데이터는 보통 대량으로 관리되며, 개별적으로 수정하는 것은 많은 시간이 걸린다. 이러한 대량의 Standard 데이터를 수정하기 위해서 SAP에서 제공하는 툴이 MASS라는 프로그램이다. GL계정/고객/공급업체/자재 마스터 등의 마스터 기준 데이터 뿐만 아니라 구매 오더/판매 오더 등의 트랜잭션 데이터들도 대상이 된다.

MASS 실행 후 수정 가능 오브젝트 유형 확인

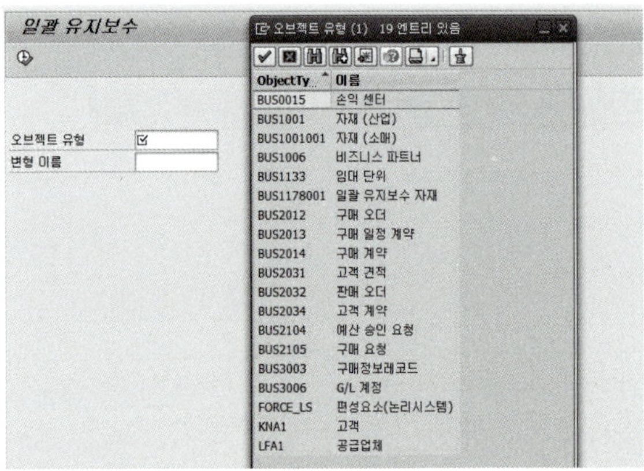

해외 미지급 업체 계정 그룹을 갖는 공급업체의 현금 관리 계획 그룹을 "K6000", 지급 조건을 "AN10"으로 변경

i. 오브젝트 유형에 공급업체를 선택 후 실행

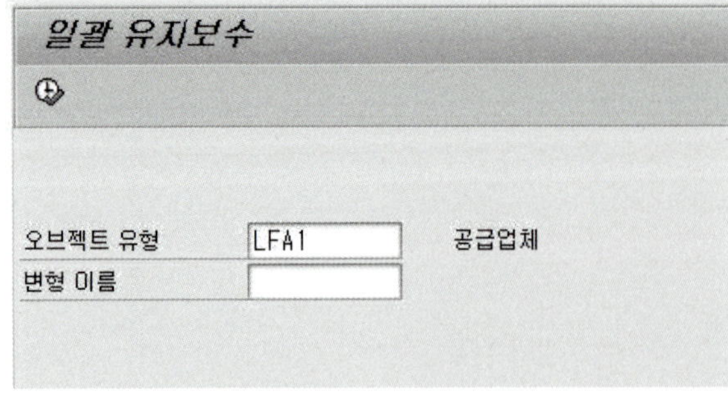

ii. 변경할 정보가 있는 테이블 선택 후 실행(공급업체 마스터-회사코드)

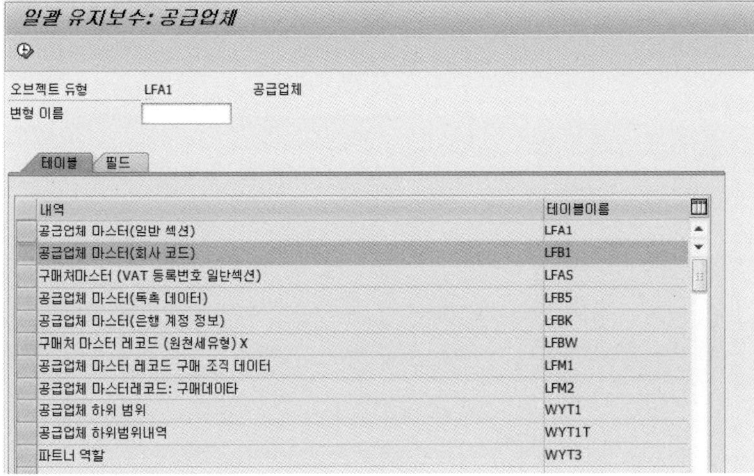

iii. 변경할 공급업체 조회 조건 입력 후 실행

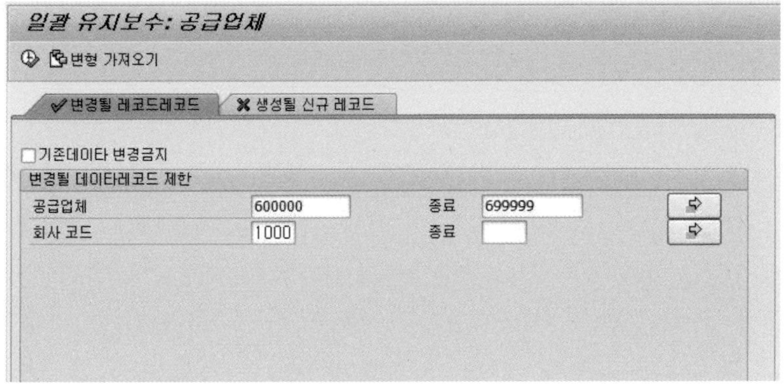

iv. 필드 선택을 클릭하여 변경할 항목 선택

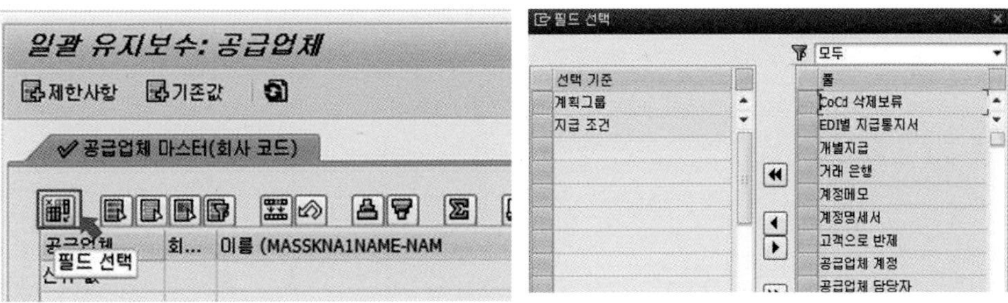

v. 추가된 필드에 변경할 데이터를 넣고, 해당 열 선택 후 일괄 변경 수행 클릭

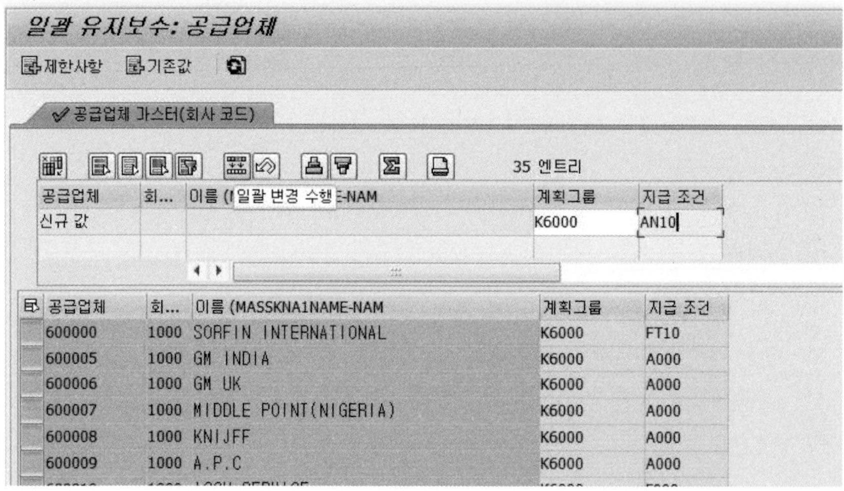

vi. 저장 후 실행 결과 확인

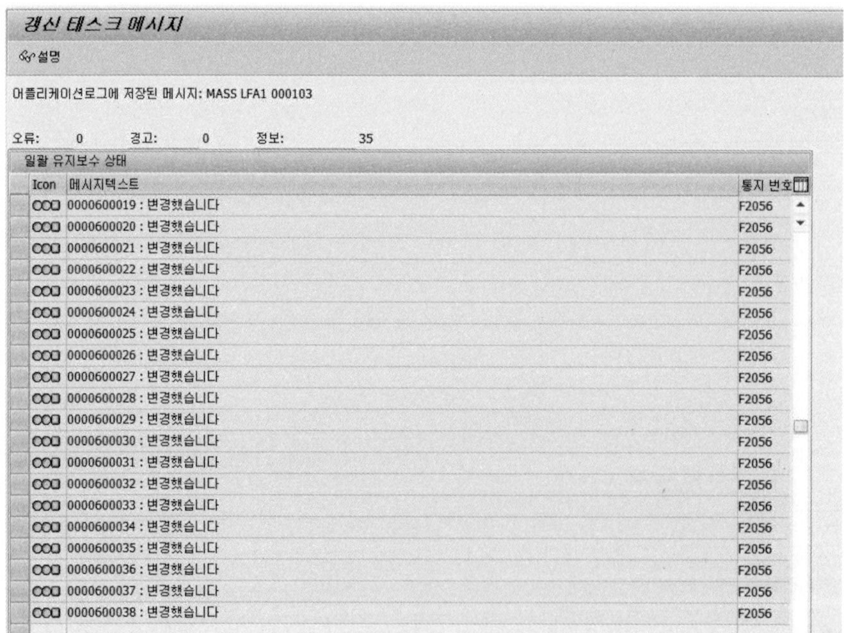

Chapter 07

번호범위 (Number Range)

7.1 번호범위 오브젝트 유지보수
7.2 번호범위 오브젝트 신규생성

고객/구매처 마스터 번호, 주문, 전표 번호 등 일련번호로 부여되는 번호의 오브젝트를 관리한다.

번호범위 NR은 Client 별 CTS 전송되는 항목이 아니므로 각 client 별로 등록 해야 하며, Standard NR은 별도 Transaction이 있으나 아래 대표 Transaction에서 관리할 수 있다.

7.1 번호범위 오브젝트 유지보수

SNRO 번호범위(Number Range) 오브젝트 유지보수

번호 범위 오브젝트 유지보수

☐ 범위

오브젝트

🔍 조회	✏ 변경	📄 생성

⇒ 번호범위 오브젝트 이름을 입력하여 설정 및 현재 상태를 확인

번호 범위 오브젝트 KREDITOR: 조회

☐ 범위   변경 문서

내역   공급업체
설명   구매처 번호범위

범위   Customizing

NR 트랜잭션   XKN1

버퍼링   X 메인 메모리 버퍼링
번호 수(버퍼)   5

⇒ 공급업체 번호범위 오브젝트인 (KREDITOR) 는 XKN1 트랜잭션으로 실행가능하고, 버퍼 5단위로 실행 (내부메모리에서 5개씩 번호를 채번)

☐범위 클릭하면 실제 정의된 번호범위 조회 및 수정

No	시작 번호	종료 번호	NR 상태	외부
10	0000100000	0000199999	100158	☐
20	0000200000	0000299999	200011	☐
50	0000500000	0000599999	500019	☐
60	0000600000	0000699999	600004	☐
70	0000700000	0000799999	700009	☐
80	0000800000	0000899999	800124	☐
90	0000900000	0000999999	0	☐
X1	0001000000	0002999999	0	☑
X2	C00000	C99999	0	☑
XX	A	ZZZZZZZZZZ	0	☑

⇒ 오브젝트 번호별로 시작번호, 종료번호의 범위 및 현재 번호 상태 확인

'외 부'는 체크하면 생성시에 외부 번호를 사용자가 부여함

7.2 번호범위 오브젝트 신규생성

Number Range Object를 생성하여 CBO 프로그램에서 사용하는 방법

i. NR 필드로 사용할 도메인 정의 (SE11)

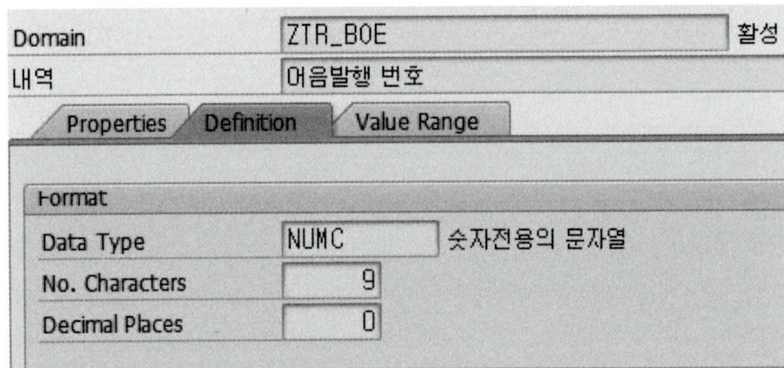

ii. 생성된 도메인으로 Number Range 오브젝트 생성 (SNRO)

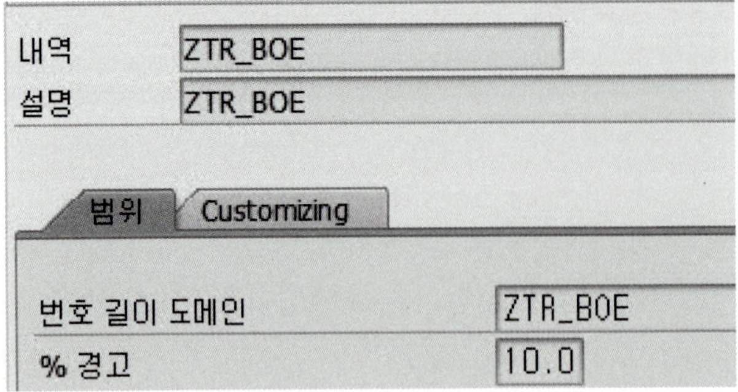

iii. NR 범위 입력

	No	시작 번호	종료 번호	NR 상태	외부
	14	140000001	149999999	0	☐
	15	150000001	159999999	0	☐
	16	160000001	169999999	0	☐

iv. NR를 CBO 프로그램에서 사용

NUMBER_GET_NEXT (Function SE37에서 확인)

```
Function 그룹테스트          SNR3
Function 모듈               NUMBER_GET_NEXT
대/소문자            ☐

실행시간:       2,853 마이크로초
```

Import 매개변수	값
NR_RANGE_NR OBJECT QUANTITY SUBOBJECT TOYEAR IGNORE_BUFFER	14 ZTR_BOE 00000000C00000000001

Export 매개변수	값
QUANTITY NUMBER RETURNCODE	00000000C00000000001 140000001

NR_RANGE_NR : 해당 Number Range 내의 NO 번호

OBJECT : Number Range 오브젝트명

QUANTITY : 번호 값 증가수 (기본 1씩 증가)

Number Range 증가분 확인 (SNRO 에서 해당 오브젝트 범위 조회)

No	시작 번호	종료 번호	NR 상태	외부
14	140000001	149999999	140000001	☐
15	150000001	159999999	0	☐

공장달력 (Factory Calender)

8.1 공장달력 유지보수
8.2 공장달력의 CTS 전송

HR 모듈의 근무계획, PP모듈의 생산계획, TR모듈의 환율계산일자 휴일 체크 등의 기준으로 사용되는 시스템 달력을 관리한다. 구정이나 추석 등 음력공휴일은 연도별로 지정해 놓아야 한다.

공휴일 → 공휴일 달력 → 공장달력 순으로 오브젝트를 생성하고 지정하는 순서로 생성한다.

8.1 공장달력 유지보수

SPRO : SAP NetWeaver → 일반설정 → 달력유지보수

Transaction Code : SCAL

관련 Transaction : OPDD, OY05

달력
클라이언트별 달력이 아닙니다.
각 변경사항은 모든 클라이언트에 직접 영향을 미칩니다.

하위 오브젝트
- 공휴일
  공휴일 달력
  공장 달력

i. 공휴일 : 한글날/개천절등의 양력 휴일은 고정일로 생성, 석가탄신일/구정연휴 등의 음력 휴일은 유동적인 공휴일 유형으로 생성하여 연도별 일자를 입력해 주어야 함

공휴일 조회: 개요

	공휴일	내역	휴일 달력에서 사용	정렬...
	현충일(KR)	현충일	X	KR
	한글날	한글날	X	KR
	추석 연휴 1	추석	X	KR
	추석 연휴 2		X	KR
	추석 연휴 3		X	KR
	창립기념일	창립일	X	KR
	제헌절(KR)	제헌절	X	KR

ii. 공휴일 달력 : 생성한 공휴일을 지정

달력 ID   ZT 재경 공휴일 달력

유효일   시작   2013
     -   2018

지정된 공휴일

선택	공휴일	효력시작일	효력종료일
☐	개천절(KR)	1900	2098
☐	광복절(KR)	1900	2098
☐	구정연휴1	1900	2098
☐	구정연휴2	1900	2098
☐	구정연휴3	1900	2098

iii. 공장달력 : 시작/종료연도와 공휴일 달력을 지정하고, 월~금요일까지 근무일을 체크한다.

공장 달력 ID   ZT 재경달력

유효일   시작 연도   2013
    종료 연도   2018

공휴일 달력 ID   ZT

특별 규칙   없습니다.

근무일 시작

근무일

☑ 월요일
☑ 화요일
☑ 수요일
☑ 목요일
☑ 금요일
☐ 토요일
☐ 일요일
☐ 공휴일

8.2 공장달력의 CTS 전송

공휴일, 공휴일 달력, 공장달력 전체가 전송되며 수신 받는 쪽 데이터를 덮어쓰게 된다.

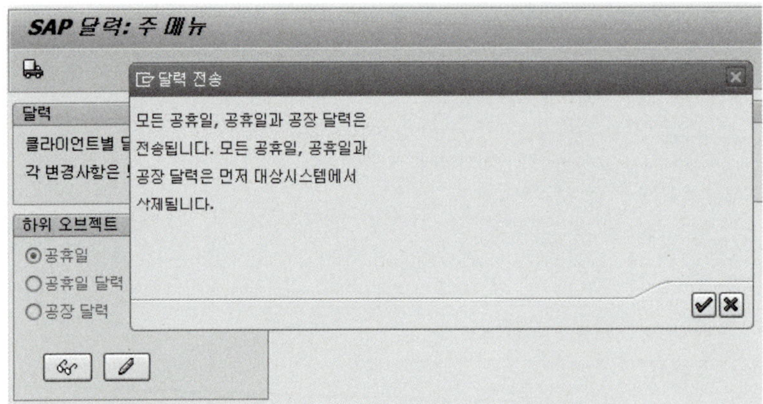

전송 버튼이 안보이면, SCC4 Client 역할이 Customizing으로 되어있는지 확인한다.

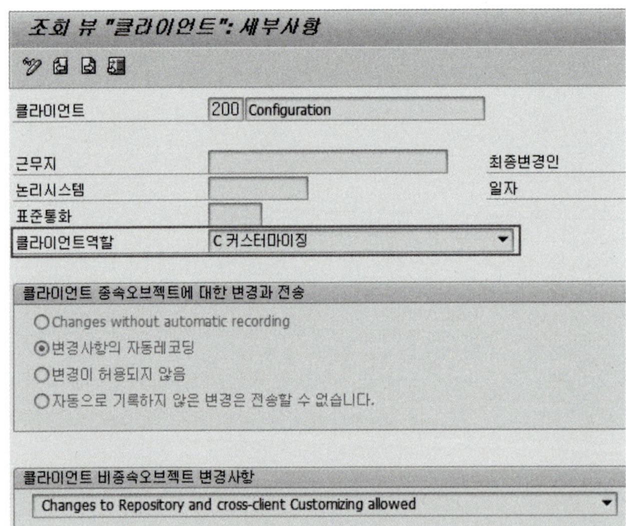

사용자 권한 관리 (PFCG)

9.1 사용자별 권한 관리
9.2 사용자별 권한 조회

SAP에서 사용자 권한은 기본적으로 역할(Role)을 정의하고, 각 Role 에 Transaction Code 와 권한 오브젝트별 Value를 부여하는 방식으로 관리된다.

예) 사용자 1이 가지고 있는 Role 과 권한 Object의 Value

사용자 1 : Role1, Role2

Role1   T-code : FB03, FK03, FD03, FB60, FB65

             Object의 값 : F_BKPF_BES (Value 1000)

9.1 사용자별 권한관리

ZFI_00_M002 Role 에 부여된 T-code 메뉴 확인 (PFCG)

역할 조회

역할

역할   ZFI_00_M002
내역   확정전표 생성,조회,출력(현업 권한)
대상 시스템   ☐ 대상 없음

내역   ☐ 메뉴   ☐ 권한   ☐ 사용자   개인하

계층구조
- 역할 메뉴
  - G/L 계정전기: 단일화면트랜잭션
  - 회계편집옵션
  - 반제 전기
  - 반제 전기
  - 발행송장입력

권한 오브젝트와 Value 값은 "권한" 탭의 권한 데이터 조회를 통해 확인

내역   ☐ 메뉴   ☐ 권한   ☐ 사용자   개인화

생성됨   최종 변경
사용자   NBC01   사용자   FICON01
날짜   2014.06.16   날짜   2014.07.14
시간   18:11:11   시간   18:49:10

권한 프로파일에 대한 정보
프로파일이름   T-TD650303
프로파일text   역할프로파일 ZFI_00_M002
상태   권한프로파일을 생성했습니다

권한 데이터 유지보수 및 프로파일 생성
권한 데이터 조회

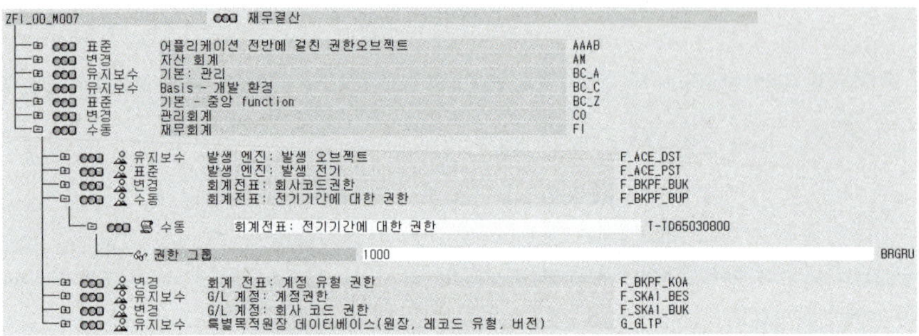

결산기간 전기기간에 대한 통제를 위해 ZFI_00_M007 Role에는 F_BKPF_BUP 오브
젝트에 1000 Value가 지정되어 있다. (권한그룹 결산기간에 통제를 받게됨)

9.2 사용자별 권한 조회 (SUIM)

사용자별, 역할별, 프로파일별 등 다양한 조건으로 사용자에 대한 정보를 조회할 수 있음

오브젝트 F_BKPF_BUP 의 권한그룹 1000 을 가지는 Role을 조회

PART 05

시스템 관련

>> SAP 시스템 메뉴와 서버에 대한 관리, 시스템 변경에 대한 전송 관리 등 유지보수자와 시스템 관리자가 알고 있어야 하는 항목에 대해서 설명한다. 특히 변경에 대한 전송 관리는 시스템 유지보수를 위해 필수적인 내용이므로 비교적 상세하게 기술하였다.

>>> **chapter 01 영역 메뉴(Area Menu)**

영역 메뉴 생성(SE43) | 영역 메뉴 편집 | 즐겨찾기, 기본 메뉴로 등록
영역 메뉴 파일로 다운로드 | ★T-code 포함 영역 메뉴 찾기

>>> **chapter 02 작업 관리(SM35, SM36, SM37)**

배치 작업 관리(SM35) | 스케줄링 작업 등록(SM36)
작업로그 확인(SM37) | ★실행 중인 작업 강제종료

>>> **chapter 03 Transport 관리(SE09)**

CTS 기본 관리 | 요청 변경일 정보 추가 | 버전 확인 및 롤백
동일 Instance 내 전송 요청으로 복사 | CTS Import(STMS) | CTS로 테이블 데이터 전송
CTS로 화면 변형 전송 | ★Lock 오브젝트 관리(SM12)

>>> **chapter 04 서버 설정 및 확인**

서버 모니터링(SM51) | 프로파일 매개변수(RZ10) | DB 연결(DBCO)
★기타 시스템 관련 툴

영역 메뉴(Area Menu)

1.1 영역 메뉴 생성(SE43) 1.2 영역 메뉴 편집 1.3 즐겨찾기, 기본 메뉴로 등록
1.4 영역 메뉴 파일로 다운로드 ★T-code 포함 영역 메뉴 찾기

표준 메뉴(S000) 외에 업무와 관련된 Transaction Code들을 모아 트리 구조로 별도 메뉴를 만들어 사용할 수 있는데, 이를 영역 메뉴(Area Menu)라고 한다. 보통 자주 사용하는 Standard 화면과 개발 화면을 그룹화하여 회사 고유의 영역 메뉴를 만들어 기본 메뉴로 지정하여 사용한다.

*Command Input란에 S000을 입력하면 다시 표준 메뉴가 실행된다.

표준 메뉴(S000)

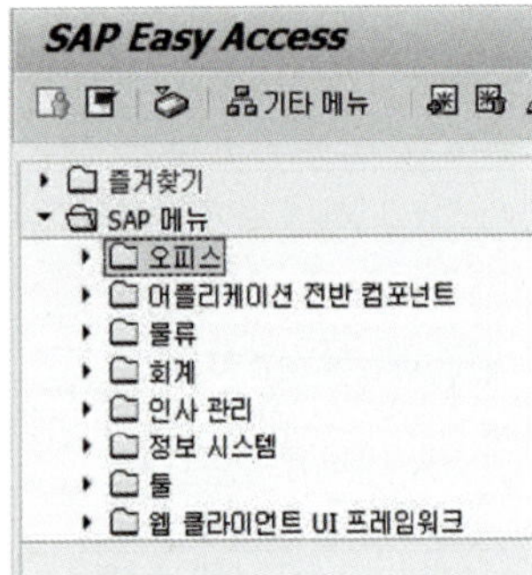

여러 가지 영역 메뉴 예

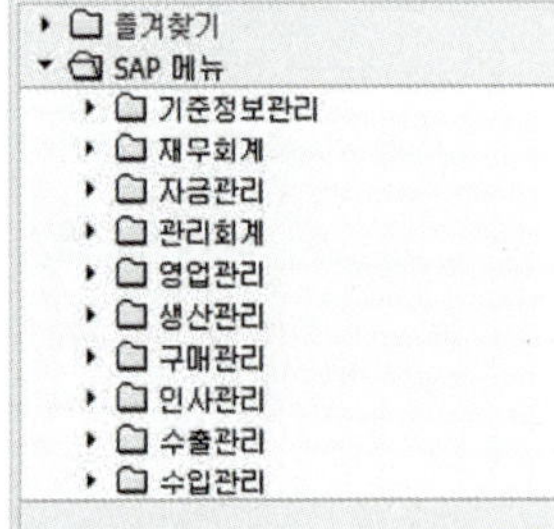

1.1 영역 메뉴 생성(SE43)

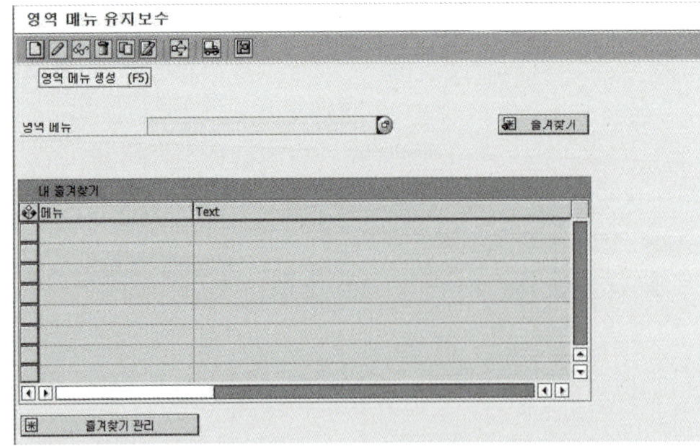

왼쪽 위 생성 버튼 클릭하여 이름과 내역을 입력하고, 영역 메뉴 생성을 실행한다.

영역 메뉴 이름을 클릭하고, 하위 노트로 엔트리 추가 클릭

1. Text : 메뉴명 Text를 입력한다.

2. 트랜잭션 코드 선택 : 실행 T-Code가 노드로 생성

3. 트랜잭션 코드/메뉴란 공백 : 폴더 노드가 되어 하위로 계속 메뉴 생성 가능

4. 참조를 선택 후 영역 메뉴 선택 : 이미 만들어진 영역 메뉴를 그대로 하위로 지정할
수 있다.

아래 리포트 버튼을 누르면 Transaction을 변형(Variant)과 함께 메뉴에 지정할 수 있
다. ('변형' Chapter 참고)

1.2 영역 메뉴 편집

하위 노드로 엔트리 추가

동일한 레벨에서 엔트리 추가

노드 변경

엔트리 삭제

노드의 위치를 변경하기 위한 편집 버튼

선택/선택해제

모두 선택해제

재지정

클립보드에 선택된 엔트리 복사

클립보드에서 엔트리 삽입

저장 후 메뉴 코드를 실행창에 입력하고 확인한다.

1.3 즐겨찾기, 기본 메뉴로 등록

만들어진 영역 메뉴를 찾아서 즐겨찾기 버튼을 누르면 내 즐겨찾기 영역 메뉴에 추가된다.

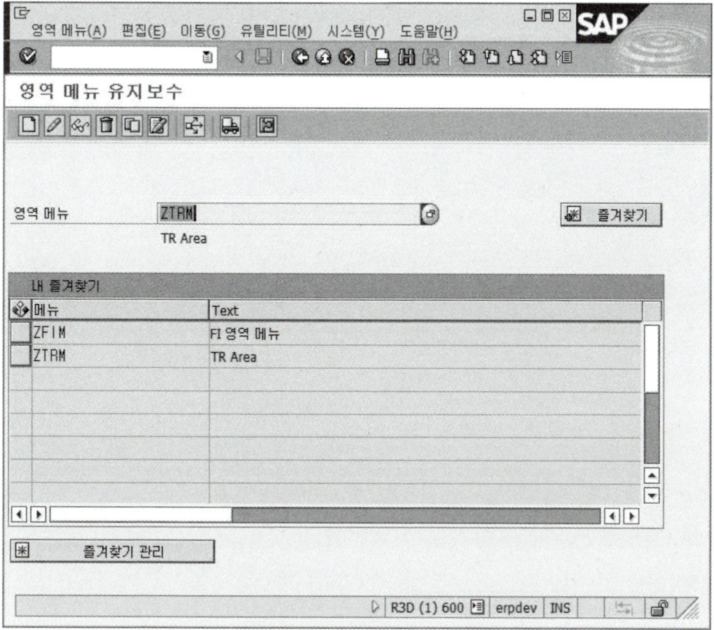

사용자 프로파일 유지보수(시스템-사용자 프로파일-고유 데이터)에서 시작 메뉴로 지정하면, 로그인 후 첫 메뉴가 된다.

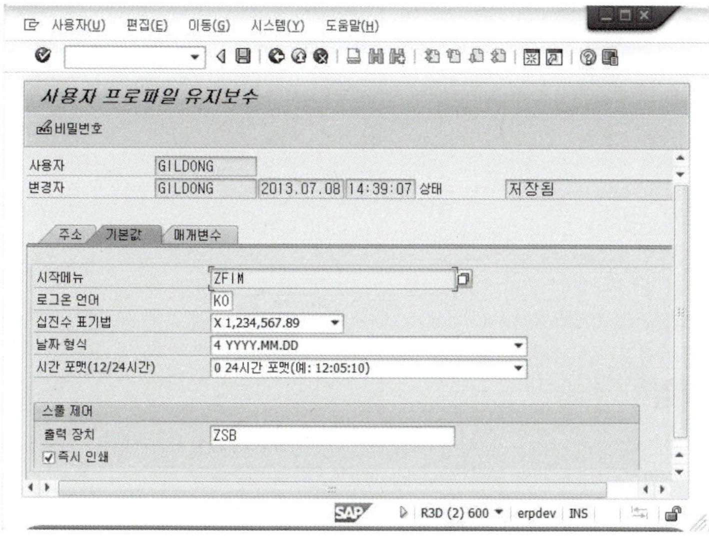

1.4 영역 메뉴 파일로 다운로드

영역 메뉴를 트리 구조를 Local PC에 파일로 받는 방법

i. 해당 영역 메뉴의 편집 화면으로 들어와서 메뉴에 → 인쇄 선택한다.

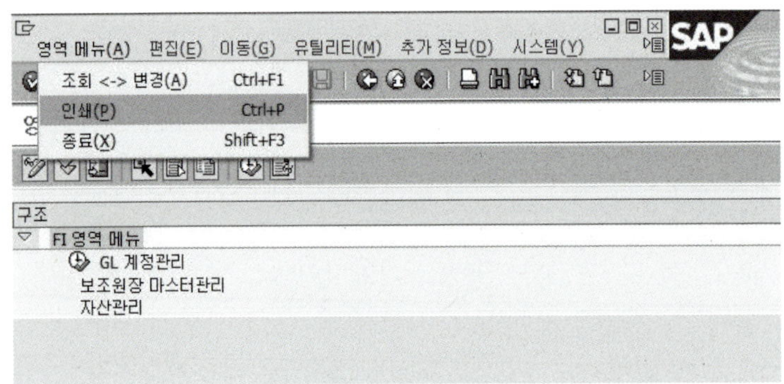

ii. 다시 리스트 → 인쇄 메뉴에 PC 파일에 저장 선택한다.

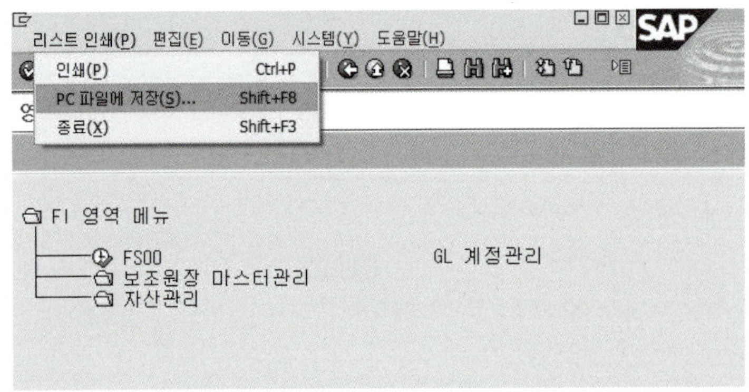

스프레드시트 형식, 엑셀화일로 저장한 모습

	A	B	C	D	E	F	G	H
1								
2		FI 영역 메뉴						
3								
4			FS00	GL 계정관리				
5			보조원장	마스터관리				
6			자산관리					
7								
8								

★T-Code 포함 영역 메뉴 찾기

영역 메뉴 정보는 내부적으로 TMENU01* 테이블에 저장된다.

TMENU01 테이블을 고유ID(TREE_ID) = ZFIM(영역 메뉴 이름)으로 조회(SE16N)

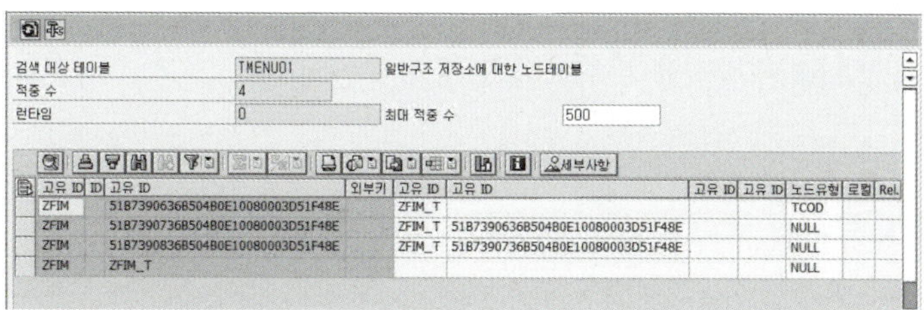

테이블을 찾아서, 특정 Transaction code가 어떤 영역 메뉴에 속해 있는지 확인하는 방법을 알아본다.

i. TMENU01R에서 링크 유형 = TCOD, 참조오브젝트 = [Transaction code]로 NODE_ID를 검색

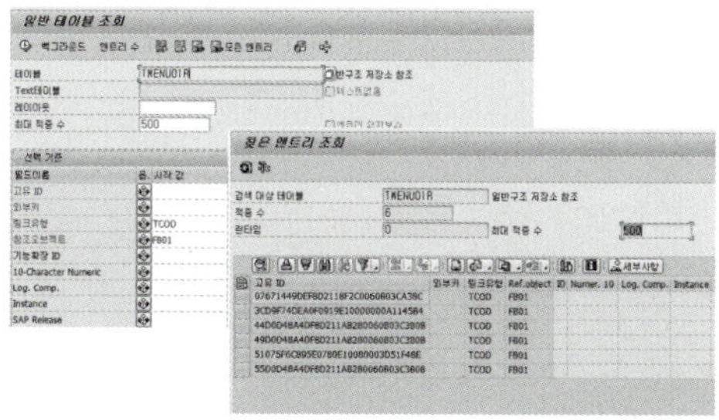

ii. NODE_ID로 TMENU01T에서 TREE_ID 검색하여 영역 메뉴 확인

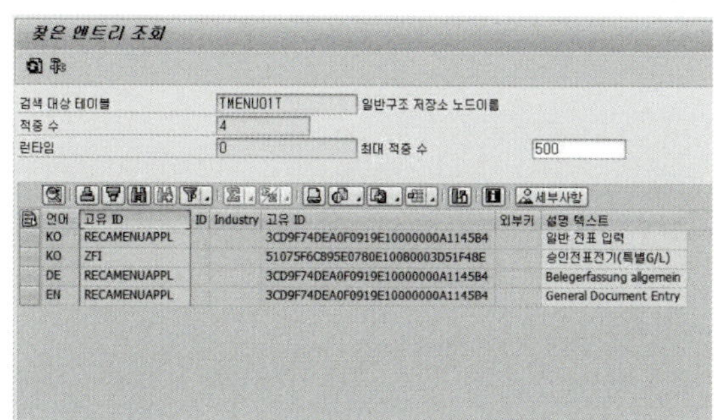

작업 관리(SM35, SM36, SM37)

2.1 배치 작업 관리(SM35) 2.2 스케줄링 작업 등록(SM36)
2.3 작업로그 확인(SM37) ★실행 중인 작업 강제종료

SAP 포그라운드/백그라운드 작업을 관리하는 대표적인 3가지 툴을 소개한다.

SM35 : 시스템 배치로 입력된 작업을 수행하며 로그를 확인

SM36 : 백그라운드 스케줄링 작업의 등록/삭제

SM37 : 작업 상태 및 로그를 확인

2.1. 배치 작업 관리(SM35)

배치로 생성된 작업을 직접 실행하거나, 작업 중인 세션의 상태, 실행 일시, 결과를 확인

하는 화면

세션 이름	상태	날짜	시간	생성 프로그램	잠금일	트랜잭션			화면	삭. 큐 ID
GL_ACCT_CRT		2013.05.06	18:44:00	RFBISA01		0	0	0	0	☑ 1305061844007260459
GL_ACCT_CRT		2013.05.06	18:42:44	RFBISA01		0	0	0	0	☑ 1305061842447260459
GL_ACCT_CRT		2013.05.06	18:42:38	RFBISA01		0	0	0	0	☑ 1305061842387260459
RFWERE00		2013.05.01	21:06:55	RFWERE00		2	0	2	10	☐ 130501210655793023
GL_ACCT_CRT		2013.04.26	13:17:07	RFBISA01		7	0	0	21	☑ 130426131707492800
GL_ACCT_CRT		2013.04.26	13:17:02	RFBISA01		7	0	0	21	☑ 130426131702492800
중간발령2		2013.03.19	20:31:37	ZHRC0007		16	0	0	48	☑ 130319203137277649
IT2006		2013.03.13	13:18:44	/SAPDMC/SAP_		787	1	1	1,574	☑ 130313131844796093
VENDOR_CRT51		2013.03.13	11:45:57	RFBIKR00		3	0	0	33	☑ 130313114557492697
VENDOR_CRT51		2013.03.13	11:43:07	RFBIKR00		5	3	2	55	☑ 130313114307038880
FK02_PERMIT_		2013.03.06	21:15:25	/SAPDMC/SAP_		6	0	6	24	☐ 130306211525492064
RFWERE00		2013.03.04	15:05:28	RFWERE00		14	10	4	70	☐ 130304150528490843
RFWERE00		2013.03.04	14:48:16	RFWERE00		14	10	4	70	☐ 130304144816167087
RFWERE00		2013.03.04	14:32:41	RFWERE00		2	0	0	10	☐ 130304143241490843
RFWERE00		2013.03.04	13:52:08	RFWERE00		2	1	0	10	☐ 130304135208903499
RFWERE00		2013.03.04	13:46:05	RFWERE00		4	1	0	4	☐ 130304134605903499
RFWERE00		2013.03.04	13:45:01	RFWERE00		2	2	0	10	☐ 130304134501903499

➡ 세션별 작업 개수와 성공/실패, 화면 개수 등을 확인한다.

주요 버튼별 기능

*분석 : 특정 작업을 선택하고 더블클릭 또는 분석 버튼 클릭하여 상세 작업 결과를 확인

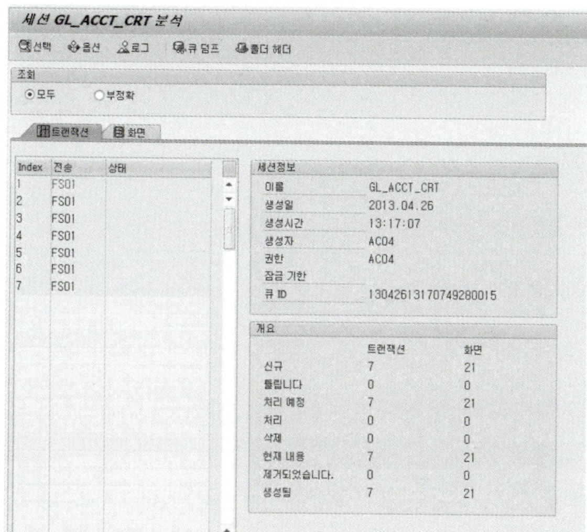

➜ 트랜잭션과 실행 시간, 화면 개수 등 상세 정보를 확인한다.

*프로세스 : 신규 등록 상태인 작업을 실행

프로세스/포그라운드 : 포그라운드로 화면을 확인하면서 실행

오류 조회 전용 : 오류가 발생할 때만 화면을 확인하면서 실행

백그라운드 : 백그라운드로 실행

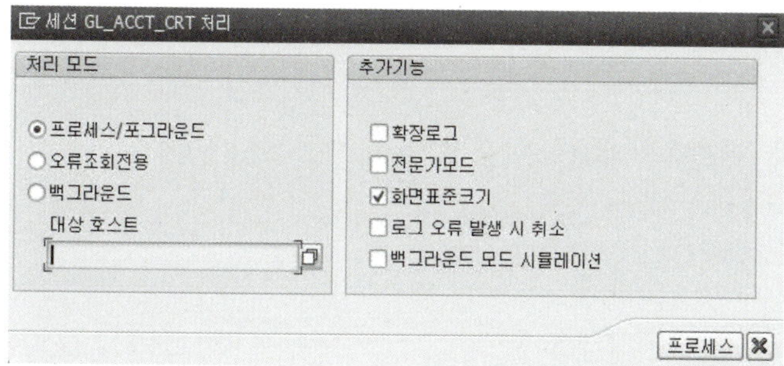

➜ 처리 모드에서 포그라운드/오류 전용/백그라운드를 선택하여 실행한다.

＊통계 : 해당 배치 작업의 각 상태, 트랜잭션, 화면별 개수 집계

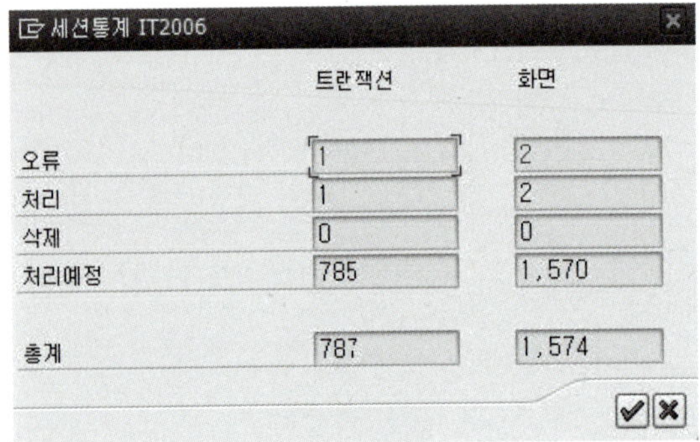

➡ 처리건별 통계 결과를 확인한다

＊로그 : 작업 실행 단계별 상세 로그 확인

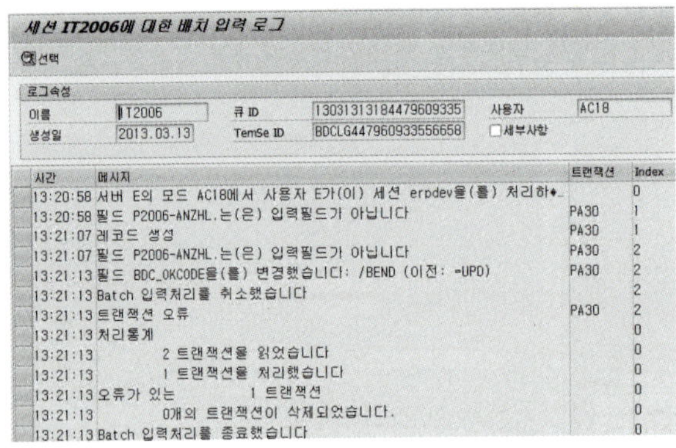

➡ 작업의 각 시간대별 상세 메시지를 확인한다

기록 : 배치 작업을 생성하는 트랜잭션 레코딩을 생성, 조회, 테스트(SHDB)

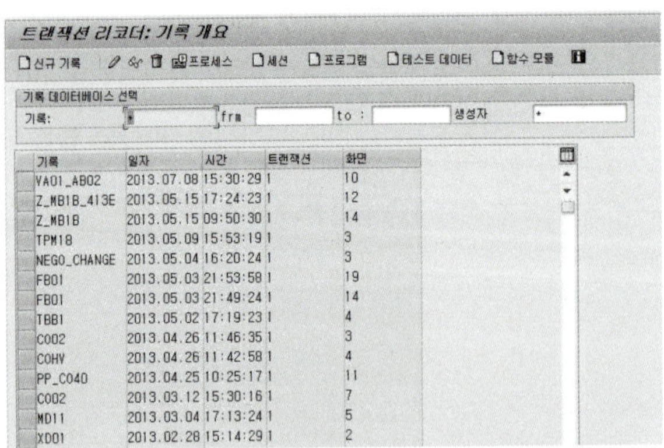

➡ 디버깅 또는 BDC 프로그램을 위해 트랜잭션을 레코딩하거나 레코딩한 기록을 실행할 수 있다.

2.2 스케줄링 작업 등록(SM36)

주기적으로 실행되는 백그라운드 스케줄링 작업을 등록, 삭제하는 화면

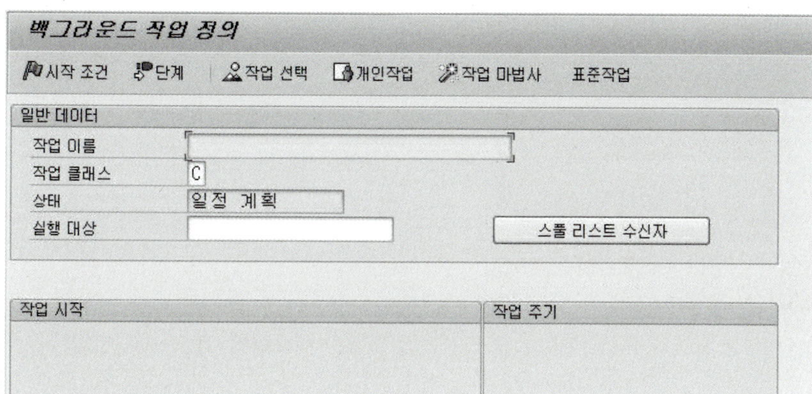

 작업 마법사를 통한 스케줄링 작업 등록

예) F.13 자동반제 화면의 실행 매개변수를 변형(variant)으로 등록하고,
매일 자동 반제 실행되도록 등록한다.

i. 작업 마법사 선택 → 일반 정보 등록 → ABAP 프로그램 단계 선택

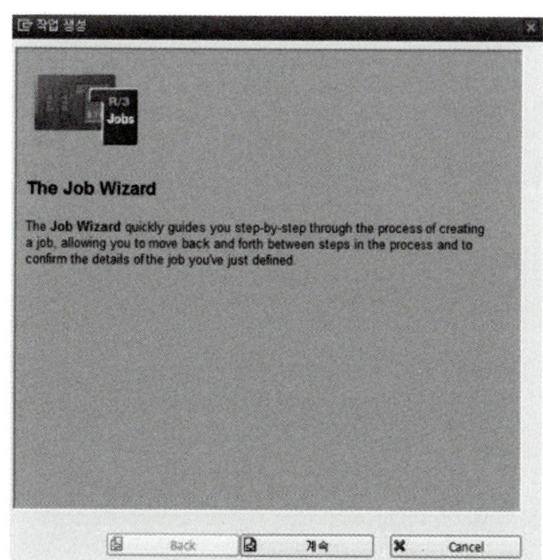

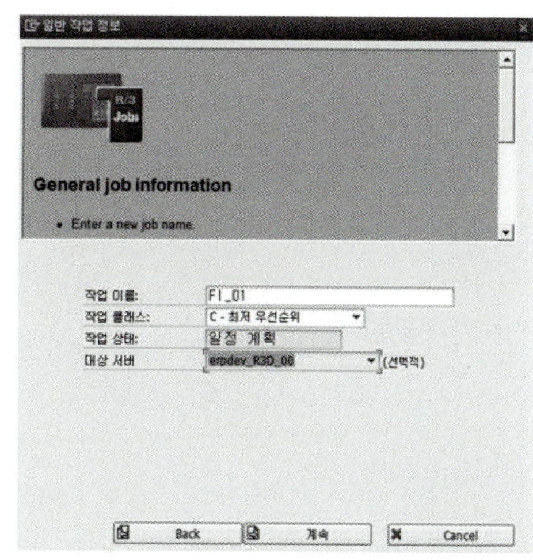

➜ 작업 이름을 입력하고, 대상 서버를 선택한다.

ii. 프로그램과 변형 선택 : F.13 의 프로그램 이름, 변형 확인('변형' Chapter 참고)

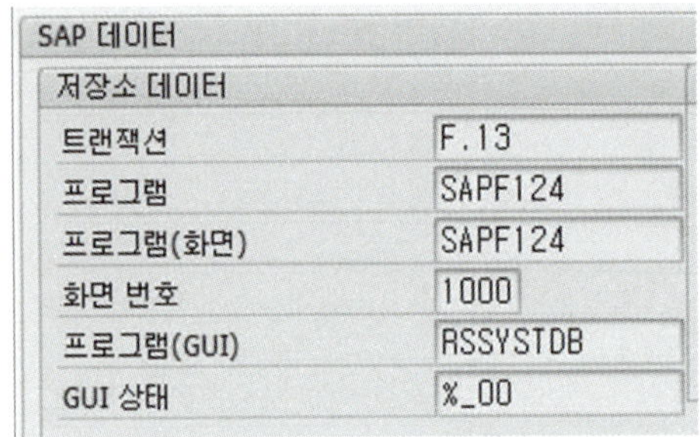 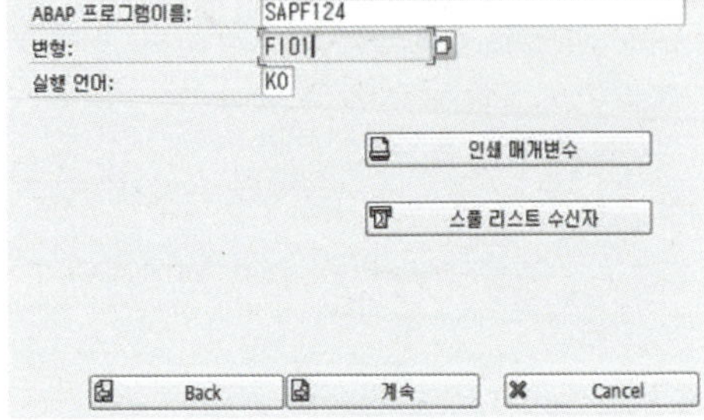

➜ F.13을 실행하고 시스템 정보를 확인하여 프로그램 이름으로 등록한다.

iii. 실행 주기 및 시작 시간 세팅

시작 기한 : 기한 안에 작업이 시작 안 되면 취소, 기간 선택(스케줄링)

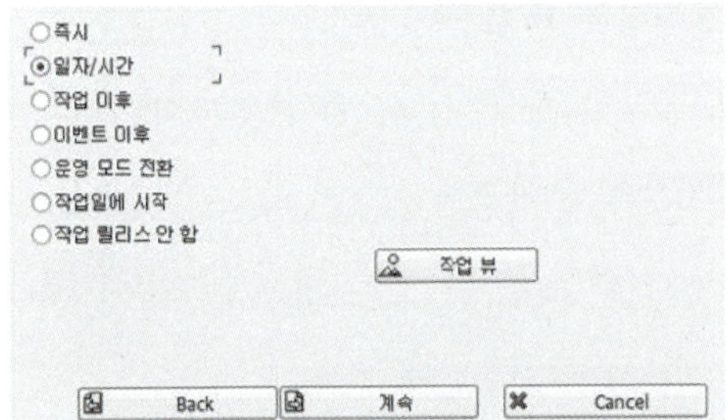 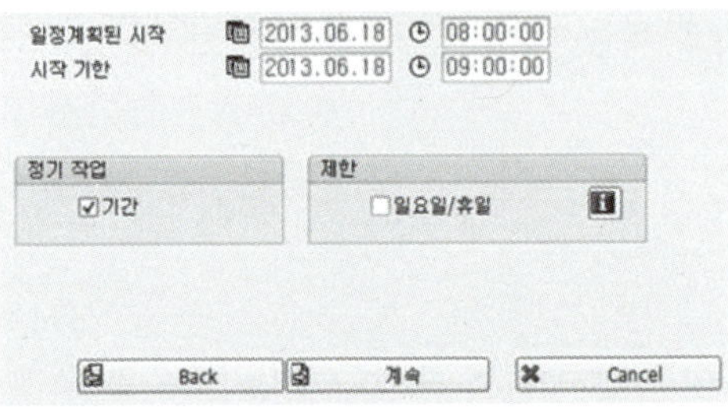

➜ 스케줄링으로 반복 실행일 경우는 '일자/시간' 선택하여 정기 작업 체크

iv. 스케줄링 주기 선택 후 완료

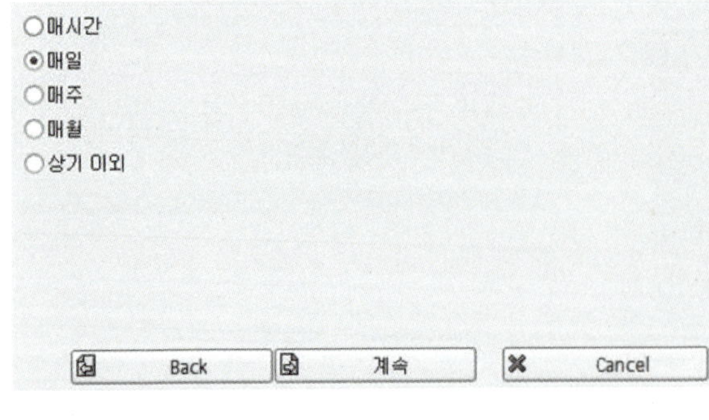 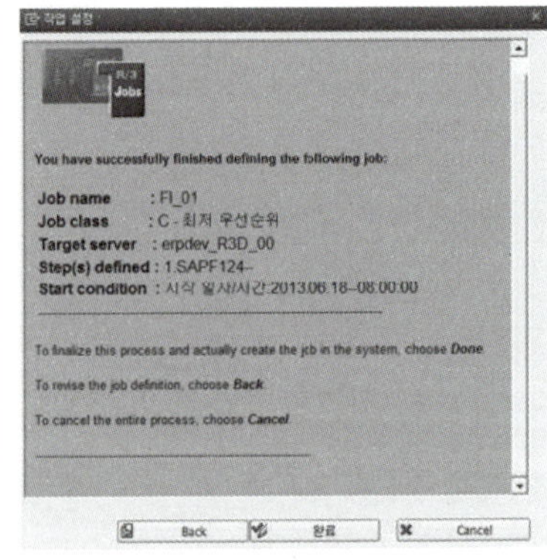

➜ 최저 우선순위로 Daily 스케줄링 작업이 등록되었다.

⚑ 시작 조건   ⇲ 단계

시작 조건, 단계 : 마법사를 통하지 않고 작업을 생성할 경우, 작업의 시작 조건, 프로그램, 변형을 세팅

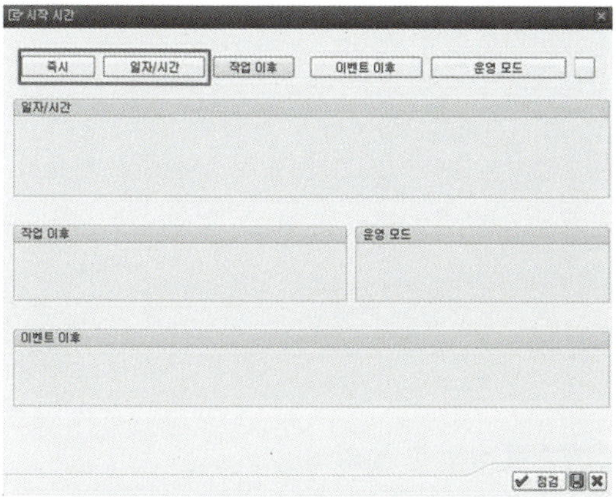

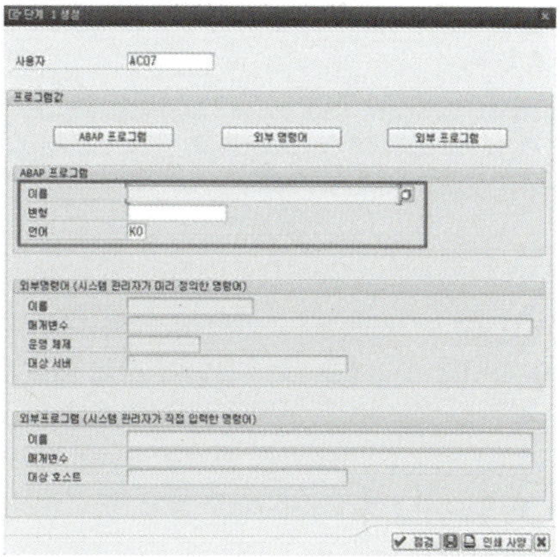

⚇ 작업 선택

작업 선택

: 작업의 로그를 확인(SM37, 작업로그 확인 Chapter 참고)

개인작업

개인 작업 : 본인이 생성한 작업 리스트와 상세 내역을 확인

작업 개요

🔄새로 고침 ⚑릴리스 ⊘ 🗑 🖨스풀 📄작업 로그 ⇲단계 🖥어플리케이션 서버 ✂ ▦ ⊽ 🖨 ⊟

작업명	스풀 리스트	작업 문서	작업 생성자	상태	시작일	시작 시간	기간(초)	지연(초)
☑ FI_01			ACO7	릴리스			0	0
*요약							0	0

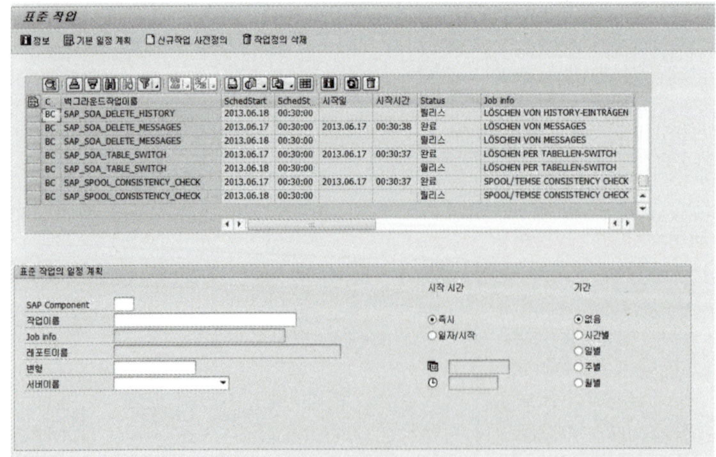

➡ 작업을 더블클릭하여 작업의 상세 내역을 확인한다.

작업 선택 후 삭제 버튼 🗑을 클릭하면 스케줄링 작업을 삭제

표준작업　　**표준 작업** : 시스템의 표준 스케줄링 작업 확인

➡ Standard에서 실행되는 스케줄링 작업 내역과 실행 결과를 확인한다.

참고〉 SAP_REORG_JOBS(RSBTCDEL) : 주기적으로 로그 삭제, 변형에 일수 저장

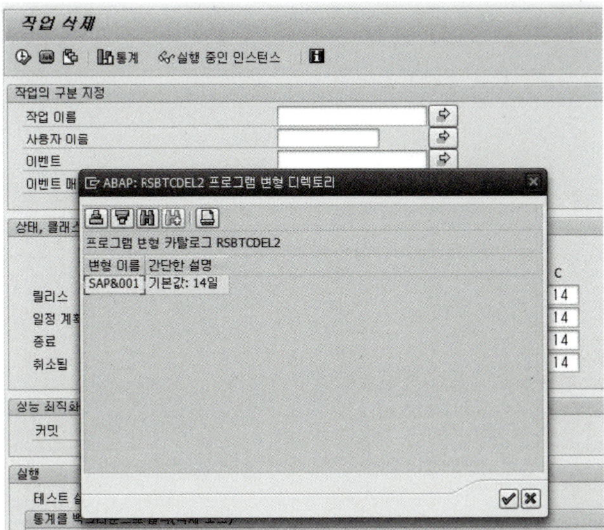

➜ Standard 스케줄링 작업의 하나로 일정시간 지난 로그를 삭제하는 프로그램이다.

2.3. 작업로그 확인(SM37)

작업, 사용자 이름, 상태 등의 조건으로 백그라운드 작업 실행 상세 내역 및 결과 로그를 확인

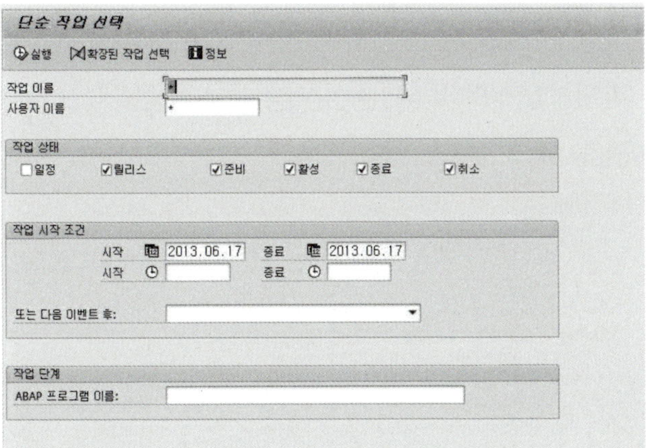

작업 상태 조건

일정 : 작업이 정의되었으나 아직 시작 조건이 충족되지 않음

릴리스 : 작업이 정의되고, 시작 조건이 충족되었음

준비 : 시작 조건 충족 후 Job 스케줄러에 의해 작업 큐에 입력됨

활성 : 작업이 현재 실행 중

종료 : 작업이 성공적으로 종료됨

취소 : 작업이 에러나 강제취소로 비정상 종료됨

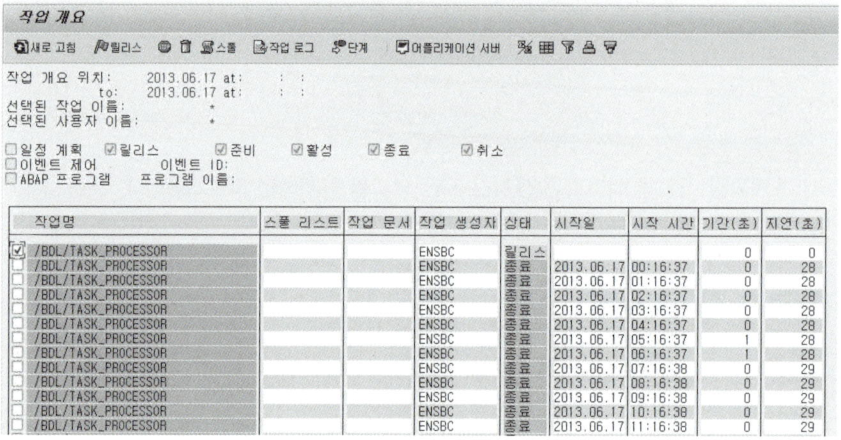

작업 개요

🔄새로 고침 릴리스 ⊙ 🗑 스풀 작업 로그 단계 어플리케이션 서버 ▥ ▽ 🖨 ▽

```
작업 개요 위치:     2013.06.17 at:    :  :
           to:     2013.06.17 at:    :  :
선택된 작업 이름:          *
선택된 사용자 이름:        *
```

☐일정 계획 ☑릴리스 ☑준비 ☑활성 ☑종료 ☑취소
☐이벤트 제어   이벤트 ID:
☐ABAP 프로그램   프로그램 이름:

작업명	스풀 리스트	작업 문서	작업 생성자	상태	시작일	시작 시간	기간(초)	지연(초)
☑ /BDL/TASK_PROCESSOR			ENSBC	릴리스			0	0
/BDL/TASK_PROCESSOR			ENSBC	종료	2013.06.17	00:16:37	0	28
/BDL/TASK_PROCESSOR			ENSBC	종료	2013.06.17	01:16:37	0	28
/BDL/TASK_PROCESSOR			ENSBC	종료	2013.06.17	02:16:37	0	28
/BDL/TASK_PROCESSOR			ENSBC	종료	2013.06.17	03:16:37	0	28
/BDL/TASK_PROCESSOR			ENSBC	종료	2013.06.17	04:16:37	0	28
/BDL/TASK_PROCESSOR			ENSBC	종료	2013.06.17	05:16:37	1	28
/BDL/TASK_PROCESSOR			ENSBC	종료	2013.06.17	06:16:37	1	28
/BDL/TASK_PROCESSOR			ENSBC	종료	2013.06.17	07:16:38	0	29
/BDL/TASK_PROCESSOR			ENSBC	종료	2013.06.17	08:16:38	0	29
/BDL/TASK_PROCESSOR			ENSBC	종료	2013.06.17	09:16:38	0	29
/BDL/TASK_PROCESSOR			ENSBC	종료	2013.06.17	10:16:38	0	29
/BDL/TASK_PROCESSOR			ENSBC	종료	2013.06.17	11:16:38	0	29

➜ **2013.06.17 일자 조건으로 작업 내역을 조회한 결과 화면**

특정 작업을 선택하고, 작업로그 버튼을 클릭 작업의 각 상태별 상세 로그를 확인

메시지 클래스, 메시지 번호 확인(SE91)

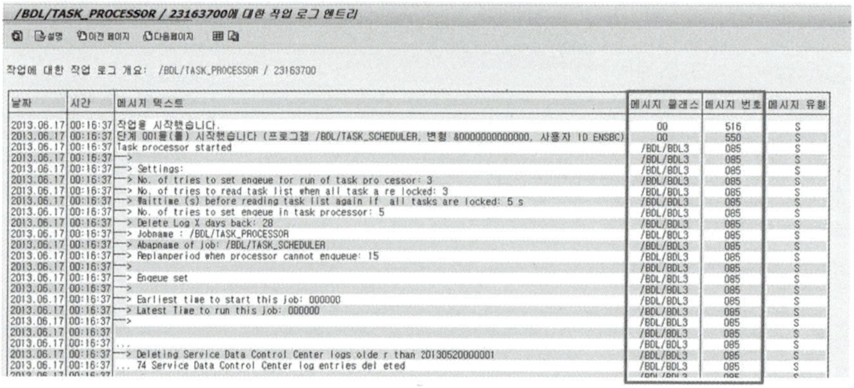

/BDL/TASK_PROCESSOR / 23163700에 대한 작업 로그 엔트리

🔄 설명 이전 페이지 다음페이지 ▥ 🗋

작업에 대한 작업 로그 개요: /BDL/TASK_PROCESSOR / 23163700

날짜	시간	메시지 텍스트	메시지 클래스	메시지 번호	메시지 유형
2013.06.17	00:16:37	작업을 시작했습니다.	00	516	S
2013.06.17	00:16:37	단계 001를(를) 시작했습니다 (프로그램 /BDL/TASK_SCHEDULER, 변형 &0000000000000, 사용자 ID ENSBC)	00	550	S
2013.06.17	00:16:37	Task processor started	/BDL/BDL3	085	S
2013.06.17	00:16:37	-->	/BDL/BDL3	085	S
2013.06.17	00:16:37	--> Settings:	/BDL/BDL3	085	S
2013.06.17	00:16:37	--> No. of tries to set enqeue for run of task pro cessor: 3	/BDL/BDL3	085	S
2013.06.17	00:16:37	--> No. of tries to read task list when all task a re locked: 3	/BDL/BDL3	085	S
2013.06.17	00:16:37	--> Waittime (s) before reading task list again if all tasks are locked: 5 s	/BDL/BDL3	085	S
2013.06.17	00:16:37	--> No. of tries to set enqeue in task processor: 5	/BDL/BDL3	085	S
2013.06.17	00:16:37	--> Delete Log X days back: 28	/BDL/BDL3	085	S
2013.06.17	00:16:37	--> Jobname : /BDL/TASK_PROCESSOR	/BDL/BDL3	085	S
2013.06.17	00:16:37	--> Abapname of Job: /BDL/TASK_SCHEDULER	/BDL/BDL3	085	S
2013.06.17	00:16:37	--> Replanperiod when processor cannot enqueue: 15	/BDL/BDL3	085	S
2013.06.17	00:16:37	-->	/BDL/BDL3	085	S
2013.06.17	00:16:37	--> Enqeue set	/BDL/BDL3	085	S
2013.06.17	00:16:37	-->	/BDL/BDL3	085	S
2013.06.17	00:16:37	--> Earliest time to start this job: 000000	/BDL/BDL3	085	S
2013.06.17	00:16:37	--> Latest Time to run this job: 000000	/BDL/BDL3	085	S
2013.06.17	00:16:37	-->	/BDL/BDL3	085	S
2013.06.17	00:16:37		/BDL/BDL3	085	S
2013.06.17	00:16:37	...	/BDL/BDL3	085	S
2013.06.17	00:16:37	--> Deleting Service Data Control Center logs olde r than 20130520000001	/BDL/BDL3	085	S
2013.06.17	00:16:37	... 74 Service Data Control Center log entries del eted	/BDL/BDL3	085	S
2013.06.17	00:16:37		/BDL/BDL3	085	S

★실행 중인 작업 강제종료

SM37에서 작업을 선택하고 삭제 버튼을 클릭하면, 일정/릴리스/준비/활성 상태인 작업을 강제로 종료시킬 수 있다.

참고〉 SM37에서 종료가 안 되면 SM50, SM66에서 종료

SM37에서 작업 강제종료

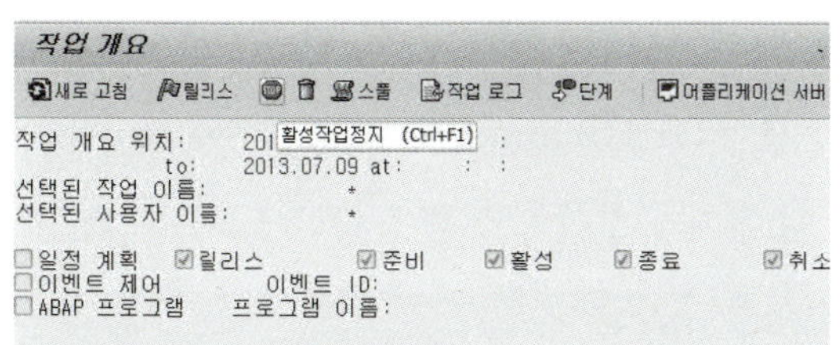

SM50에서 작업 강제종료(작업 선택 후 메뉴 관리 〉세션 종료)

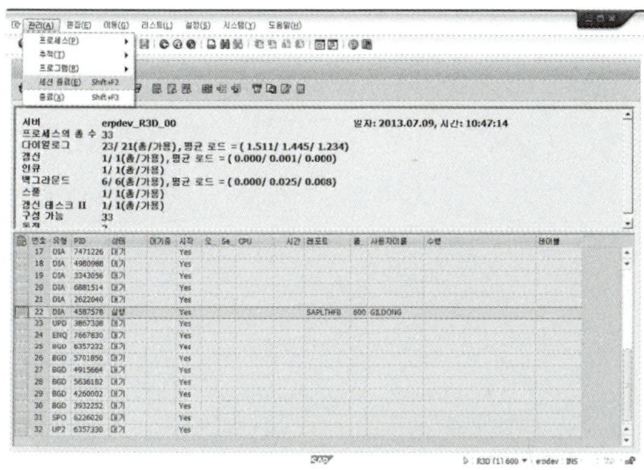

SM66에서 작업 강제종료(작업 선택 후 메뉴 List 〉취소)

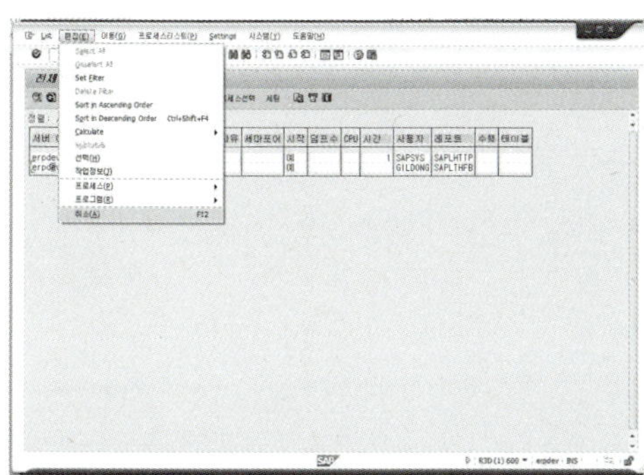

Transport 관리(SE09)

3.1 CTS 기본 관리 3.2 요청 변경일 정보 추가 3.3 버전 확인 및 롤백
3.4 동일 Instance 내 전송 요청으로 복사 3.5 CTS Import(STMS)
3.6 CTS로 테이블 데이터 전송 3.7 CTS로 화면 변형 전송
★Lock 오브젝트 관리(SM12)

SAP 시스템은 보통 개발(DEV), 품질(QA), 운영(PRD)으로 구성되는데, 개발 서버에서 변경한 Configuration이나 프로그램의 소스 변경 사항을 품질 또는 운영 서버로 전송하여 반영하는 단위와 전송 시스템을 통틀어 CTS(Change Transport System)라고 부른다. 기본적으로 변경 사항을 저장할 때 아래와 같이 CTS를 등록하게 되는데, 신규 CTS를 생성하거나, 기존에 CTS에 변경 사항을 추가할 수 있다.

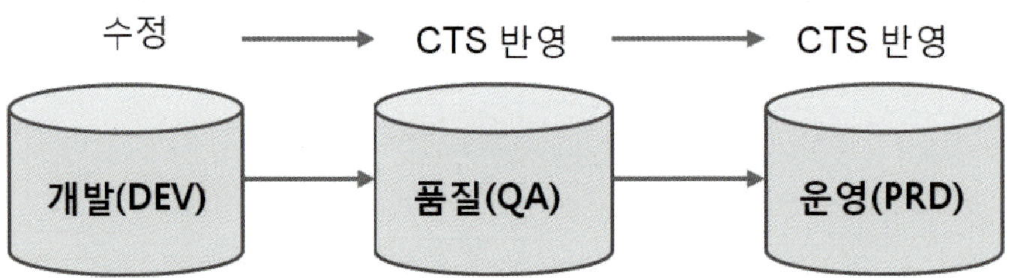

CTS 생성 화면

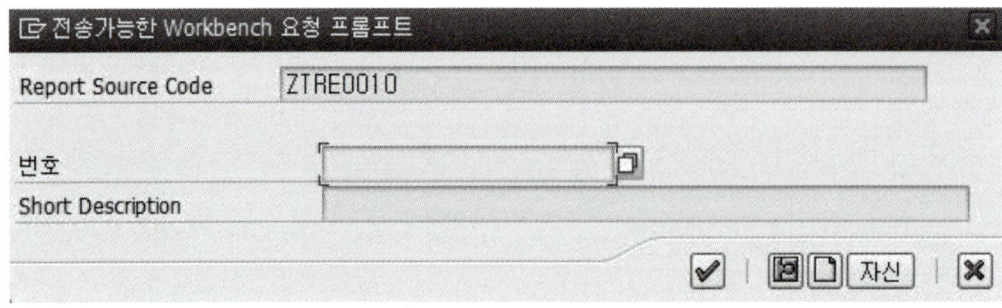

구성에 따라서 Configuration과 ABAP Client를 구분하거나, 여러 개의 품질 Client 를 두는 구성도 가능하다.

CTS 관련 Transaction Code

트랜잭션 코드	이름	설명
SE09	Transport Organizer	CTS를 확인, 삭제, 사용자 변경, 릴리즈 등의 통합 관리
SCC1	전송 요청으로 복사	릴리즈되기 전에 Client 간의 전송 요청 반영
STMS	전송 관리 시스템	서버별로 CTS를 확인하고, 릴리즈된 CTS를 Import 하여 적용
SE01	전송 Organizer (확장 뷰)	SE09의 확장 뷰 조건
SE03	Organizer 툴 전송	CTS 관련 다양한 툴 연결
SE07	Import Monitor of R3D	STMS로 Import 되는 작업의 모니터링 툴

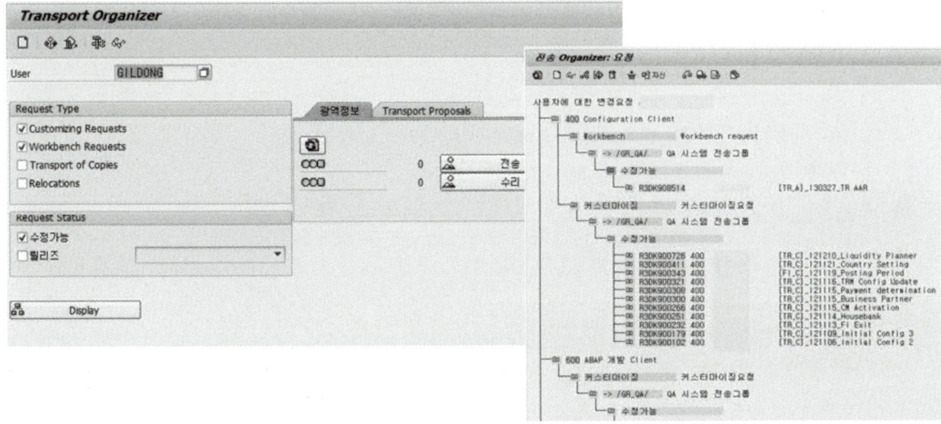

➜ 사용자 기준으로 조회하여 Workbench와 커스터마이징으로 구분되어 있는 CTS 확인(SE09)

Request Type(요청 구분)

Customizing Requests : 설정 변경 Object 전송 요청

Workbench Request : ABAP Workbench Object의 변경 전송 요청

Request Status(요청 상태)

수정 가능 : CTS 를 최초 등록하고, 아직 릴리즈하기 전 상태, 요청 Object에 대한 삭
제, 소유자 변경 등의 수정 가능

동일한 Instance 내에 Client들 사이에는 이 상태에서도 전송 가능(개발
DEV1 → 개발 DEV2)

릴리즈 : CTS 가 릴리즈되어 수정이 불가능한 상태, 품질(QA)이나 운영(PRD)으로 전
송 가능

3.1 CTS 기본 관리

릴리즈

: 수정 가능한 CTS를 릴리즈 상태로 직접 릴리즈 한다.

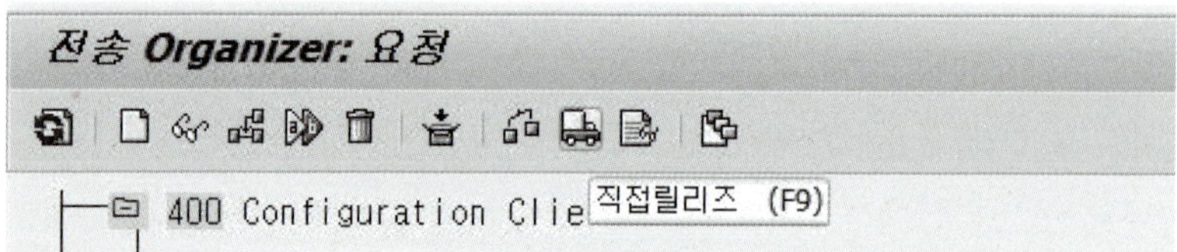

소유자 변경

: CTS 를 변경, 삭제, 릴리즈할 수 있는 소유자를 변경 한다.

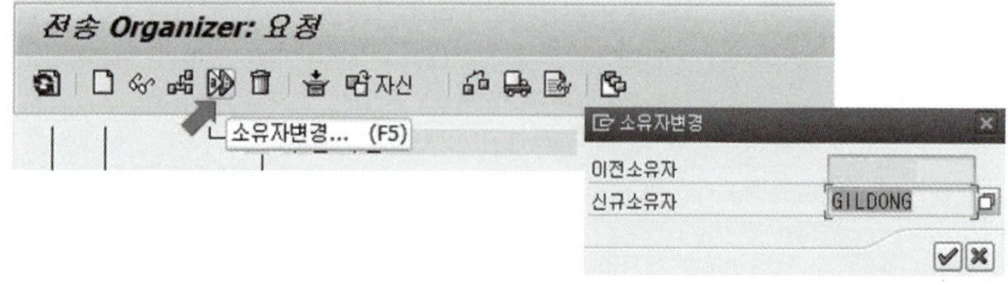

삭제

: 하위 오브젝트부터 삭제해야 하며, Table Lock이 되어 있다면 SM12에서, Request

Lock이면 SE03에서 "요청/태스트-오브젝트 잠금해제(전문가툴)"로 해제 후 삭제

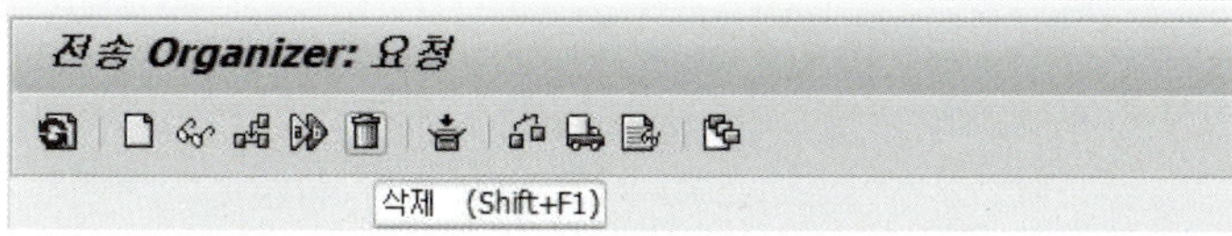

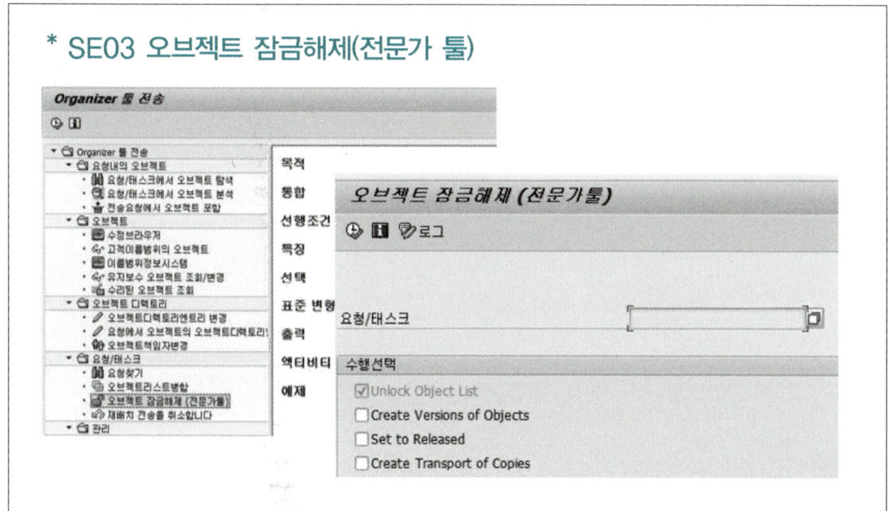

합병

: 다른 변경 요청을 하나의 CTS로 합병(유틸리티 – 재구성 – 요청합병)

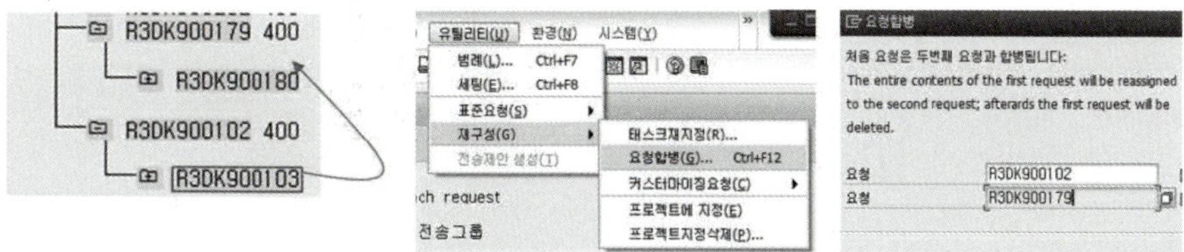

➜ 합병 대상 CTS와 원 CTS를 입력한다.

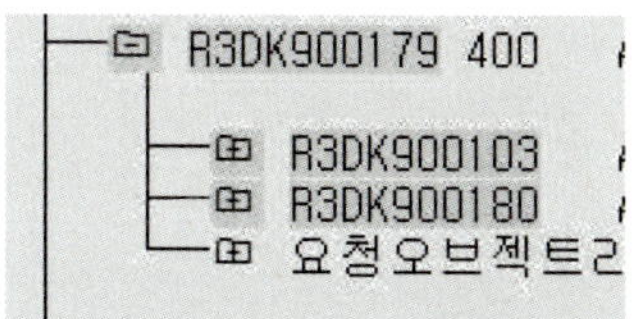

➜ R3DK900179 CTS 하위로 R3DK900103이 포함되었다.

3.2 요청 변경일 정보 추가

: CTS 조회 화면에 최종 변경일자 정보를 추가하여 확인 가능하다.

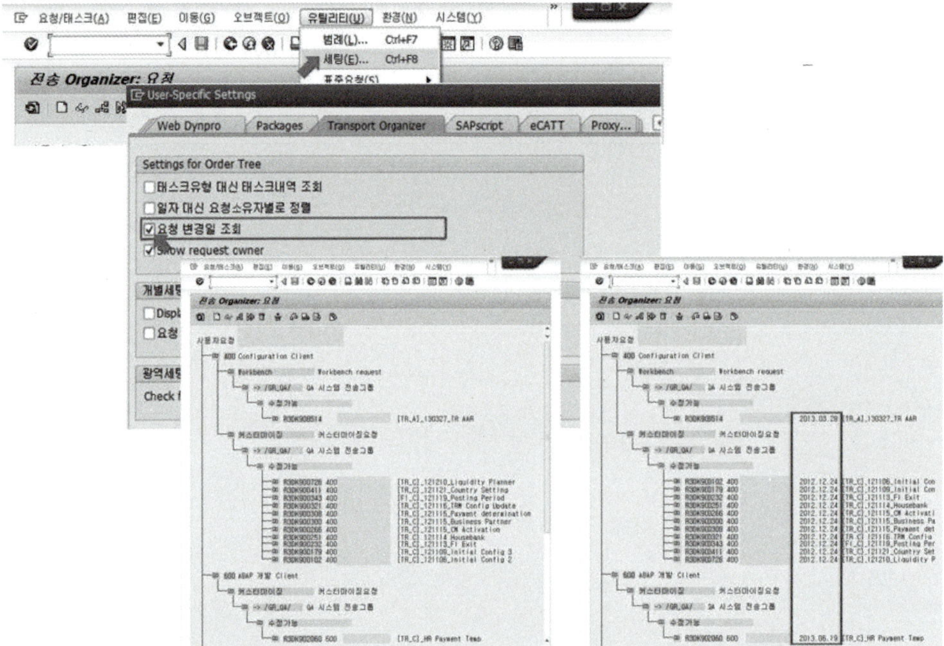

3.3 버전 확인 및 롤백

: 변경 Object들의 유형별 버전을 확인하고, 잘못 반영했을 경우 Rollback CTS를 생성
하여 이전 버전으로 복원한다.

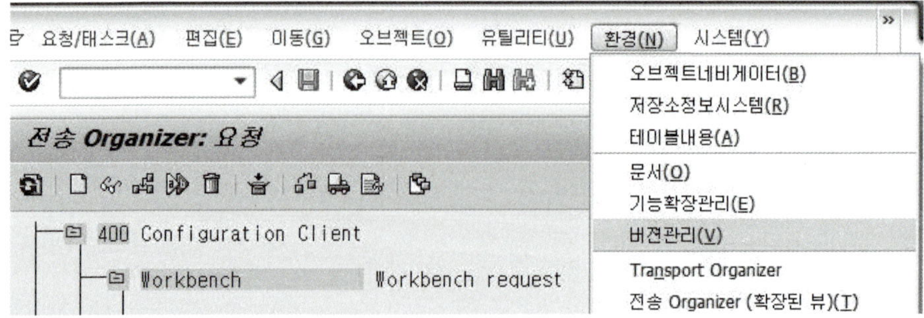

➜ 오브젝트 클래스를 선택하여 오브젝트 이름 입력
(예. Report Program Source Code and Texts → ZFIR0010)

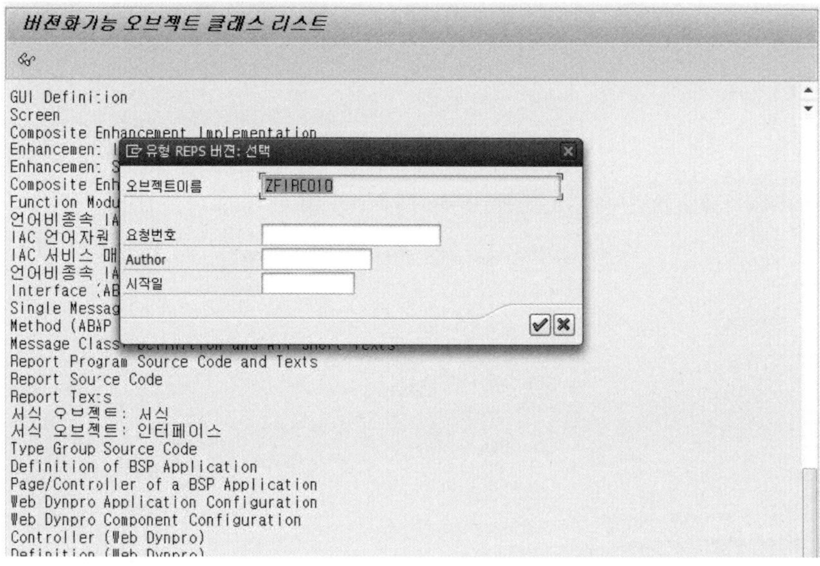

복원할 버전을 선택하고, 복원을 실행한다.

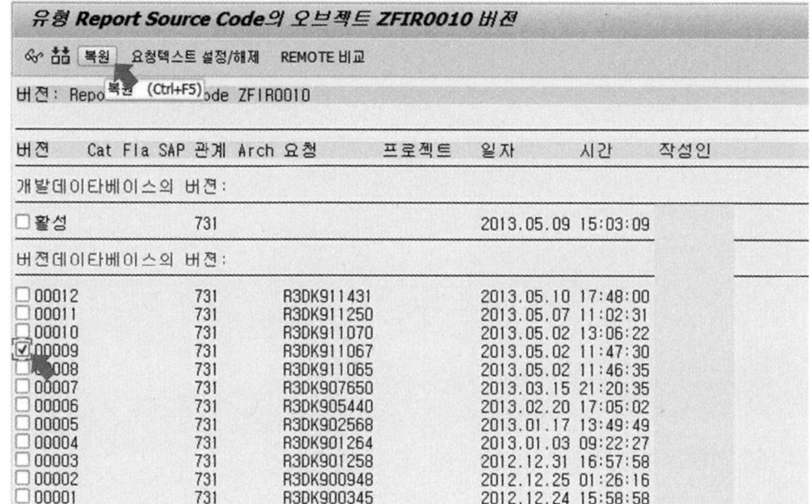

3.4 동일 Instance 내 전송 요청으로 복사(SCC1)

: CTS가 Release 되기 전 동일 Instance(물리적으로 하나의 서버에 설치) 내에서 Client 간 CTS를 반영할 수 있다.

즉 Configuration과 ABAP 개발 Client가 하나의 Instance 내에 다른 Client로 분리 되어 있다면 Configuration 변경 사항을 ABAP 개발 서버로 반영할 때 사용한다.

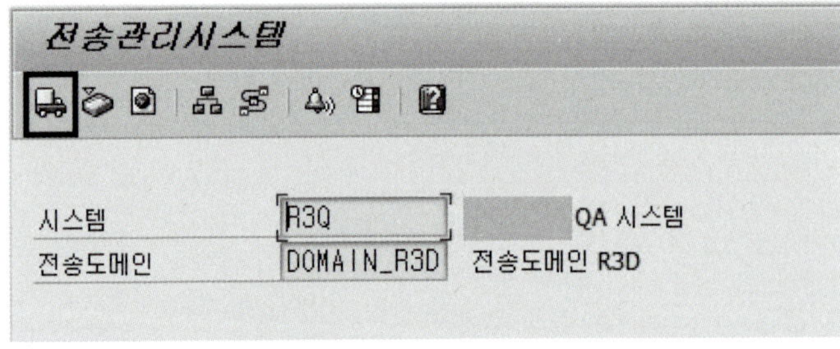

3.5 CTS Import(STMS)

: Client 간 Release 된 CTS를 확인하고, CTS를 Import 시키는 작업을 한다.

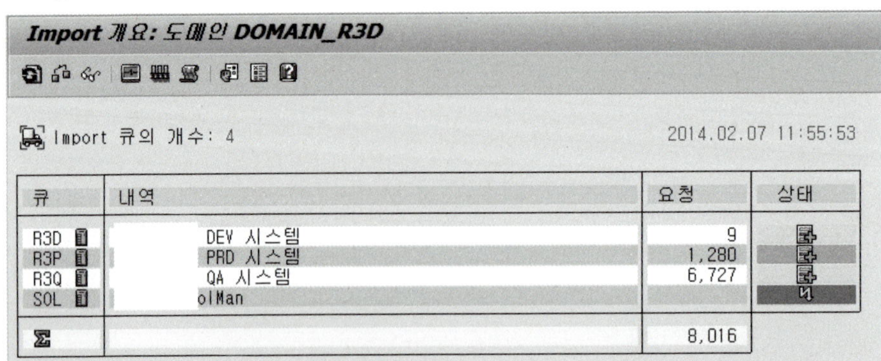

Import 할 시스템 선택

Import 개요: 도메인 DOMAIN_R3D

Import 큐의 개수: 4   2014.02.07 11:55:53

큐	내역	요청	상태
R3D	DEV 시스템	9	
R3P	PRD 시스템	1,280	
R3Q	QA 시스템	6,727	
SOL	olMan		
Σ		8,016	

Release 된 CTS 선택하여 Import 실행

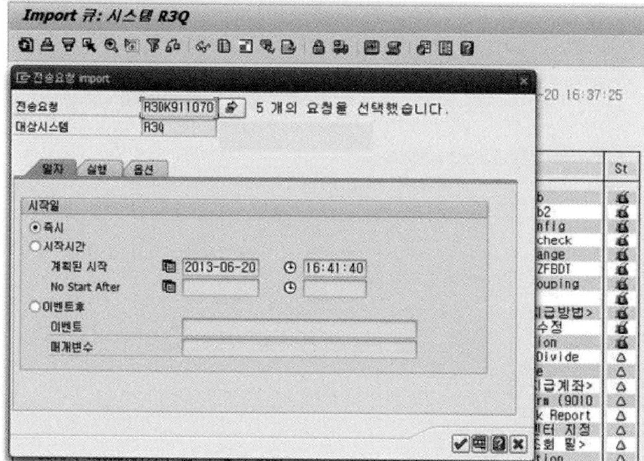

동일한 Instance 내에 모든 Client들을 한꺼번에 반영하기 위한 옵션

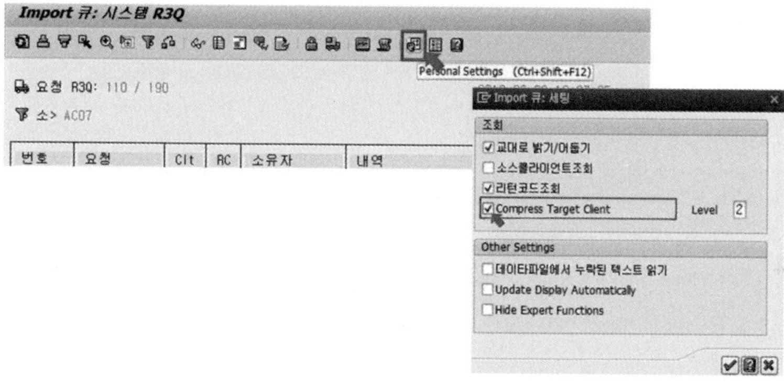

Compress 되어 반영할 경우 대상 Client 확인하는 방법

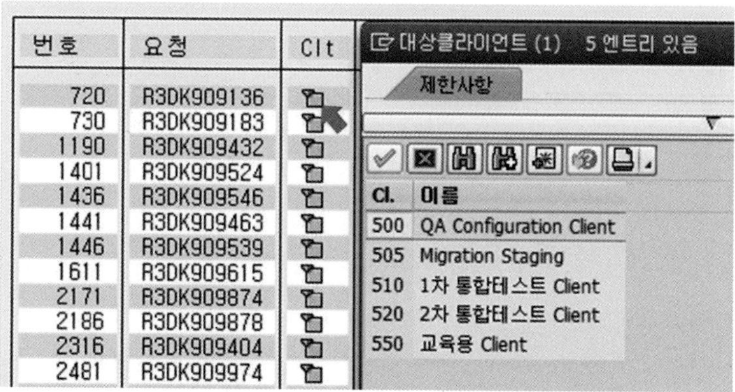

➡ 5개의 Client가 Compress 되어 있다. (500, 505, 510, 520, 550)

3.6 CTS로 테이블 데이터 전송

: 신규로 생성한 CBO 테이블들 중 기준 정보 데이터 같은 것들은 Client마다 입력해 주고, 업데이트해야 하는 불편이 있다. 데이터 변경 시에 Table에 있는 데이터를 CTS로 생성하여 다른 Client로 전송, 반영하는 방법을 알아본다.

i. SE09에서 신규 버튼 클릭 후 복사 전송 타입으로 생성한다.

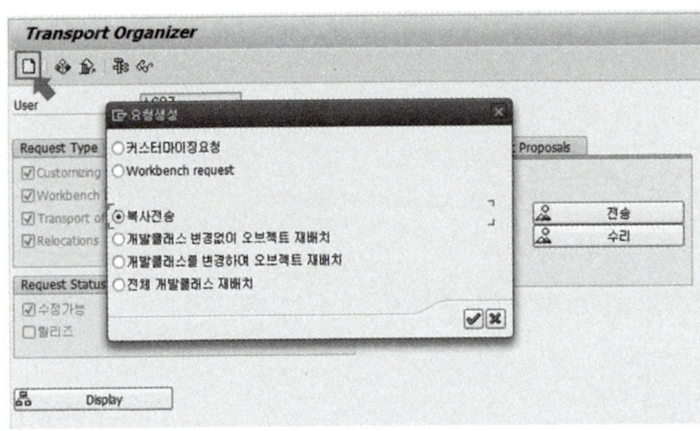

ii. CTS 제목을 주고 저장한다.

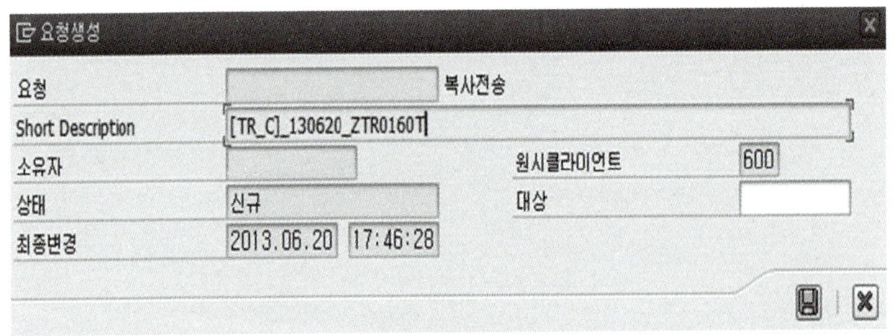

iii. 생성된 CTS의 번호를 더블클릭한다.

iv. 변경/조회 버튼 을 클릭하여 변경 모드로 변경한다.

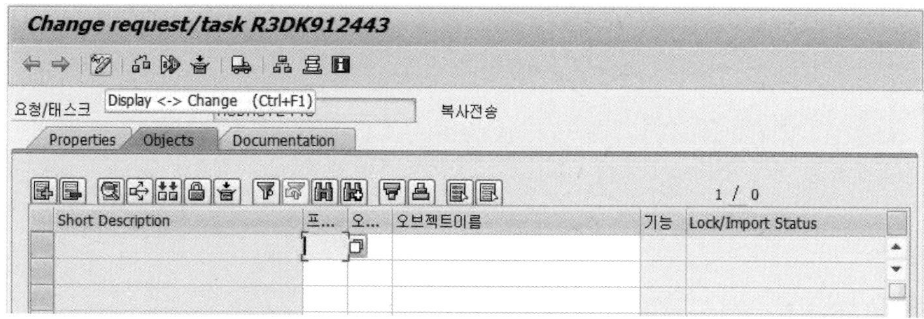

v. 프로그램 ID = R3TR, 오브젝트 유형 = TABU, 오브젝트 이름 = [테이블명] 입력 후

클릭한다.

vi. ' * ' 입력 후 저장한다. (테이블에 있는 모든 값 전송)

vii. Properties 탭에서 Target 클라이언트 또는 그룹을 설정하고 저장한다.

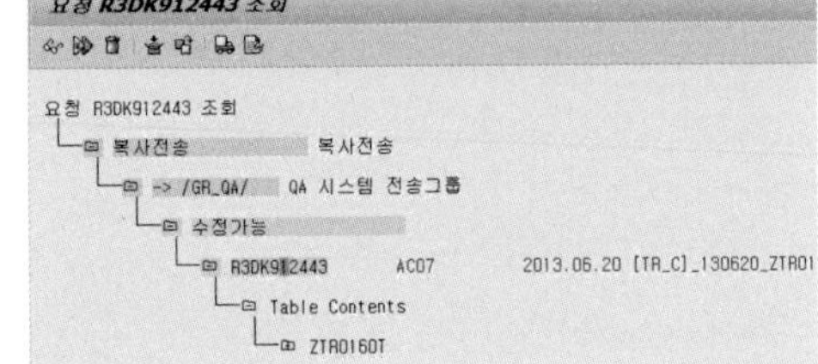

viii. Release를 하고, Target 시스템에서 Import 한다.

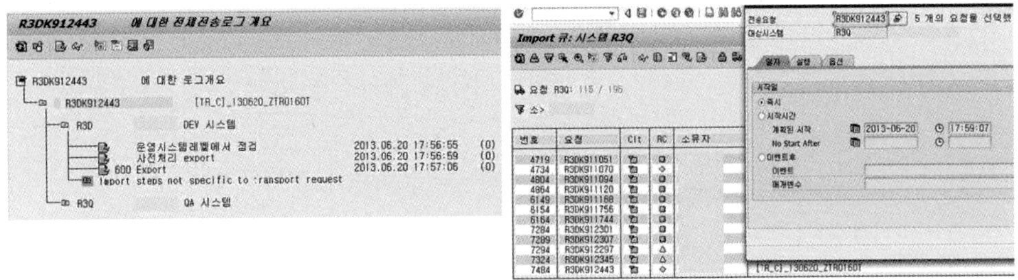

viiii. Target 시스템에 테이블 CTS 전송 전후 데이터를 비교한다.

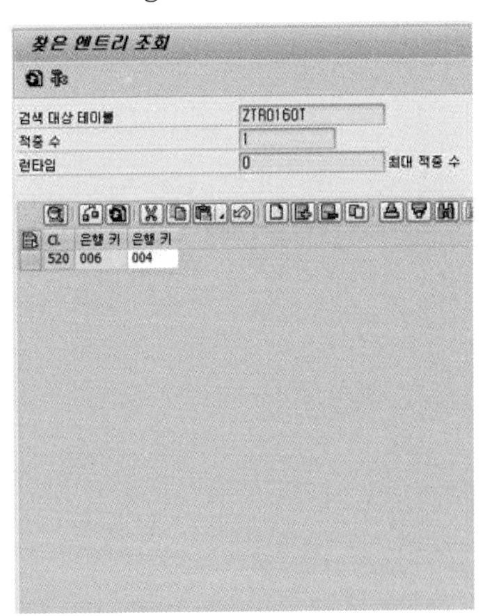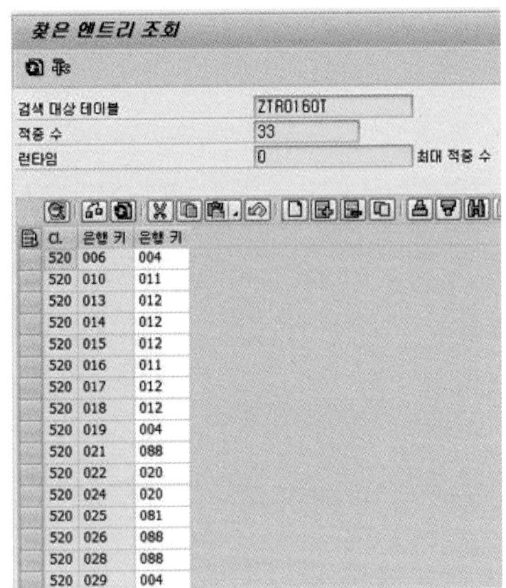

➔ 데이터가 없던 ZTR0160T 테이블에 CTS 데이터가 입력되었다.

3.7 CTS로 화면 변형 전송

조회 조건 등을 미리 또는 자동으로 입력되도록 화면을 정해 놓는 것을 변형(Variant) 오브젝트라 한다.

결산과 같은 정기적인 작업 수행 시에 유용하게 사용할 수 있는데, 세팅한 변형을 CTS 로 전송하는 방법이다.

i. 외화 평가 화면 변형 생성(저장버튼 클릭)

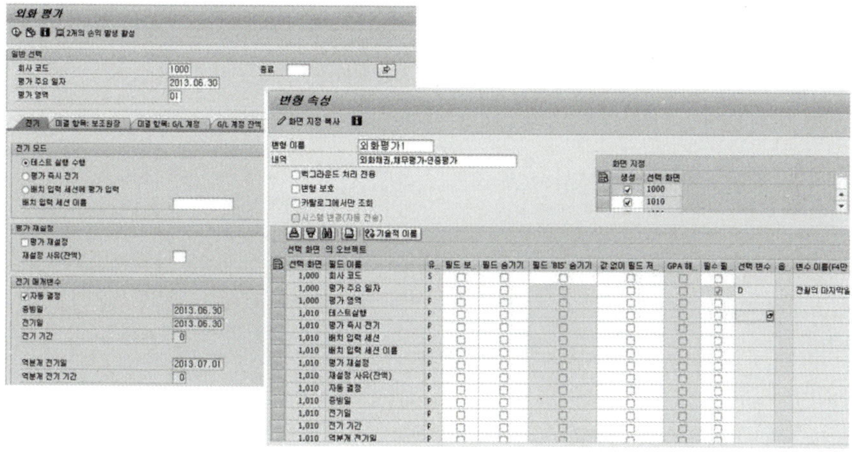

ii. 프로그램명 확인

상태바 또는 메뉴 시스템 – 상태에서 확인한다.

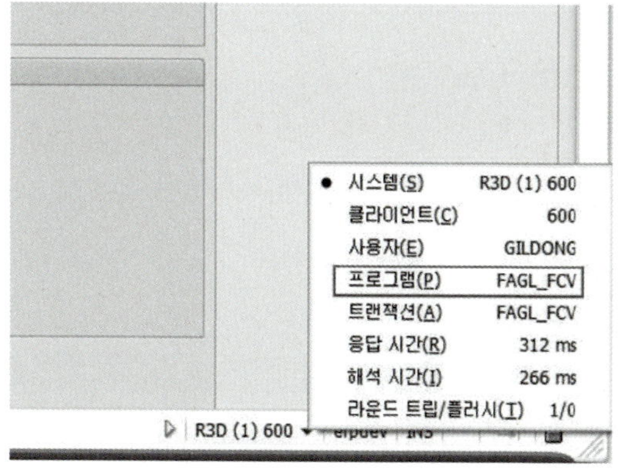

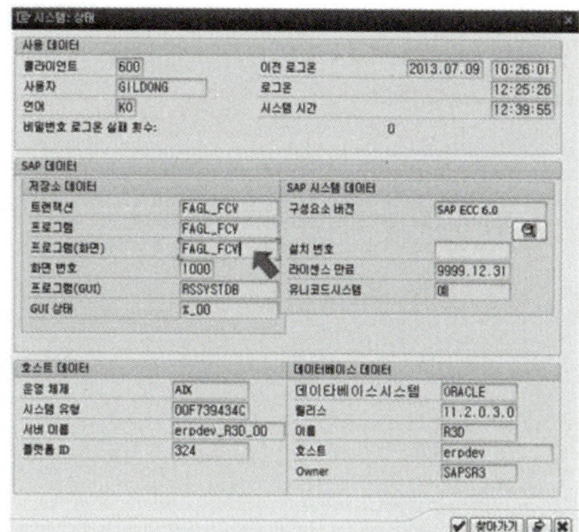

iii. 프로그램명과 변형을 선택하고 조회한다. (SE38)

iv. 메뉴에서 전송 요청을 실행한다. (유틸리티 - 전송요청)

v. 실행  후 변형을 선택한다.

vi. CTS를 생성 후 조회하여 확인한다.

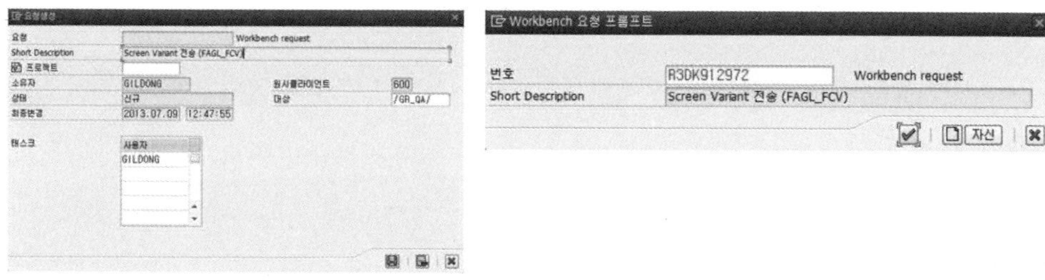

vii. CTS 릴리즈(SE09)

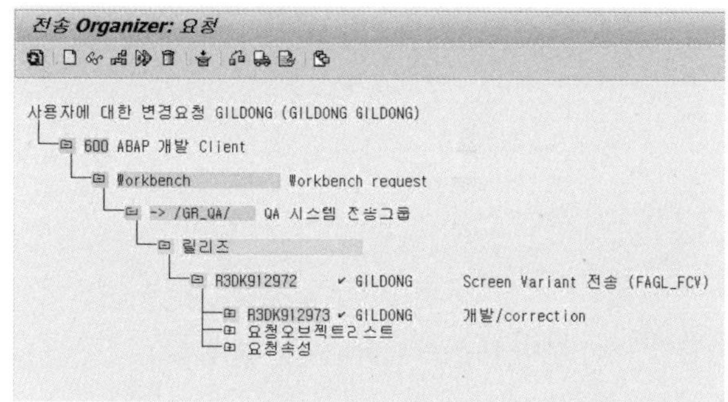

viii. 수신 시스템에서 Import(STMS) 한다.

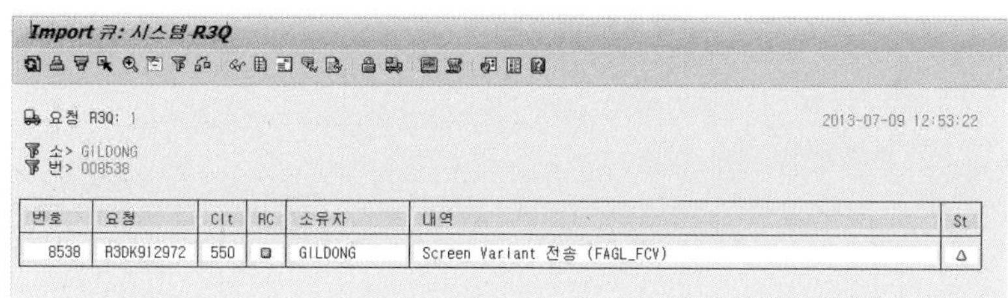

viiii. 프로그램에 추가된 변형을 확인한다.

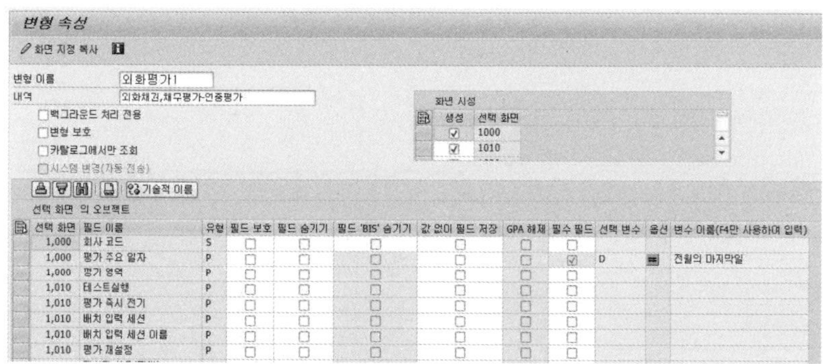

➡ 평가 주요 일자 필드가 "전월의 마지막일"로 세팅되도록 동적 필드로 지정되었다.

★Lock 오브젝트 관리(SM12)

데이터값이 수정 중일 때 내부적으로 Lock을 잡아서 중복 수정되지 않게 하는데, 비정상 종료 등으로 Lock이 풀리지 않을 경우가 있다. 이때는 데이터 수정도 불가하고, CTS에도 에러가 발생하므로 아래와 같은 방법으로 강제 unlock을 시킬 수 있다.

잠금인수 : Lock이 되는 단위인 테이블의 키값

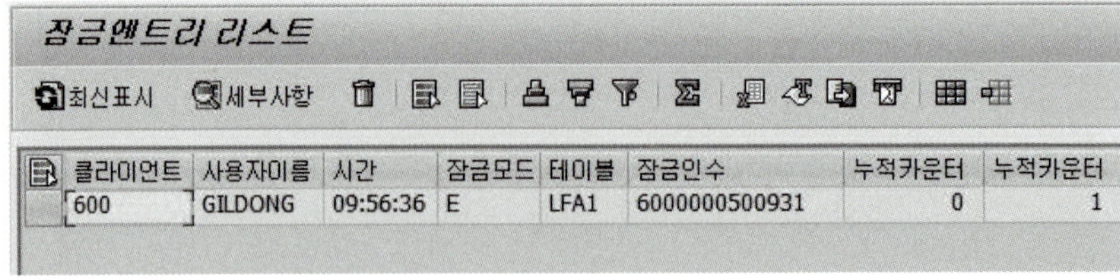

예) 공급업체를 변경 도중 강제종료 되어 해당 마스터값이 Lock 된 경우

다른 사용자 또는 세션에서 동일한 공급업체 변경을 하려고 하면, 에러가 발생한다

Lock Object 조회

	클라이언트	사용자이름	시간	잠금모드	테이블	잠금인수	누적카운터	누적카운터
	600	GILDONG	09:56:36	E	LFA1	6000000500931	0	1

잠금인수 : LFA1 의 키값 필드인 MANDT(600) + LIFNR (0000500931

Lock 오브젝트의 상세 정보

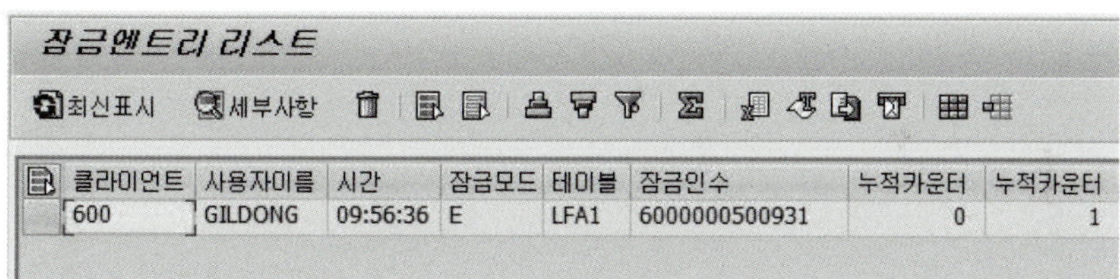

삭제

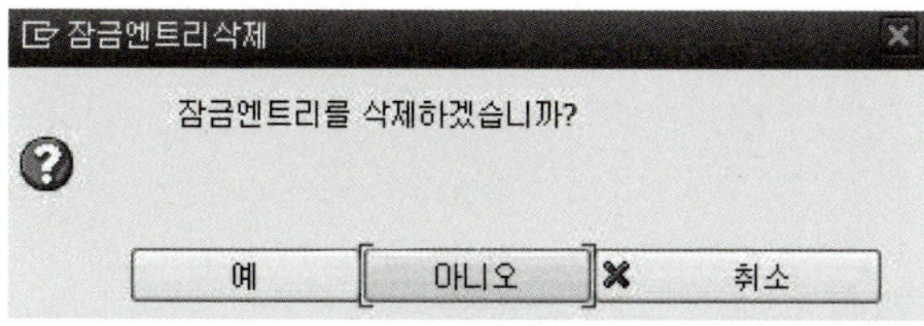

Lock 오브젝트의 잠금이 풀리기 전에 세션이 비정상 종료되거나 하는 경우에

강제로 Unlock 🗑 시킨다.

(기존에 잠그고 있던 세션이 강제로 종료되는 것은 아님)

서버설정 및 확인

4.1 서버 모니터링(SM51) 4.2 프로파일 매개변수(RZ10)
4.3 DB 연결(DBCO) ★기타 시스템 관련 툴

SAP 서버 시스템의 상태를 모니터링하고, 특정 트랜잭션의 성능을 추적하여 분석을 해야 할 경우가 있다. 프로그램이 작업 도중 실행에러가 발생하면 Dump의 상세 정보를 확인하여 문제를 해결해야 한다. 내부/외부 Database와의 연결설정과 상태를 확인하는 것까지 대부분 BC(Basis Consultant)의 영역이고, 하나하나가 방대한 분량이므로 여기서는 기본기능에 대한 소개 정도로 정리한다.

4.1 서버 모니터링(SM51)

: SAP 서버의 실행 중인 프로세스, 로그온 사용자, 릴리스 리스트 등 다양한 모니터링 툴과 연결된다.

서버별로 다양한 모니터링 툴로 연결(SM51)

SAP 서버

Server Name	호스트 이름	메세지유형	Status
erpprd_R3P_00	erpprd	Dialog 배치 갱신 Upd2 스풀 인큐 ICM	활성
erpprdap1_R3P_00	erpprdap1	Dialog 배치 ICM	활성
erpprdap_R3P_00	erpprdap	Dialog 배치 ICM	활성

관련 Transaction Code : SM51에서 버튼이나 메뉴로 연결되는 모니터링 툴이다.

SM50 : 프로세스 개요

SM04 : 로그온 사용자 확인

SM21 : 시스템 로그

〈프로세스 개요 : SM50〉

현재 실행 중인 프로세스 ID, 상태, Transaction Code, 사용자 등의 정보를 실시간으로 확인한다.

프로세스 개요

서버　　　　　　erpprd_R3P_00　　　　　　　　　일자: 2013.06.18, 시간: 10:56:02
프로세스의 총 수 43
다이얼로그　　　30/ 28(총/가용), 평균 로드 = (3.611/ 2.641/ 2.293)
갱신　　　　　　4/ 4(총/가용), 평균 로드 = (0.001/ 0.000/ 0.000)
인큐　　　　　　1/ 1(총/가용)
백그라운드　　　5/ 4(총/가용), 평균 로드 = (0.015/ 0.283/ 0.219)
스풀　　　　　　1/ 1(총/가용)
갱신 태스크 II　2/ 2(총/가용)
구성 가능　　　52
도저　　　　　　11

번호	유형	PID	상태	대기중	시작	오	Se	CPU	시간	레포트	쿨	사용자이름	수행	테이블
0	DIA	11272354	대기		Yes									
1	BGD	22282486	대기		Yes									
2	DIA	21692442	대기		Yes									
3	DIA	20840554	실행		Yes					SAPLTHFB	100	ENS12		
4	DIA	205784:8	대기		Yes									
5	DIA	19726356	실행		Yes				150	CL_DD_TA_	100	10006945		
6	DIA	22806570	대기		Yes									
7	BGD	22413566	대기		Yes									
8	DIA	19202184	대기		Yes									
9	BGD	18743540	대기		Yes									
10	DIA	18612308	대기		Yes									
11	DIA	18219242	대기		Yes									
12	UPD	17891478	대기		Yes									
13	UP2	17694944	대기		Yes									
14	DIA	17104996	대기		Yes									
15	DIA	16908428	대기		Yes									
16	DIA	16646256	대기		Yes									
17	BGD	16515076	실행		Yes				28	ZMMR0140	100	BGJOB	순차 읽기	ZMM0180T
18	DIA	16384122	대기		Yes									
19	DIA	16121894	대기		Yes									

〈로그온 사용자 확인 : SM04〉

: 현재 시스템에 접속 중인 사용자의 아이디, 컴퓨터, 실행 중인 트랜잭션, 사용 중인 메모리를 확인한다.

시스템 성능을 저하시키는 프로세스를 찾는 경우 등에 사용할 수 있으며, 권한이 있으면 해당 사용자의 세션을 강제로 종료시킬 수도 있다.

사용자 리스트

세션

Clnt	사용자이름	단말기	트랜잭션	시간	세션	Type	Memory
				13.57.32	1	0	0
520		MW7LT6A4WHW...	SM04	17.07.14	3	GUI	17
520		epdev.sgnsis.com		17.07.06	1	RFC	1
521		######		16.59.31	1	GUI	4

*** 4명의 사용자가 6개의 모드로 로그온 ***
*** 2 GUI 사용자, 1 RFC 사용자 ***

클라이언트, 사용자 이름, 단말기(접속한 컴퓨터 이름), 트랜잭션(실행한 Transaction Code, 공란이면 메뉴 상태), 시간, 세션 수, Type, 사용하고 있는 메모리의 양을 확인한다.

ALV 변경을 통해 Client 버전, 접속한 단말기 IP, RFC TYPE 등도 추가로 확인가능('ALV' Chapter 참고)

•사용자 정보

사용자 메뉴 : 특정 사용자의 세션을 선택한 후 추가 정보를 확인하거나 강제종료 시킬 수 있다.

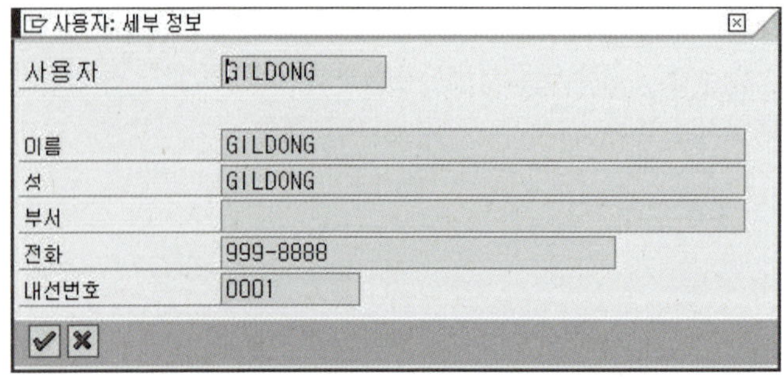

•기술 정보

세부 사용자 정보

필드	값
tid	65
state	CONNECTED
uid	1075
type	REMOTE_TERMINAL
rfc_type	
async_rfc	0
resource_check	0
display	GRAPHIC_TERM
user	GILDONG
term	MW7BUWKR4XABXX
client	600
conversation_Id	
iaddr (gui host)	192.168.211.226
recv_count	7
send_count	15
snc_count	0
auto_logout	0
server_plugin_protocol	DP_PLUGIN_PROTOCOL_NONE
server_plugin_state	0
em_hyper_hdl	700000fbd6c84e0
ext_session_id	51B8661D4C448500E10080003D51F48E
session_id	51B8661D4C448500E10080003D51F48E
security_context_reference	
its_plugin	0
allowCreateMode	1
modeinfo[0].th_hook_master	tid:-1 uid:-1 mode:255

•추적

특정 세션에 대한 추적 기능을 활성화하여 시스템의 세부 정보를 확인할 수 있다.

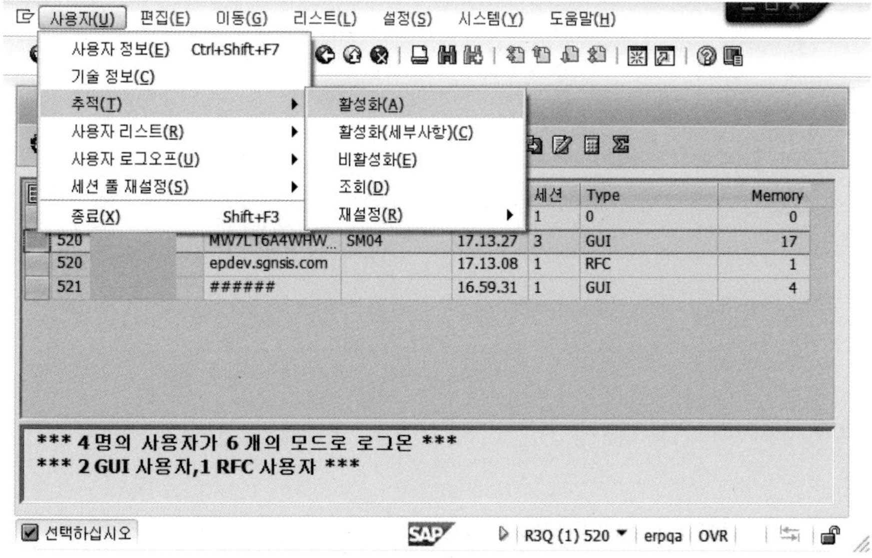

•사용자 로그오프

강제로 사용자에 대한 세션을 종료시킨다.

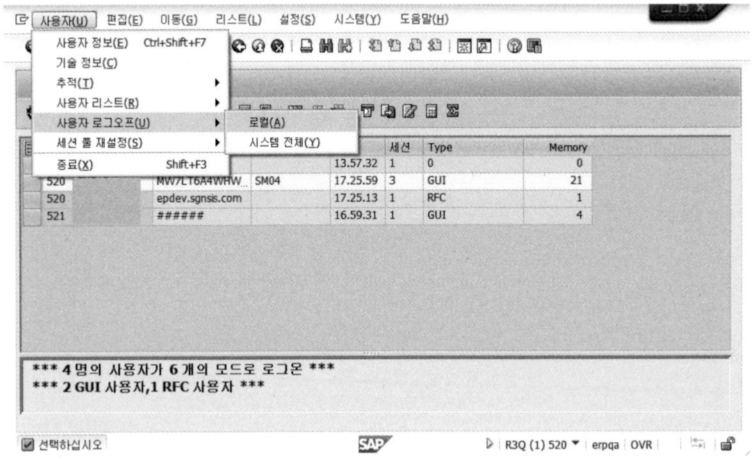

•릴리스노트

서버, DB정보와 패치된 릴리스 상세 정보를 확인한다.

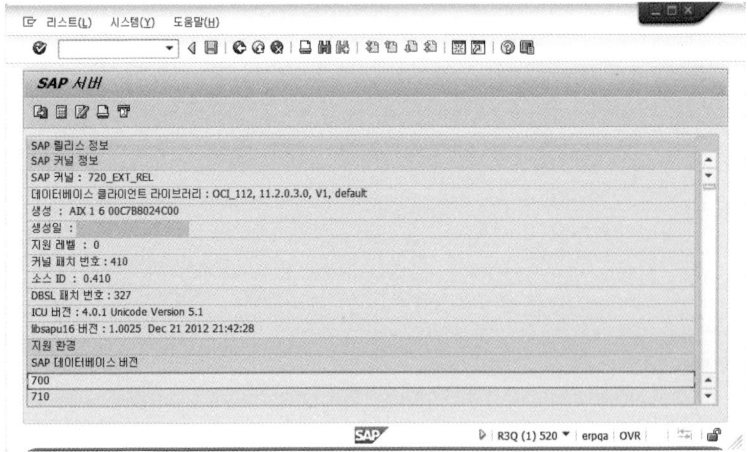

〈시스템 로그 : SM21〉

조건을 주어 시스템 로그를 조회한다.

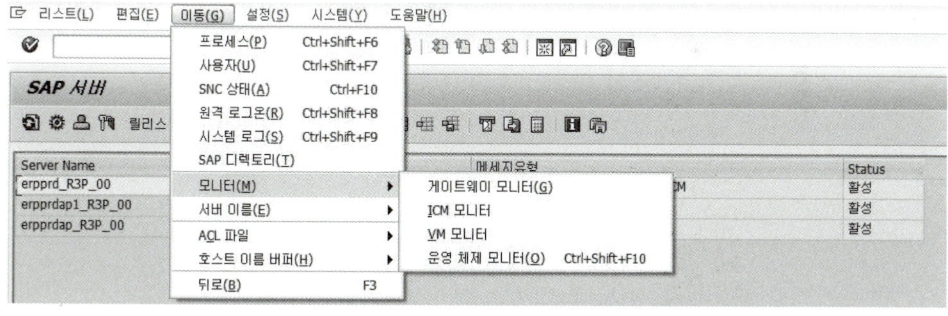

이 밖에 SNC 상태 조회와 다양한 모니터링 툴로 링크 연결됨

4.2 프로파일 매개변수(RZ10)

SAP 서버 시스템의 로그인, 웹 접속 등의 시스템 관련 설정을 매개변수 파일로 관리한다.

프로파일 편집(RZ10)

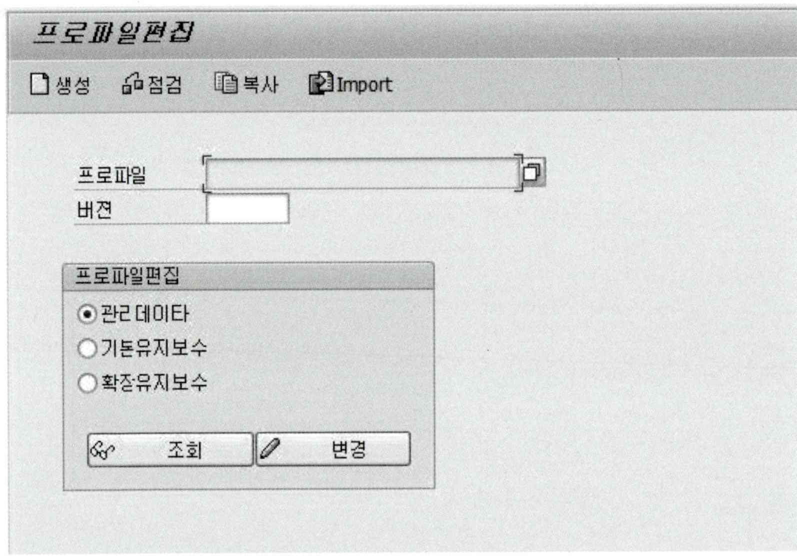

관리 데이터 : 파일의 위치, 수정자의 기본 정보

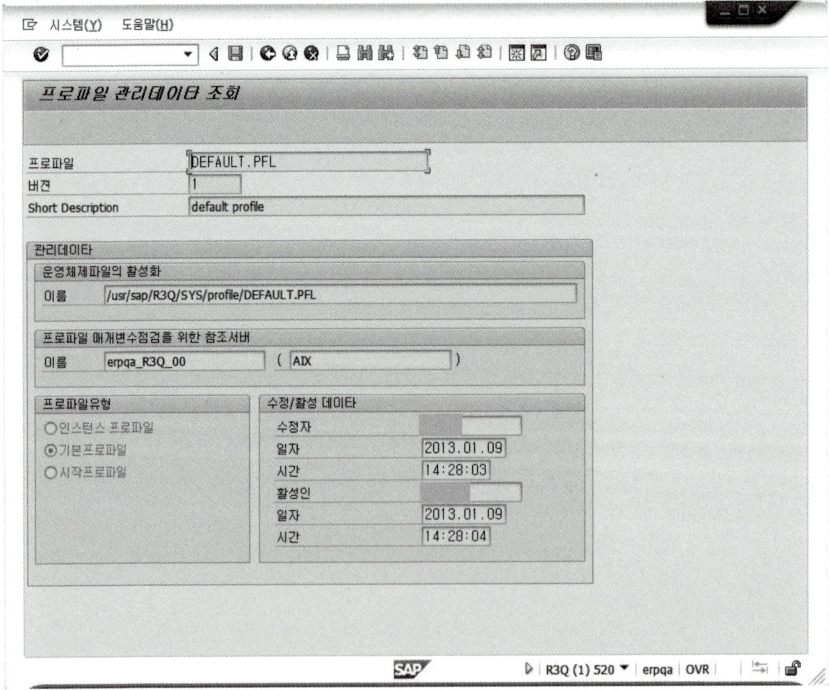

기본 유지보수 : 서버 호스트 정보

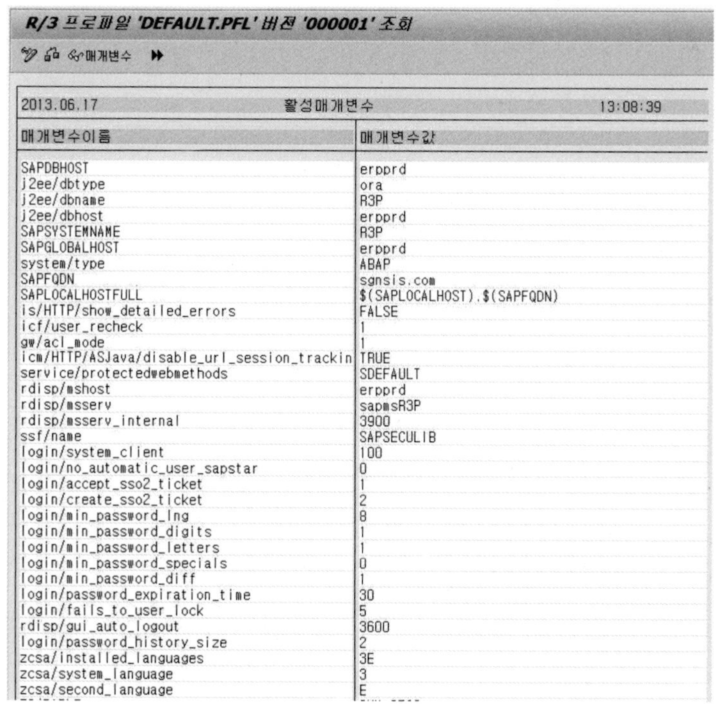

확장 유지보수 : 실제 설정값이 될 매개변수와 값

매개변수이름	매개변수값
SAPDBHOST	erpprd
j2ee/dbtype	ora
j2ee/dbname	R3P
j2ee/dbhost	erpprd
SAPSYSTEMNAME	R3P
SAPGLOBALHOST	erpprd
system/type	ABAP
SAPFQDN	sgnsis.com
SAPLOCALHOSTFULL	$(SAPLOCALHOST).$(SAPFQDN)
is/HTTP/show_detailed_errors	FALSE
icf/user_recheck	1
gw/acl_mode	1
icm/HTTP/ASJava/disable_url_session_trackin	TRUE
service/protectedwebmethods	SDEFAULT
rdisp/mshost	erpprd
rdisp/msserv	sapmsR3P
rdisp/msserv_internal	3900
ssf/name	SAPSECULIB
login/system_client	100
login/no_automatic_user_sapstar	0
login/accept_sso2_ticket	1
login/create_sso2_ticket	2
login/min_password_lng	8
login/min_password_digits	1
login/min_password_letters	1
login/min_password_specials	0
login/min_password_diff	1
login/password_expiration_time	30
login/fails_to_user_lock	5
rdisp/gui_auto_logout	3600
login/password_history_size	2
zcsa/installed_languages	3E
zcsa/system_language	3
zcsa/second_language	E

매개변수	설명
login/min_password_lng	패스워드의 최소 길이 (기본 6, 3~40 가능)
login/min_password_digits	패스워드 최소 숫자 길이 (기본 0, 0~40 가능)
login/min_password_letters	패스워드 최소 문자 길이 (기본 0, 0~40 가능)
login/min_password_lowercase	패스워드 최소 소문자 길이(0~40 가능)
login/min_password_uppercase	패스워드 최소 대문자 길이(0~40 가능)
login/min_password_specials	패스워드 최소 특수문자 길이(0~40 가능) !"@ $%&/()=?' *+~#-_.,;:{[]}\<>|,
login/password_compliance_to_current_policy	로그인 시 패스워드 Rule 체크 여부 0 – 미체크; 1 – 체크
login/disable_password_logon	패스워드 로그인 비활성화 SSO를 통한 로그인만 가능 Single Sign-On variants(X.509 certificate, logon ticket). 참고: Logon Data Tab Page
login/password_max_idle_productive	패스워드 미사용 유효기간(일수) 0~24,000 가능, 0 : 미체크
login/password_max_idle_initial	초기 패스워드 유효기간(일수) 0~24,000 가능, 0 : 미체크
login/min_password_diff	패스워드 변경 시 달라야 하는 최소 글자수 기본 : 1, 1~40 가능
login/password_expiration_time	패스워드 유효기간(일수) 기본 : 0, 0~1000 가능
login/password_history_size	패스워드 자릿수 기본 : 5, 1~100 가능
login/password_change_waittime	패스워드 변경 전 최소 사용일수 기본 : 1, 1~1000 가능
login/disable_multi_gui_login	멀티 로그온 비활성화
login/multi_login_users	멀티 로그온 예외 사용자
login/fails_to_session_end	세션 종료까지 패스워드 실패 횟수 기본 : 3, 1~99 가능
login/fails_to_user_lock	사용자 잠금까지 패스워드 실패 횟수 기본 : 5, 1~99 가능
login/failed_user_auto_unlock	사용자 잠금 자동해제 기본 : 0(자동해제 안 됨), 1 : 다음날 자동해제
rdisp/gui_auto_logout	자동 로그아웃 미사용 시간(초) 기본 : 0(제한 없음)

4.3 DB연결(DBCO)

SAP 시스템 내부/외부 Database 연결 설정과 테스트, 로그 등을 확인한다.

DBCO ➡ DB 연결 내역을 추가/수정/삭제한다.

연결이름	DBS	Per...	사용자이름	Conn.Limit	Opt. Conns	연결정보
%_EPD_EPDEV	ORA	☐	sapsr3db	3	0	EPD,"epdev:1521/EPD"
EPD	ORA	☐	SAPSR3DB	0	0	"epdev:1521/EPD"
SRD	ORA	☐	SAPSR3	0	0	"srdadm:1521/SRD"
TST	ORA	☐	apps	0	0	/TST"

DB02 ➡ DB space, users 등 Database에 대한 Admin 정보를 확인한다.

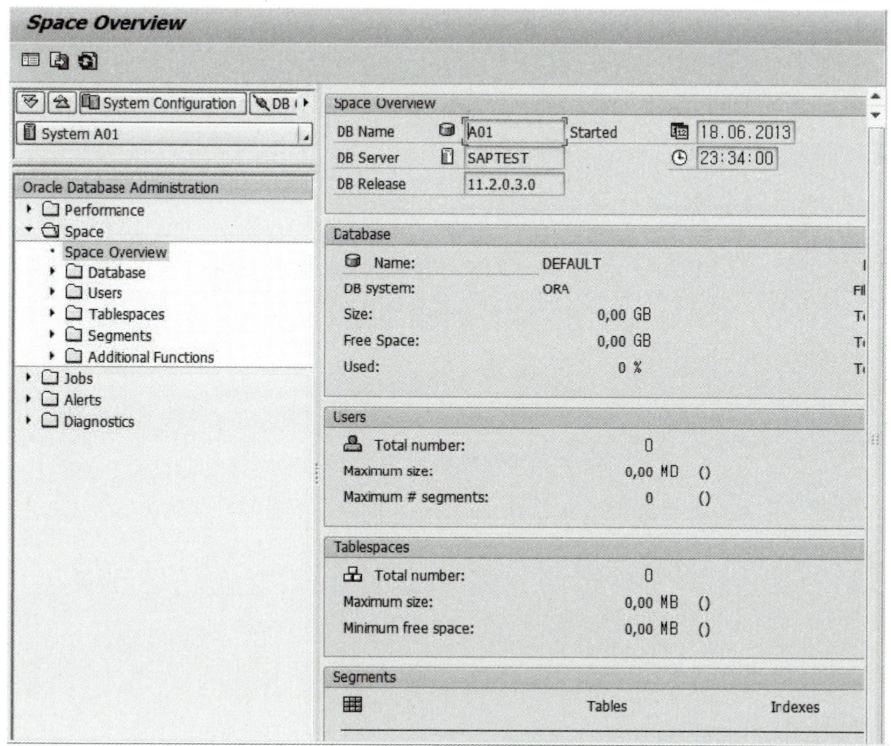

★기타 시스템 관련 툴

구분	Transaction Code	설명
Client 관련	SCC3	Client 복사로그
	SCC4	Client 관리
	SCCL	Client 복사
	SNOTE	Note Assistant: Worklist(Note의 확인/적용 처리)
시스템 로그	SCDO	변경 문서 오브젝트 (CDHDR, CDPOS 로그 Object, 함수 생성)
	SCU3	데이터 변경 사항 (로그 체크되어 있는 테이블의 로그 분석)
사용자	PFCG	Role Maintenance
	SU01	사용자 조회/변경/생성
	SU21	권한 오브젝트 유지보수
	SU20	권한 필드 유지보수
	SU53	점검값 조회(권한 에러 시 체크)
Enhancement	FIBF	BTE 처리
	SMOD	SAP의 기능 확장
	CMOD	SAP 기능 확장의 프로젝트 관리
	GGB0	FI 회계 유효성 점검
	GGB1	FI 회계 대체
저장소	SMW0	웹 저장소 : 오브젝트 조회(Template 등 저장)

PART 06

ABAP
개발 관련

▶▶ SAP 시스템 언어인 ABAP 개발을 위한 Tip을 담았다. ABAP 언어에 대한 기본 문법부터 활용은 이미 많은 서적이 나와 있어 구문 설명에 대한 부분은 포함하고 있지 않다. 여기서는 ABAP의 기본 툴부터 개발할 때나 에러를 분석할 때 유용하게 활용할 수 있는 디버깅 방법, 성능을 분석하는 유용한 툴들을 소개한다. Standard 에서 제공하는 함수들과 모듈별 테이블을 항목별로 분류하여 필요할 때 참고할 수 있도록 정리하였다.

>>> **chapter 01 ABAP 기본 툴(Dictionary 와 Workbench)**

ABAP Dictionary(SE11) | ★Table 데이터 직접 수정하는 3가지 방법
Development Workbench(SE80)

>>> **chapter 02 디버깅(Debugging)**

디버깅 기본 방법 | 반복문 중단하기 | Watchpoint 설정 | Function 디버깅 중 테스트값 저장

>>> **chapter 03 기타 개발 관련 툴**

메세지 관리(SE91) | 성능추적(ST05) | Dump 분석(ST22) | 트랜잭션 레코드(SHDB)

>>> **chapter 04 아이콘 확인(SE38)**

>>> **chapter 05 유용한 함수 모음**

날짜 관련 함수 | 문자, 숫자 관련 함수 | 팝업창 함수
통화 및 Conversion 함수 | 파일 관련 함수 | 모듈별 함수 | 기타 유용한 함수

>>> **chapter 06 시스템 테이블**

ABAP 기본 툴(Dictionary 와 Workbench)

1.1 ABAP Dictionary(SE11)
★Table 데이터 직접 수정하는 3가지 방법 1.2 Development Workbench(SE80)

SAP 시스템 언어인 ABAP(Advanced Business Application Programming)은 테이블, 뷰, 구조체 등 프로그래밍의 오브젝트를 관리하는 Dictionary와 프로그램, 함수 등을 작업하는 Development Workbench로 나누어진다.

1.1. ABAP Dictionary(SE11)

SAP의 데이터는 Domain → Data Element → Table의 구조로 매핑되고, 필요한 정보를 뷰로 만들 수 있다.

또한 공통 기능에 설명한 Search Help와 Lock Object에 대한 ABAP의 기본 오브젝트를 조회/변경/생성한다.

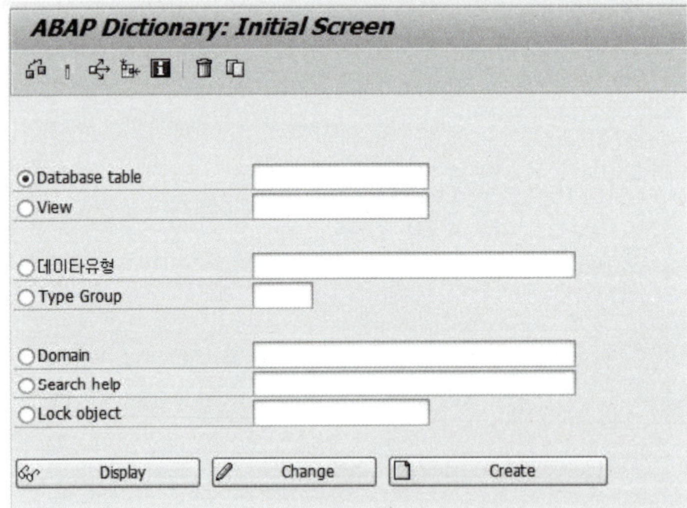

테이블 필드 내역 확인

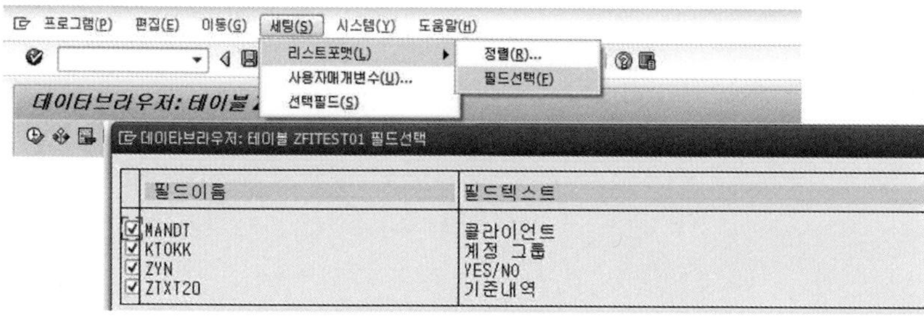

버튼을 클릭하여 테이블 데이터를 확인

데이터의 선택 조건

조회할 필드의 선택

*SE16, SE16N은 테이블 데이터 조회를 위해 특화된 화면이다.

SE16

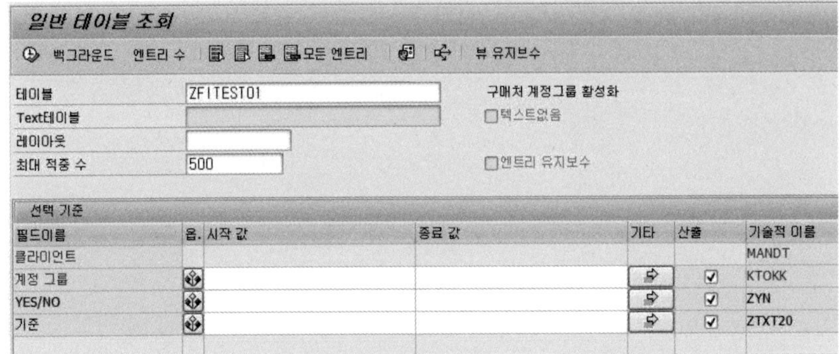

SE16N

★Table 데이터 직접 수정하는 3가지 방법

아래 방법은 Dictionary 데이터 수정 권한이 없을 때 테이블 데이터를 직접 수정하는 비정상적인 방법이며, 데이터의 강제 변경은 치명적인 에러를 발생할 수 있으므로 꼭 필요한 상황에서 충분히 검토한 후에 해야 한다.

i. Command 창에 &sap_edit를 실행 후 데이터 조회

SE16N에서 커맨드창에 &sap_edit를 실행하면 편집 모드가 활성화되면서 데이터 조회 후 수정할 수 있다.

ii. 디버깅에서 모드변경

SE11에서 데이터를 조회하고, 개별 데이터를 상세 조회한 이후 /h 로 디버깅 모드를 활성화시킨다. 이후 엔터를 치면 아래와 같이 모드를 확인하는 부분에서 멈추게 된다.

여기서 CODE 변수를 'EDIT'로 변경하고 저장, 재실행하면 EDIT 모드로 데이터가 조회된다.

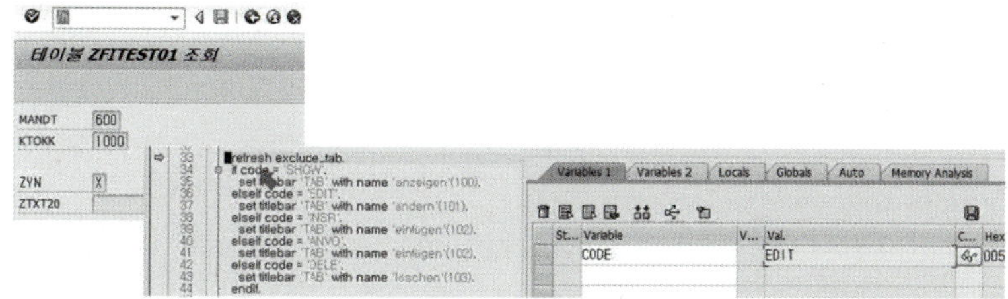

iii. SE16N_INTERFACE 함수 이용

SE37에서 SE16N_INTERFACE 함수를 실행하고, 조회할 테이블명, I_EDIT = 'X', I_SAPEDIT = 'X'로 입력하고 실행하면 테이블이 수정 모드로 조회됨.

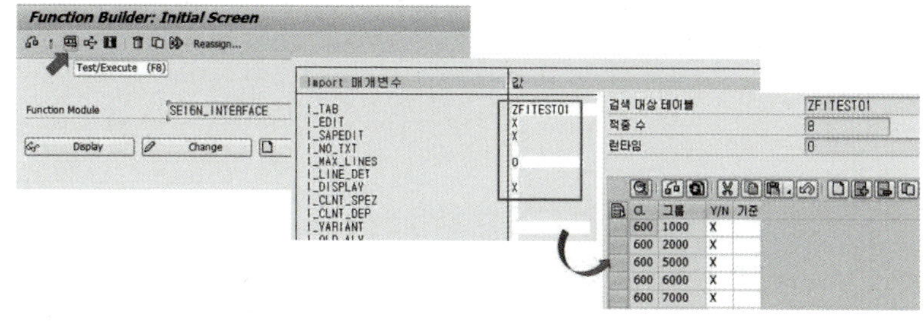

1.2 Development Workbench(SE80)

프로그램 편집기인 SE38, 함수 편집기인 SE37이 있고, ABAP Workbench, 개발 툴을
모두 포함한 SE80 Object Navigator가 있다.

SE80 Object Navigator에서는 아래와 같이 패키지, 프로그램, 클래스 등 모든 ABAP
관련 오브젝트와 소스를 관리할 수 있다.

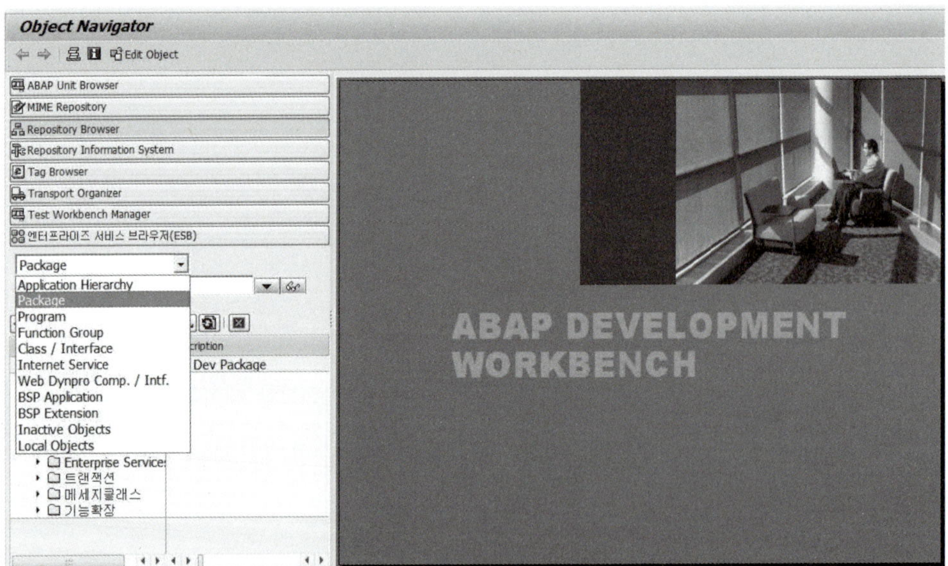

*특정 소스 검색(CODE_SCANNER)

CDOE_SCANNER 를 통해 특정 ABAP 구문을 가진 프로그램/함수 등을 검색해 준다.

예) ZMMD 패키지 내에 MESSSAGE E000 구문을 가지는 소스 검색 및 결과

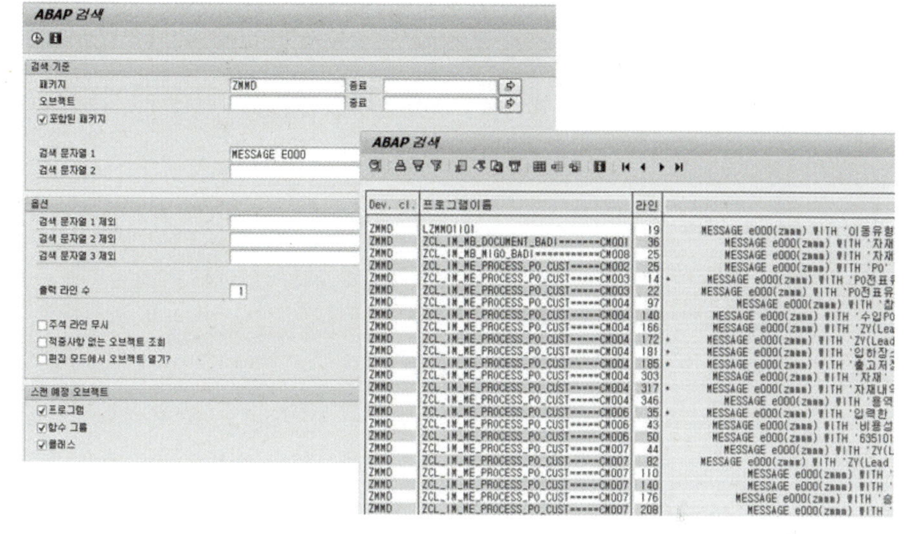

Chapter 02

디버깅(Debugging)

2.1 디버깅 기본 방법 2.2 반복문 중단하기
2.3 Watchpoint 설정 2.4 Function 디버깅 중 테스트값 저장

프로그램의 각 단계를 확인하면서 실행하는 디버깅은 2가지 방법으로 수행할 수 있다. 첫 번째는 커맨드창에 '/h'를 실행하여 디버깅 모드를 활성화시킨 이후에 액션을 취하는 방법이고, 두 번째는 SE37, SE38, SE80과 같은 Workbench를 이용하여 소스에 Breakpoint를 세팅하고, 해당 프로그램을 실행하는 방법이다.

i. 커맨드창에 /h 입력 후 엔터를 치면 상태바에 디버깅을 설정했다는 메시지 표시됨

☑ 디버깅을 설정했습니다

ii. 소스에서 중단점(Breakpoint)를 설정 후 수행

```
29   ⊟ *------------------------------------------------------------*
30     * AT SELECTION-SCREEN
31   └ *------------------------------------------------------------*
32     AT SELECTION-SCREEN OUTPUT.
33     ▮PERFORM SELECTION_SCREEN_OUTPUT.
34
```

2.1 디버깅 기본 방법

디버깅 화면의 구성이며, 기본적으로 왼쪽 위 4개의 버튼 　 또는 F5, F6, F7, F8을 사용한다.

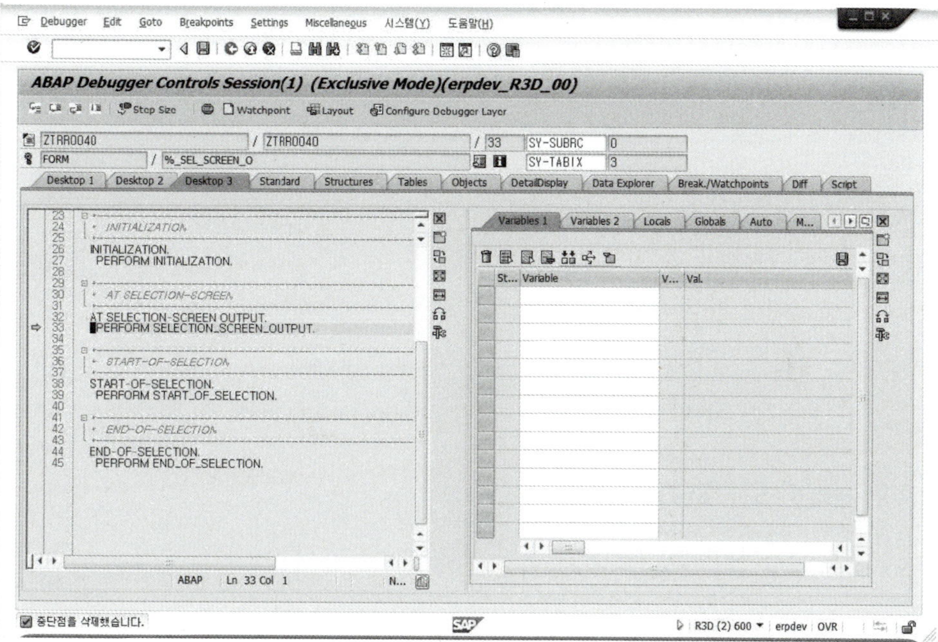

오른쪽 Variable란을 이용해 실행 중 Internal Table, Variable의 값을 확인할 수 있다.

F5 (Single Step) : 소스 기준으로 한 줄씩 실행, 함수나 Form문이 있으면 안으로 들어가서 한 줄씩 실행

F6 (Execute) : 한 줄씩 실행, 함수나 Form문이 있어도 현재 소스 기준 한 줄씩 실행

F7 (Return) : 현재 Object를 Return 하는 구문까지 실행, 함수 안이라면 현재 함수를 나가는 곳부터 시작

F8 (Continue) : Breakpoint가 없는 한 끝까지 실행

소스에서 변수를 클릭하고 해당 변수의 값을 오른쪽 Variable 창에서 확인한다.

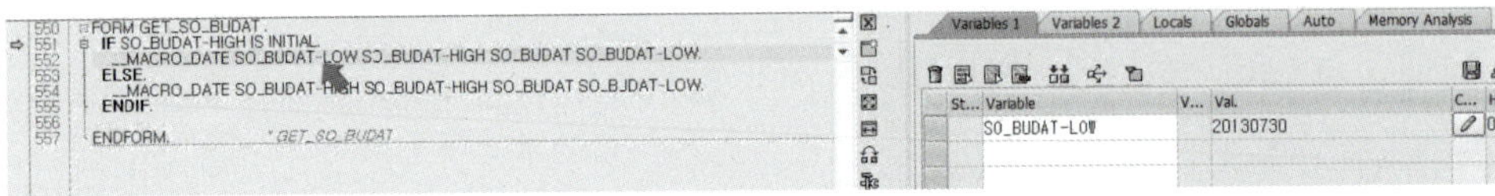

구조체 또는 Internal Table일 경우, 값을 다시 클릭하면 상세 내역을 확인할 수 있다.

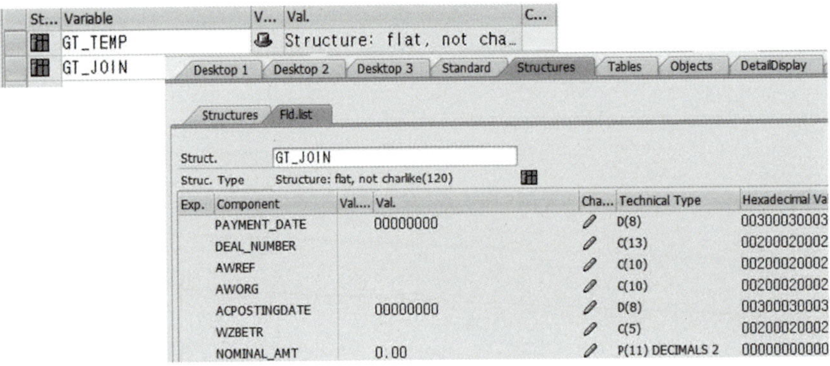

2.2 반복문 중단하기

Breakpoint를 설정하고 디버깅을 하는 중에 반복문이 나오면 계속 실행을 해주어야 하는데, 반복문을 지정된 횟수만큼 멈추지 않고, Skip 할 수 있다.

i. Loop 문 안에 Break-point 세팅

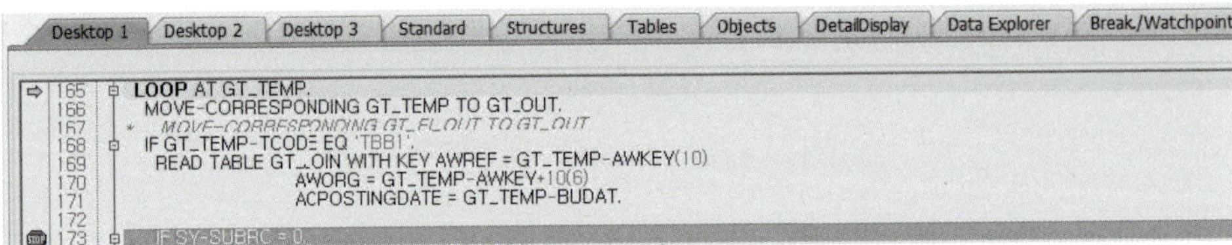

ii. Break/Watchpoints 탭을 클릭하여 Breakpoints 탭에서 해당 Breakpoint Skip(number) 란에 횟수 입력

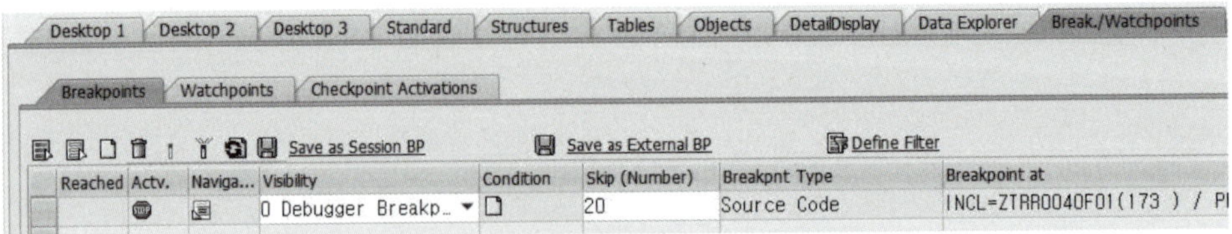

iii. F8로 실행하면 해당 Breakpoint를 20번 Skip 하고 멈춤

2.3 Watchpoint 설정

정확히 어느 시점에 멈춰서 디버깅을 해야 하는지 모를 때, 테이블이나 변수가 특정값일 때 멈추게 하는 Watchpoint를 줄 수 있다.

i. Break/Watchpoints → Watchpoints 탭을 선택하고 New 버튼 클릭

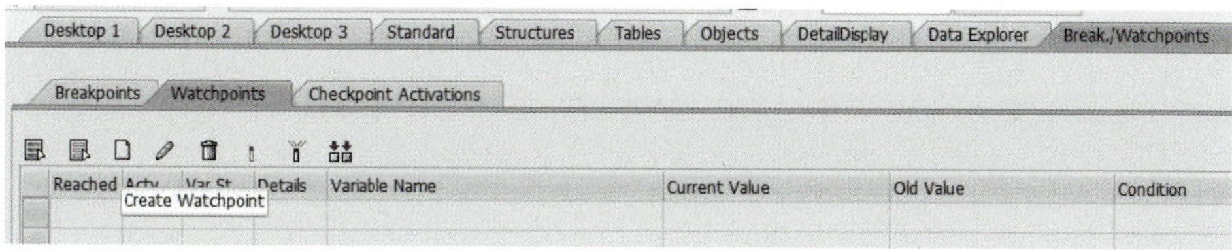

ii. 변수와 Free Condition을 입력

GT_TEMP-BUDAT eq '20130427'(GT_TEMP 인터널 테이블에 BUDAT가 20130427이면 멈추도록 설정)

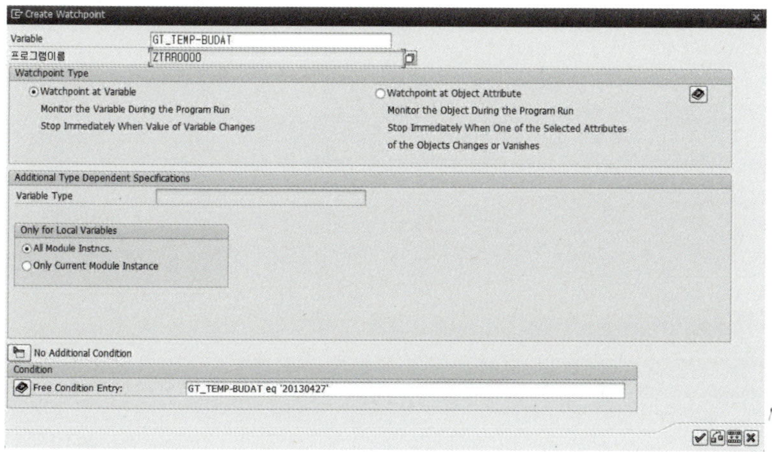

iii. Watchpoints 추가 사항 확인 후 F8로 실행

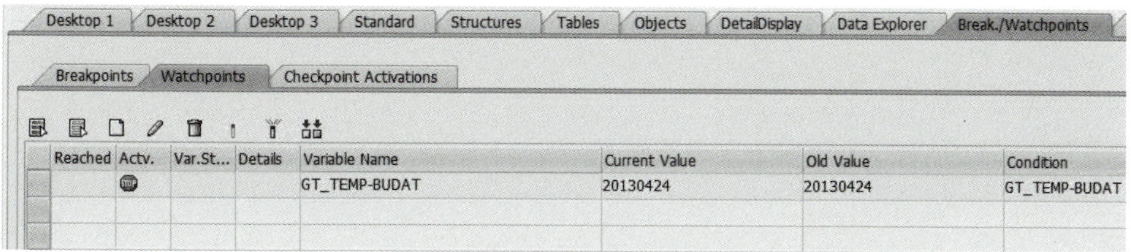

iv. 상태바에 Watchpoints에 의해서 멈춘 메시지를 보여준다.

2.4 Function 디버깅 중 테스트값 저장

함수는 보통 매개변수를 Import 해서 실행되는데, 특정한 케이스의 Import 값을 저장해 놓고, 함수를 수정하면서 테스트할 수 있다. 특히 다른 모듈 간 또는 외부 시스템과의 Interface 문제가 발생했을 경우에 테스트를 여러 번 수행하지 않아도 된다.

i. 함수 디버깅 중에 오른쪽 끝에 Service of the Tool 클릭

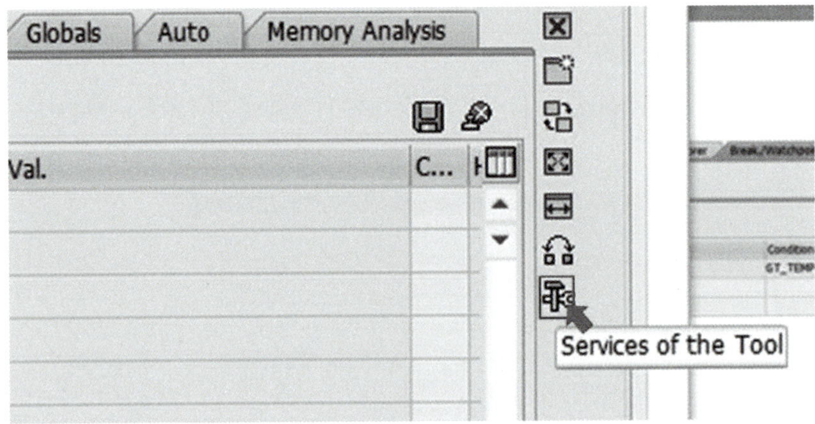

ii. 마지막 Save Parameters as Test Data(SE37)을 선택

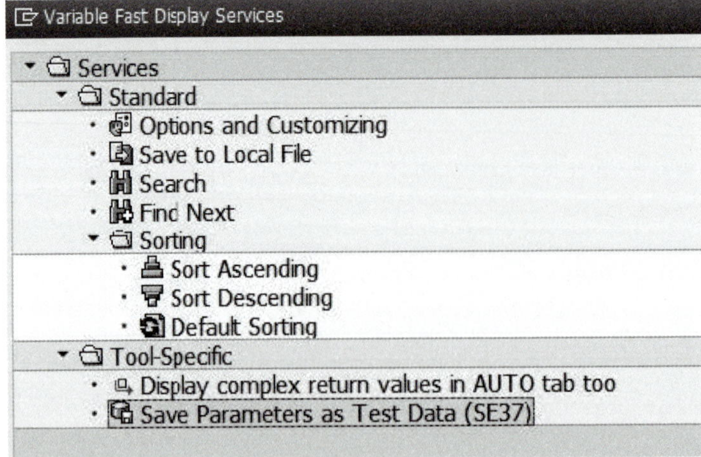

iii. 테스트 데이터 이름 입력 후 저장, SE37에서 해당 함수 실행 시 데이터 디렉토리에서 확인

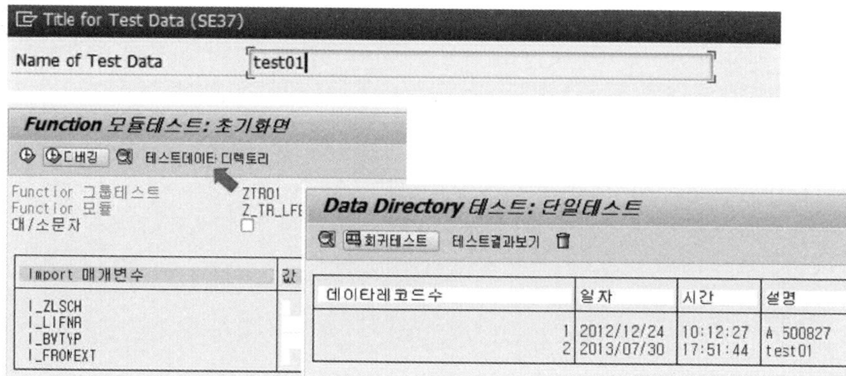

기타 개발 관련 툴

3.1 메세지 관리(SE91)   3.2 성능추적(ST05)
3.3 Dump 분석(ST22)   3.4 트랜잭션 레코드(SHDB)

ABAP 프로그램 개발 시 공용으로 사용할 메시지를 정의하고, 로직의 성능을 측정하거나 테이블에 직접 SQL로 조회하는 등 개발을 도와주는 유용하고 다양한 툴들을 제공한다.

3.1 메세지 관리(SE91)

ABAP 프로그램에서 메시지Call 하는 구문은 Message Error/Warning/Informing으로 클래스와 번호를 지정하고, &1&2로 인자값을 지정하여 아래와 같이 사용된다.

MESSAGE E004(ZFIM) ⇒ ZFIM 클래스에 004번 메시지를 에러형식으로 Call

MESSAGE I003(ZFIM) WITH 'ERROR' ⇒ ZFIM 클래스 003번 메시지의 'ERROR' 텍스트로 인자값을 주어 Call

클래스 003번 메시지의 'ERROR' 텍스트로 인자값을 주어 Call 클래스별 메시지의 생성/변경/조회는 SE91 관리한다.

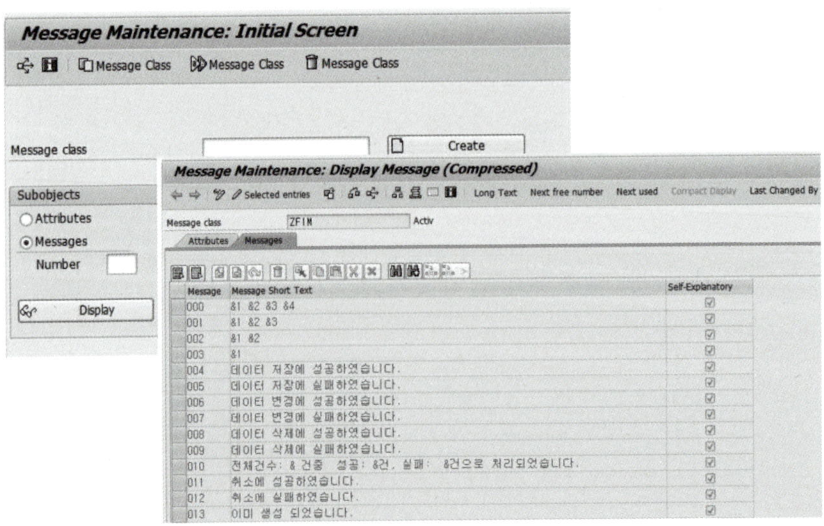

3.2 성능추적(ST05)

Transaction 등의 이벤트 시작 전 Trace를 활성화시켜 놓고, 실행 후에 멈춰서 해당 프로그램에서 어떤 테이블이 사용되었는지, 어떤 RFC가 Call 되었는지 등을 확인할 수 있다.

Activate Trace : 추적을 시작

Activate Trance with Filter : 추적 내용에 필터를 걸어서 시작

Deactivate Trace : 추적을 중단

Display Trace : 추적한 내용을 확인

Enter SQL Statement : 직접 SQL 문을 작성하여 성능을 추적

i. Activate Trace로 추적을 시작(SQL Trace 체크)

ii. 확인하려고 하는 Transaction 실행

iii. Deactivate Trace로 추적 중단

iv. Display Trace로 추적 내용 조회

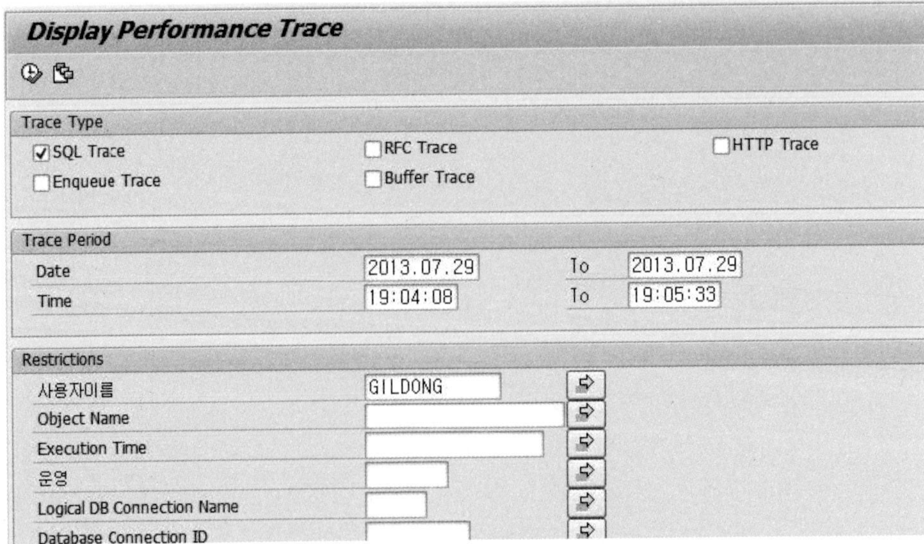

v. 추적 내용 확인

Object Name : 사용된 Table 이름

Statement : 프로그램에서 사용된 SQL 구문

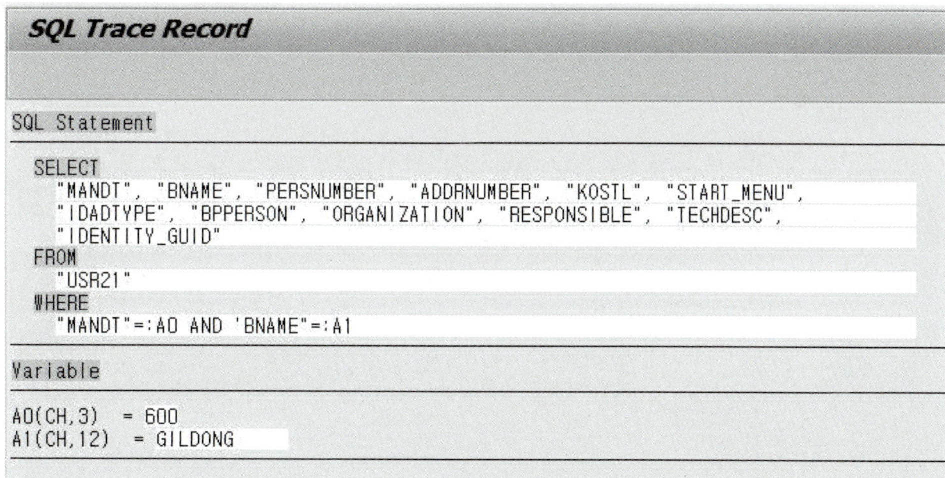

Trace List

HH:MM:SS.MS	Σ Durtn	프로그램	Object name	운영	커서	Array	Σ R..	SQL RC	Conn	Statement
19:04:53.227	7	SAPLSSELSERVICE	DD01L	REOPEN	187	0	0	0	R/3	SELECT WHERE "D
19:04:53.227	153	SAPLSSELSERVICE	DD01L	FETCH	187	291	1	1,403	R/3	
19:04:53.231	8	SAPFS_SECLOG	ENHSPOTHEADER	REOPEN	65	0	0	0	R/3	SELECT WHERE "E
19:04:53.231	257	SAPFS_SECLOG	ENHSPOTHEADER	FETCH	65	1	1	0	R/3	
19:04:56.593	10	SAPLF018	USOBX_C	REOPEN	175	0	0	0	R/3	SELECT WHERE "N
19:04:56.593	503	SAPLF018	USOBX_C	FETCH	175	1	1	0	R/3	
19:04:56.594	7	SAPLF018	USRBF2	REOPEN	1	0	0	0	R/3	SELECT WHERE "M
19:04:56.594	8,760	SAPLF018	USRBF2	FETCH	1	1,585	1	1,403	R/3	
19:04:56.603	7	SAPLF018	USOBX_C	REOPEN	175	0	0	0	R/3	SELECT WHERE "N
19:04:56.603	238	SAPLF018	USOBX_C	FETCH	175	1	1	0	R/3	
19:04:56.604	8	SAPLF018	USRBF2	REOPEN	1	0	0	0	R/3	SELECT WHERE "M
19:04:56.604	190	SAPLF018	USRBF2	FETCH	1	1,585	1	1,403	R/3	
19:04:56.604	88	RFITEMAP	LFB1	PREPARE	139	0	0	0	R/3	SELECT WHERE "M
19:04:56.604	8	RFITEMAP	LFB1	OPEN	139	0	0	0	R/3	SELECT WHERE "M
19:04:56.604	577	RFITEMAP	LFB1	FETCH	139	1	1	0	R/3	
19:04:56.608	9	SAPLSVAR	TRDIR	REOPEN	109	0	0	0	R/3	SELECT WHERE "N
19:04:56.608	13,984	SAPLSVAR	TRDIR	FETCH	109	1	1	0	R/3	
19:04:56.623	106	SAPDBKDF	VF_KRED	PREPARE	214	0	0	0	R/3	SELECT WHERE "M
19:04:56.623	7	SAPDBKDF	VF_KRED	OPEN	214	0	0	0	R/3	SELECT WHERE "M

특정 단계를 클릭하면 오브젝트별 상세 내용을 확인할 수 있다.

SQL Trace Record

```
SQL Statement

    SELECT
      "MANDT", "BNAME", "PERSNUMBER", "ADDRNUMBER", "KOSTL", "START_MENU",
      "IDADTYPE", "BPPERSON", "ORGANIZATION", "RESPONSIBLE", "TECHDESC",
      "IDENTITY_GUID"
    FROM
      "USR21"
    WHERE
      "MANDT"=:A0 AND 'BNAME'=:A1

Variable

A0(CH,3)   = 600
A1(CH,12)  = GILDONG
```

3.3 Dump 분석(ST22)

ABAP 프로그램 Dump 를 조회, 분석하는 화면

사용자, Client, 프로그램 명 등의 조건으로 특정 Dump 로그를 조회할 수 있지만,
Today, Yesterday 버튼 클릭으로 간단히 해당 일자 전체 Dump 로그를 확인할 수 있음

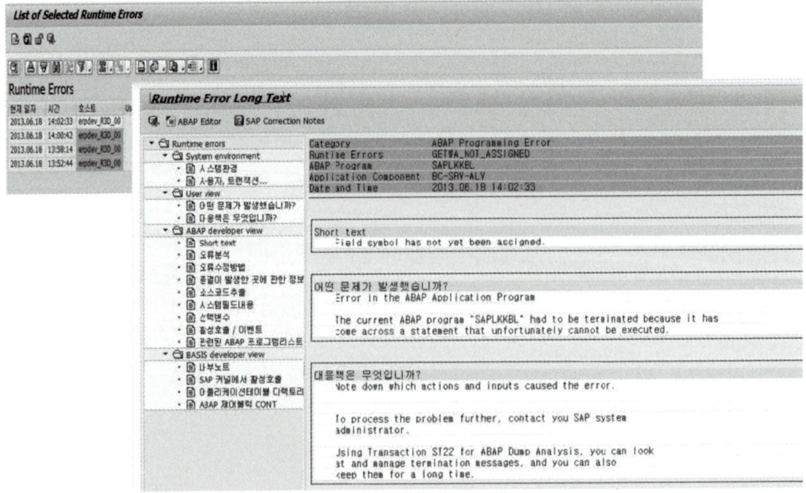

Dump Error 리스트 조회 선택하면 상세 내역

Error에 대한 시스템 환경, 트랜잭션, 문제와 원인분석에 내용이 자세하게 설명된다.

소스코드 추출 부분에 》》》》 로 되어 있는 부분이 Dump가 실제 발생한 곳이다.

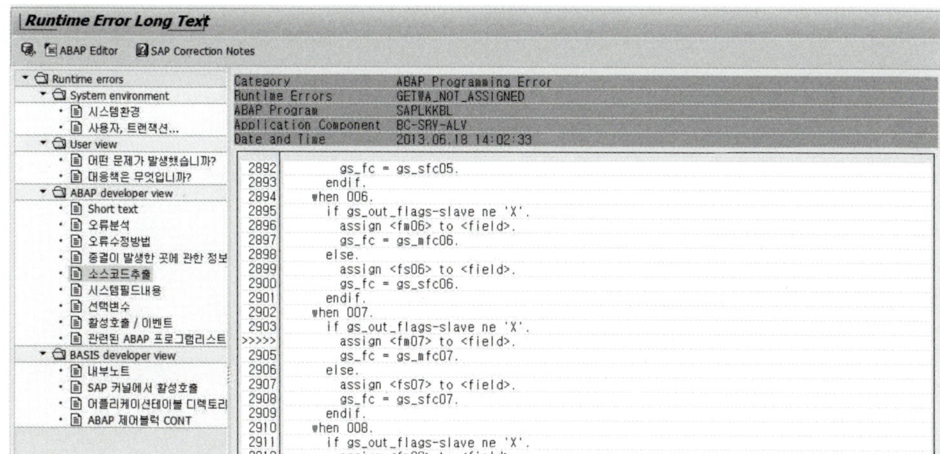

➔ 예제는 필드 심볼 Assign 하는 부분에서 에러가 발생

〈자주 발생하는 Runtime Error 및 원인〉

: 상황에 따라 다른 원인일 수도 있으므로, 해당 로그를 읽어보고 판단해야 함.

Runtime Errors	주요 원인
SYNTAX_ERROR	기본 ABAP 문구 오류. Include 문을 빠뜨렸거나, 이름을 잘못 주어 발생할 수 있음
TIME_OUT	Runtime 한도 시간 이상으로 실행되어 강제로 종료됨 무한루프 로직, (프로파일 매개변수 rdisp/max_wprun_time에서 설정)
CONVT_NO_NUMBER	숫자가 아닌 문자를 숫자 변수에 입력하거나 계산하려고 시도
MESSAGE_TYPE_X	프로그램 내에서 X타입으로 메시지를 강제로 Call 할 경우
LIST_TOO_MANY_LPROS	프로그램 내에서 내부 스크린 세션이 한도 이상 Call 되어 발생 (기본 한도 50개)
LOAD_PROGRAM_NOT_FOUND	프로그램 내에서 Call 한 다른 프로그램을 찾을 수 없음
TABLE_ILLEGAL_STATEMENT	인터널 테이블의 위치가 결정 안 되었는데 change를 하려고 하는 등의 테이블 핸드링 관련 오류
PERFORM_TOO_MANY_PARAMETERS	PERFORM 문에서 인자값이 정의된 것보다 많이 주어지고 Call 됨
LOAD_PROGRAM_LOST	실행 중에 프로그램이 변경되어 강제종료 됨
SAPSQL_ARRAY_INSERT_DUPREC	테이블 키값이 중복되는 값 입력 시도
COMPUTE_BCD_OVERFLOW	정의된 변수의 크기보다 숫자가 커져서 입력이 불가

3.4 트랜잭션 레코드(SHDB)

트랜잭션을 레코딩하는 화면으로 반복 수행 작업을 하거나 BDC 프로그램을 개발 시

참고한다.

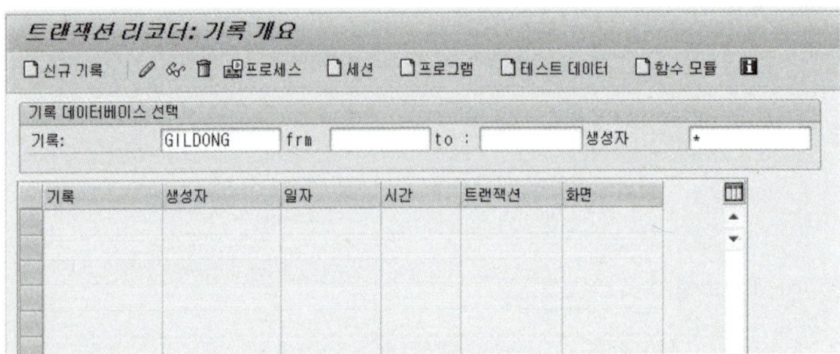

i. 신규 기록을 클릭하고, 이름과 수행할 트랜잭션 코드를 입력한다.

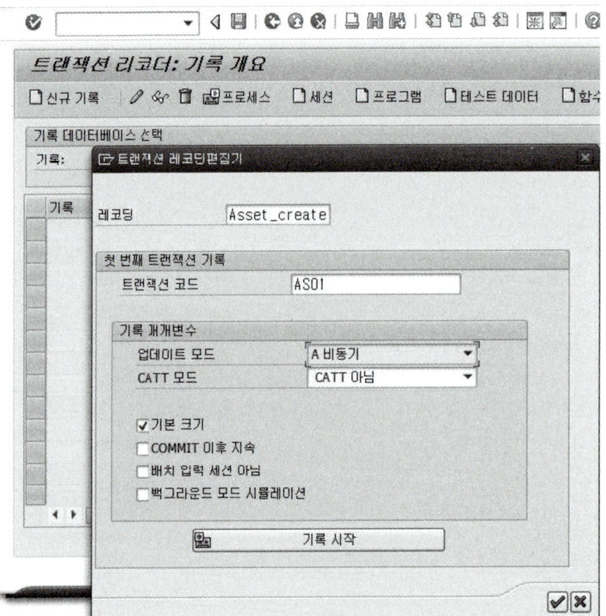

ii. 입력 데이터를 넣으면서 트랜잭션을 수행한다.

자산생성: 초기 화면

마스터 데이터   감가상각 영역

자산 클래스	1700
회사 코드	1000
동일자산 수	1

iii. 레코딩된 내역을 확인하고, 저장한다.

트랜잭션레코더: 레코딩 ASSET_CREATE 변경

라인	프로그램	화면	시작 ID	필드이름	필드 값	
1			T	AS01		
2	SAPLAIST	0105	X			
3				BDC_CURSOR	ANLA-ANLKL	
4				BDC_OKCODE	=MAST	
5				ANLA-ANLKL	1700	
6				ANLA-BUKRS	1000	
7				RA02S-NASSETS	1	
8	SAPLAIST	1000	X			
9				BDC_OKCODE	=TAB02	
10				BDC_SUBSCR	SAPLAIST	0099KOPF
11				BDC_SUBSCR	SAPLATAB	0100TABSTR
12				BDC_SUBSCR	SAPLATAB	0200SUBSC
13				BDC_SUBSCR	SAPLAIST	1140AREA1
14				BDC_CURSOR	ANLA-TXT50	
15				ANLA-TXT50	test1	
16				ANLA-MEINS	EA	

iv. 저장된 기록은 재실행할 수도 있고, BDC 프로그램을 생성할 수도 있다.

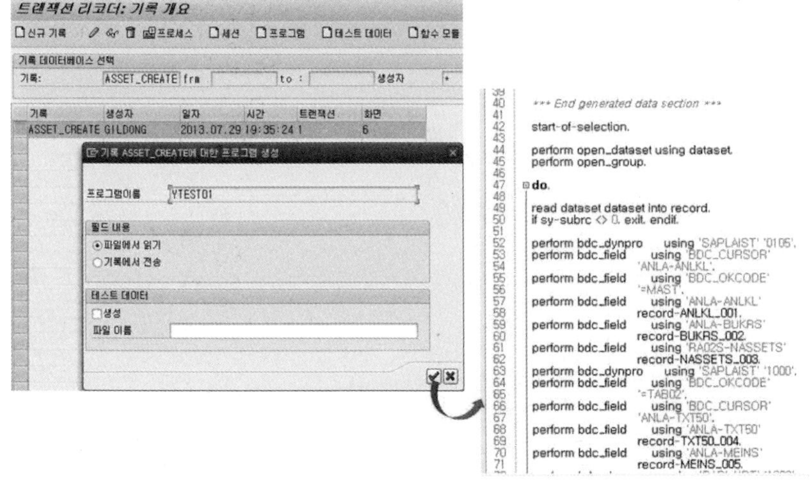

아이콘 확인(SE38)

ABAP 프로그램 개발 시 아이콘과 색상, 줄, 기호를 확인하여 사용할 수 있도록 조회하는 프로그램이다.

SE38에서 해당 프로그램을 실행 하면 제공하는 오브젝트를 보여준다.

SHOWICON : 아이콘 이미지 이름

SHOWCOLO : 색상명

SHOWLINE　: Write 구문으로 줄을 그릴 때 실제 화면에 표현되는 결과 확인

SHOWSYMB : 기호 이름

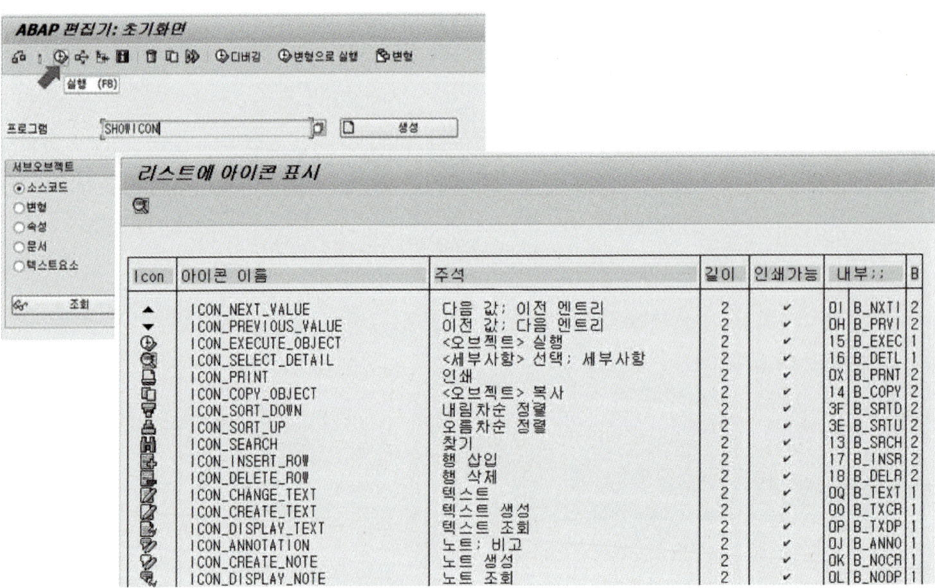

Icon	아이콘 이름	주석	길이	인쇄가능	내부;;	B
▲	ICON_NEXT_VALUE	다음 값; 이전 엔트리	2	✔	0I	B_NXTI	2
▼	ICON_PREVIOUS_VALUE	이전 값; 다음 엔트리	2	✔	0H	B_PRVI	2
	ICON_EXECUTE_OBJECT	<오브젝트> 실행	2	✔	15	B_EXEC	1
	ICON_SELECT_DETAIL	<세부사항> 선택; 세부사항	2	✔	16	B_DETL	1
	ICON_PRINT	인쇄	2	✔	0X	B_PRNT	2
	ICON_COPY_OBJECT	<오브젝트> 복사	2	✔	14	B_COPY	2
	ICON_SORT_DOWN	내림차순 정렬	2	✔	3F	B_SRTD	2
	ICON_SORT_UP	오름차순 정렬	2	✔	3E	B_SRTU	2
	ICON_SEARCH	찾기	2	✔	13	B_SRCH	2
	ICON_INSERT_ROW	행 삽입	2	✔	17	B_INSR	2
	ICON_DELETE_ROW	행 삭제	2	✔	18	B_DELR	2
	ICON_CHANGE_TEXT	텍스트	2	✔	0Q	B_TEXT	1
	ICON_CREATE_TEXT	텍스트 생성	2	✔	00	B_TXCR	1
	ICON_DISPLAY_TEXT	텍스트 조회	2	✔	0P	B_TXDP	1
	ICON_ANNOTATION	노트; 비고	2	✔	0J	B_ANNO	1
	ICON_CREATE_NOTE	노트 생성	2	✔	0K	B_NOCR	1
	ICON_DISPLAY_NOTE	노트 조회	2	✔	0L	B_NODP	1

SHOWCOLO

번호	색상	INTENSIFIED	INTENSIFIED OFF	INVERSE	INPUT INT.	INT. OFF
0	COL_BACKGROUND	0123456789	0123456789		0123456	0123456
1	COL_HEADING	0123456789	0123456789	0123456789	0123456	0123456
2	COL_NORMAL	0123456789	0123456789	0123456789	0123456	0123456
3	COL_TOTAL	0123456789	0123456789	0123456789	0123456	0123456
4	COL_KEY	0123456789	0123456789	0123456789	0123456	0123456
5	COL_POSITIVE	0123456789	0123456789	0123456789	0123456	0123456
6	COL_NEGATIVE	0123456789	0123456789	0123456789	0123456	0123456
7	COL_GROUP	0123456789	0123456789	0123456789	0123456	0123456

SHOWLINE

리스트의 보충문서라인 (ABAPWRITE_LINE)

리스트의 보충문서라인 (ABAPWR TE_LINE)

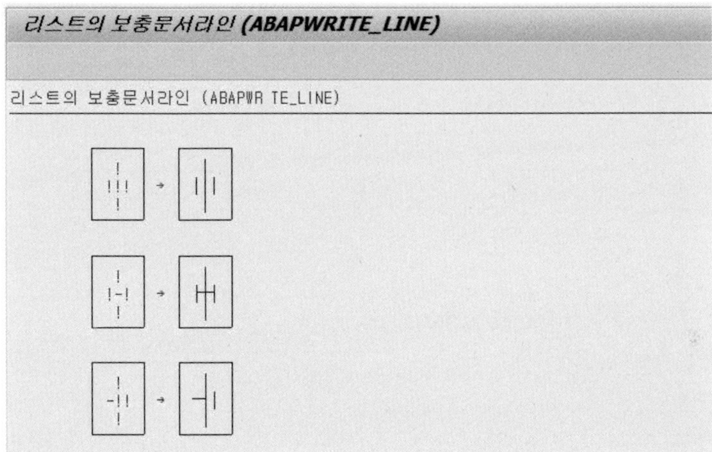

SHOWSYMB

리스트에서 기호조회

기호	기호이름	주석	길이
	SYM_SPACE	SPACE	1
⊞	SYM_PLUS_BOX	box with plus inside	1
⊟	SYM_MINUS_BOX	box with minus inside	1
⊕	SYM_PLUS_CIRCLE	circle with plus inside	1
⊖	SYM_MINUS_CIRCLE	circle with minus inside	1
■	SYM_FILLED_SQUARE	filled square	1
◪	SYM_HALF_FILLED_SQUARE	half-filled square	1
□	SYM_SQUARE	empty square	1
●	SYM_FILLED_CIRCLE	filled circle	1
◑	SYM_HALF_FILLED_CIRCLE	half-filled circle	1
○	SYM_CIRCLE	empty circle	1
◆	SYM_FILLED_DIAMOND	filled diamond	1
◇	SYM_DIAMOND	empty diamond	1
×	SYM_BOLD_X	diagonal cross (cancel)	1
☁	SYM_NOTE	word balloon, note	2
▫	SYM_DOCUMENT	document	1
▫	SYM_CHECKED_DOCUMENT	document with checkmark	1
▨	SYM_DOCUMENTS	double documents	2

유용한 함수 모음

5.1 날짜 관련 함수 5.2 문자, 숫자 관련 함수 5.3 팝업창 함수 5.4 통화 및
Conversion 함수 5.5 파일 관련 함수 5.6 모듈별 함수 5.7 기타 유용한 함수

SAP Standard에서 제공하는 표준 함수들로 ABAP 프로그램을 개발할 때 유용하게 사용 할 수 있다. 어떤 함수들이 있는지 알아두면 필요할때 새로 개발 할 필요 없이 효율적으로 프로그래밍할 수 있다.

5.1 날짜 관련 함수

달력 일자의 계산은 함수를 사용하여 구현해야 한다. 요일 명칭 조회, 해당월 마지막 일자 등의 날짜 관련 유용한 함수를 제공한다.

함수	설명	사용(SE37에서 확인)
RE_ADD_MONTH_TO_DATE	+, – 숫자만큼 월 계산한 일자 리턴 유사한 함수 〉 CCM_GO_BACK_MONTHS MONTH_PLUS_DETERMINE	Function 모듈: RE_ADD_MONTH_TO_DATE Import 매개변수: MONTHS = +12, OLDDATE = 2013.06.20 Export 매개변수: NEWDATE = 2014.06.20
RH_GET_DATE_DAYNAME	입력 일자의 요일명과 공휴일 여부 리턴 (DAYFREE ='X'=〉 공휴일)	Function 모듈: RH_GET_DATE_DAYNAME Import 매개변수: LANGU = EN, DATE = 2013.06.23, CALID = KR Export 매개변수: DAYNR = 7, DAYTXT = Sunday, DAYFREE = X
LAST_DAY_OF_MONTHS	입력 일자가 속한 월의 마지막 일자 리턴	Function 모듈: LAST_DAY_OF_MONTHS Import 매개변수: DAY_IN = 2013.06.23 Export 매개변수: LAST_DAY_OF_MONTH = 2013.06.30

함수	설명	화면
FIMA_DAYS_AND_MONTHS_AND_YEARS	시작 일자와 종료 일자 사이의 기간을 일, 월, 년 단위로 리턴	Function 모듈: FIMA_DAYS_AND_MONTHS_AND_YEARS / 대/소문자 □ / 실행시간: 1,064 마이크로초 — Import 매개변수 / 값: I_DATE_FROM 2013.06.23, I_KEY_DAY_FROM 00, I_DATE_TO 2014.08.05, I_KEY_DAY_TO 00, I_FLG_SEPARATE — Export 매개변수 / 값: E_DAYS 408, E_MONTHS 14, E_YEARS 2
END_OF_MONTH_DETERMINE	입력 일자 월의 일수(마지막 일) 리턴 (우측으로 이동해야 값이 보임)	Function 모듈: END_OF_MONTH_DETERMINE / 대/소문자 □ / 실행시간: 18 마이크로초 — Import 매개변수 / 값: DATUM 2013.05.23 — Export 매개변수 / 값: TT
RP_CALC_DATE_IN_INTERVAL	입력 일자에 일, 월, 년을 계산한 일자 리턴	Function 모듈: RP_CALC_DATE_IN_INTERVAL / 대/소문자 □ / 실행시간: 289 마이크로초 — Import 매개변수 / 값: DATE 2013.06.23, DAYS 20, MONTHS 02, SIGNUM +, YEARS 00 — Export 매개변수 / 값: CALC_DATE 2013.09.13
GET_WEEK_INFO_BASED_ON_DATE	입력 일자 주차와 월요일, 일요일 일자 리턴	Function 모듈: GET_WEEK_INFO_BASED_ON_DATE / 대/소문자 □ / 실행시간: 18,287 마이크로초 — Import 매개변수 / 값: DATE 2013.06.26 — Export 매개변수 / 값: WEEK 201326, MONDAY 2013.06.24, SUNDAY 2013.06.30
CONVERT_DATE_TO_INTERNAL	입력 일자가 내부적으로 저장되는 방식으로 리턴 입력 일자는 User profile 형식 반대는 CONVERT_DATE_TO_EXTERNAL	Function 모듈: CONVERT_DATE_TO_INTERNAL / 대/소문자 □ / 실행시간: 100 마이크로초 — Import 매개변수 / 값: DATE_EXTERNAL 2013.05.01, ACCEPT_INITIAL_DATE — Export 매개변수 / 값: DATE_INTERNAL 20130501
HRGPBS_HESA_DATE_FORMAT	입력 일자를 User profile의 포맷으로 변경	Function 모듈: HRGPBS_HESA_DATE_FORMAT / 대/소문자 □ / 실행시간: 565,324 마이크로초 — Import 매개변수 / 값: P_DATE 2013.06.23 — Export 매개변수 / 값: DATESTRING 23/06/2013

5.2 문자, 숫자 관련 함수

문자열에 있는 식을 계산하거나, 문자열 잘라내기/치환, 숫자 반올림, 내림 등의 처리와 SAP 기본 마이너스 표시법인 뒤에 오는 기호를 앞으로 옮기는 함수로 복잡한 계산 로직을 간단하게 구현할 수 있다.

함수	설명	사용
EVAL_FORMULA	문자열로 된 계산식의 결과값 리턴 결과는 지수 형태로 나타남 (우측으로 이동해야 값이 보임)	Function 모듈　　　EVAL_FORMULA 대/소문자　　□ 실행시간:　173 마이크로초 Import 매개변수 / 값 DEGREES FORMULA　35 + (3 + 15) PROGRAM ROUTINE UNIT_OF_MEASURE NO_EXISTENCE_CHECK Export 매개변수 / 값 VALUE
STRING_REPLACE	문자열에 특정 문자를 치환 PATTERN : 변경될 문자 SUBSTITUTE : 변경할 문자 MAX_REPLACESUT : 반복 수(0은 무한)	Function 모듈　　　STRING_REPLACE 대/소문자　　□ 실행시간:　257 마이크로초 Import 매개변수 / 값 PATTERN　& SUBSTITUTE　, MAX_REPLACES　0 변경매개변수 / 값 TEXT　　결과:　ABC&DEF&GHI ABC,DEF,GHI Export 매개변수 / 값 NUMBER_OF_REPLACES
CUT_2BYTES_STRINGS	2byte 문자(한글)도 1 byte 로 인식하여 문자열 리턴	Function 모듈　　　CUT_2BYTES_STRINGS 대/소문자　　□ 실행시간:　81,903 마이크로초 Import 매개변수 / 값 I_STR　12AB가나BC45 I_LEN　5 Export 매개변수 / 값 O_STR　12AB가
NUMERIC_CHECK	문자열이 숫자만으로 되어있는지 체크 NUMC =〉 숫자로만 되어있음 CHAR =〉 문자가 포함	Function 모듈　　　NUMERIC_CHECK 대/소문자　　□ 실행시간:　32 마이크로초 Import 매개변수 / 값 STRING_IN　12345600 Export 매개변수 / 값 STRING_OUT　00000000000000000000 HTYPE　NUMC
FIMA_NUMERICAL_VALUE_ROUND	입력숫자를 + 반올림, − 내림 (우측으로 이동해야 값이 보임)	Function 모듈　　FIMA_NUMERICAL_VALUE_ROUND 대/소문자　　□ 실행시간:　81 마이크로초 Import 매개변수 / 값 I_RTYPE　+ I_RUNIT　10.0000000 I_VALUE　25879 Export 매개변수 / 값 E_VALUE_RND

함수	설명	사용
CATS_NUMERIC_INPUT_CHECK	입력값이 숫자로만 되어 있는지 체크 숫자로만 되어 있으면 입력값, 이외는 Null	Function 모듈 : CATS_NUMERIC_INPUT_CHECK / 대/소문자 / 실행시간: 72 마이크로초 / Import 매개변수 : INPUT=123456, INTERNAL=X / Export 매개변수 : OUTPUT=123456
CLOI_PUT_SIGN_IN_FRONT	마이너스 부호 – 를 앞으로 빼줌	Function 모듈 : CLOI_PUT_SIGN_IN_FRONT / 대/소문자 / 실행시간: 102 마이크로초 / 변경매개변수 : VALUE=12345-, 결과: -12345

5.3 팝업창 함수

취소, 삭제 실행 전 확인창, 텍스트 입력이나 달력 일자를 고르는 창을 팝업시키는 함수로 사용자와 상호 작용하는 프로그램을 개발할 때 공수를 크게 줄일 수 있다.

함수	설명	사용
POPUP_TO_CONFIRM_STEP	YES, NO, CANCEL을 가지는 기본 팝업 [IMPORT] DEFAULTOPTION(기본 포커스 옵션) Y : Yes 버튼에 Focus N : No 버튼에 Focus Null : N과 동일 START_COLUMN : X Pos. START_ROW : Y Pos. CANCEL_DISPLAY : Cancel 버튼 표시 여부 [EXPORT] J : Yes 버튼 클릭 N : No 버튼 클릭 A : Cancel 버튼 클릭	Function 그룹테스트 SP01 / Function 모듈 POPUP_TO_CONFIRM_STEP / 대/소문자 / 실행시간: 20,280.069 마이크로초 / Import 매개변수 : DEFAULTOPTION=Y, TEXTLINE1=TEXT1, TEXTLINE2=TEXT2, TITEL=TITLE 7, START_COLUMN=25, START_ROW=6, CANCEL_DISPLAY=X / Export 매개변수 : ANSWER=J

POPUP_TO_ CONFIRM_WITH_ VALUE	한 줄 문장을 가지는 팝업 [IMPORT, EXPORT 값은 위 함수와 동일]	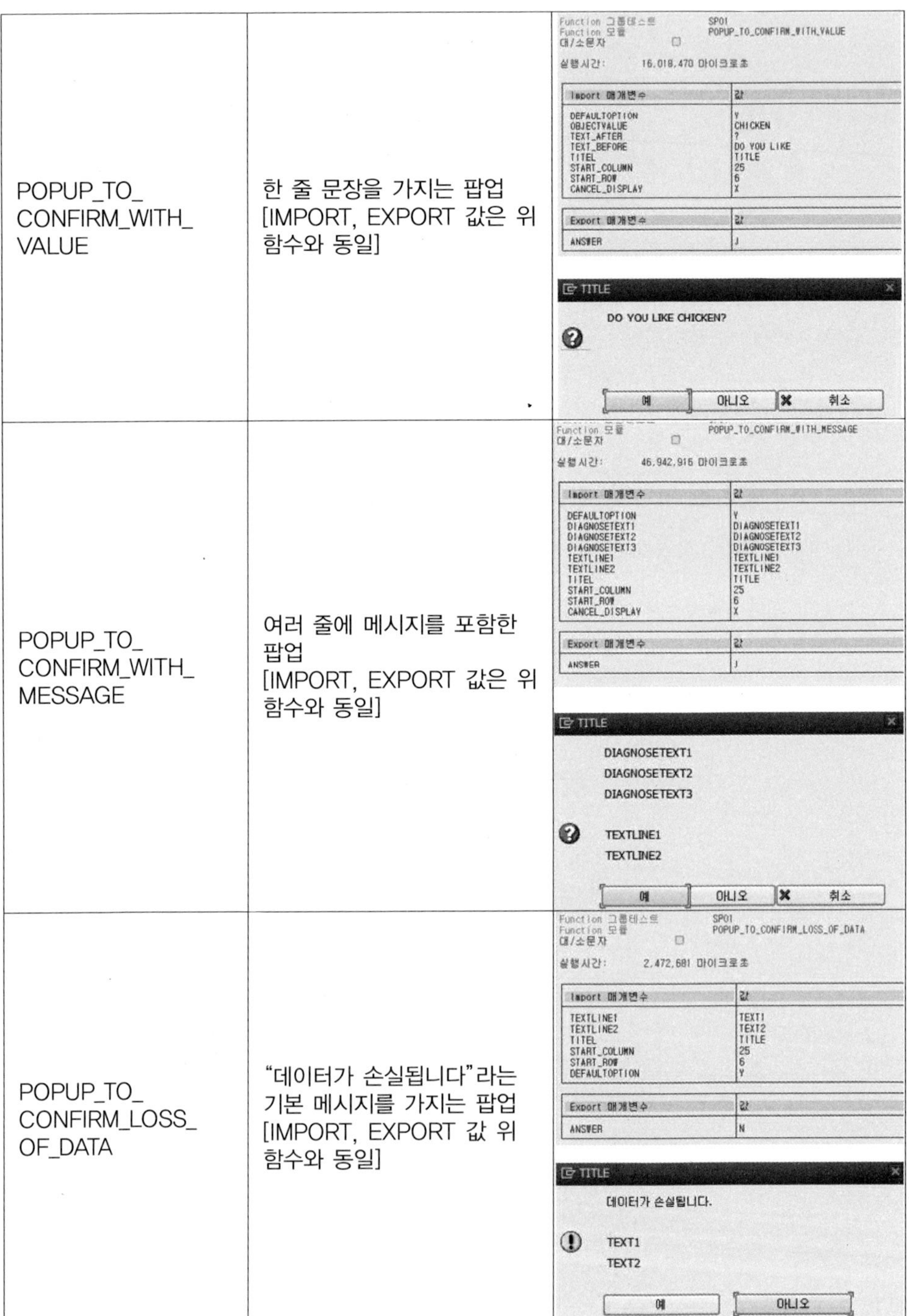
POPUP_TO_ CONFIRM_WITH_ MESSAGE	여러 줄에 메시지를 포함한 팝업 [IMPORT, EXPORT 값은 위 함수와 동일]	
POPUP_TO_ CONFIRM_LOSS_ OF_DATA	"데이터가 손실됩니다"라는 기본 메시지를 가지는 팝업 [IMPORT, EXPORT 값 위 함수와 동일]	

POPUP_TO_DECIDE	버튼에 텍스트를 입력한 팝업 [IMPORT] ICON_TEXT_OPTION : 버튼에 아이콘 지정 [EXPORT] 1 : 첫 번째 버튼 클릭 2 : 두 번째 버튼 클릭 3 : Cancel 버튼 클릭	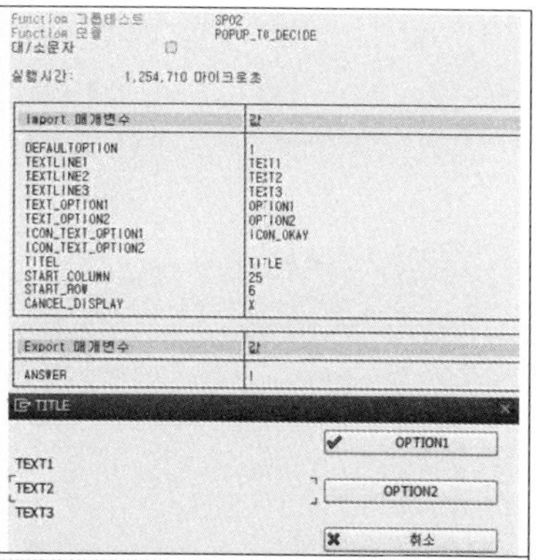
POPUP_TO_INFORM	사용자 입력 없이 정보를 표시해 주는 팝업	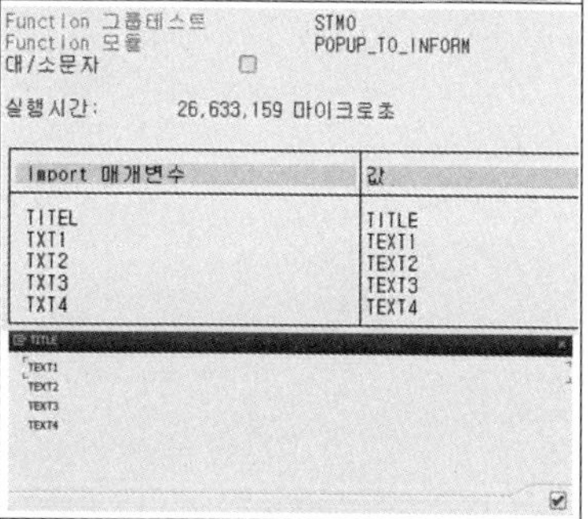
POPUP_TO_GET_ ONE_VALUE	한 개의 값을 입력받는 팝업	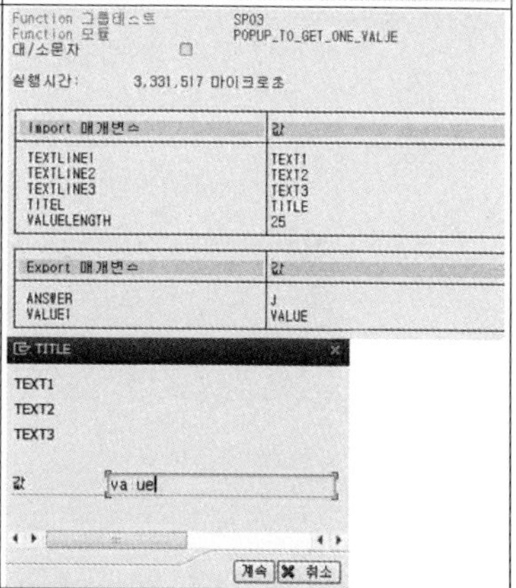
POPUP_TO_GET_ VALUE	Default 입력값으로 팝업을 띄워 사용자가 수정한 값을 리턴	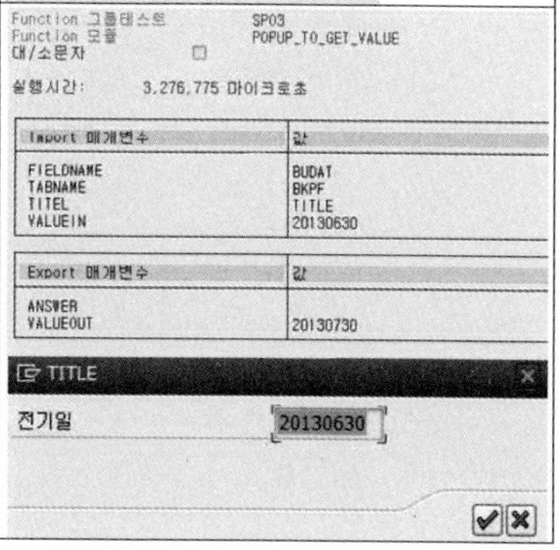

POPUP_TO_SELECT_MONTH	월과 연도를 선택하는 팝업	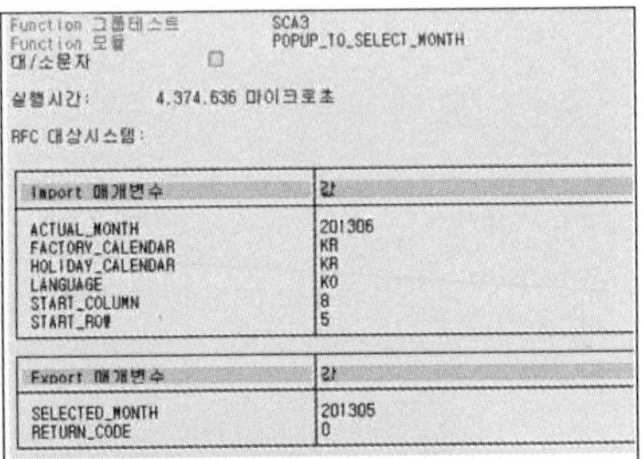 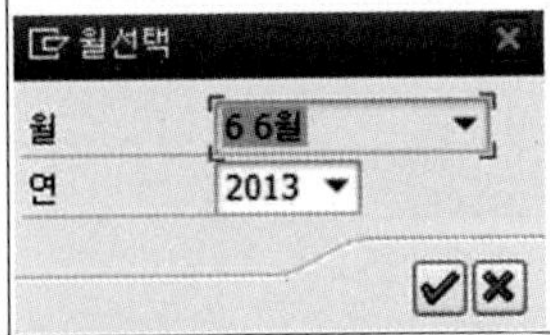
F4_DATE	달력을 띄워서 일자를 선택하는 팝업	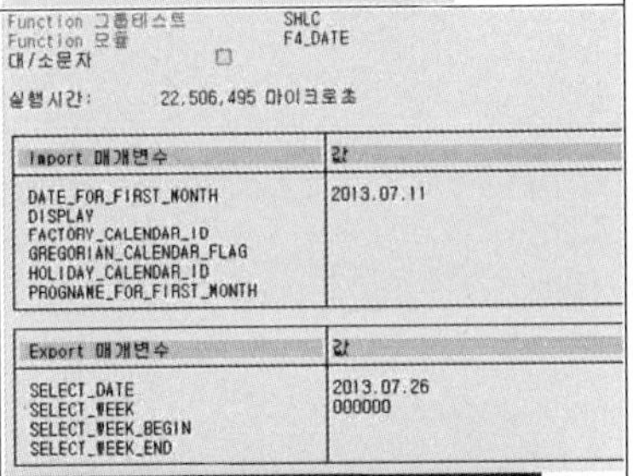 
STF4_F4_DOMAIN_VALUE_TEXTS	도메인에 대한 내용을 보여주고, 선택한 항목을 리턴	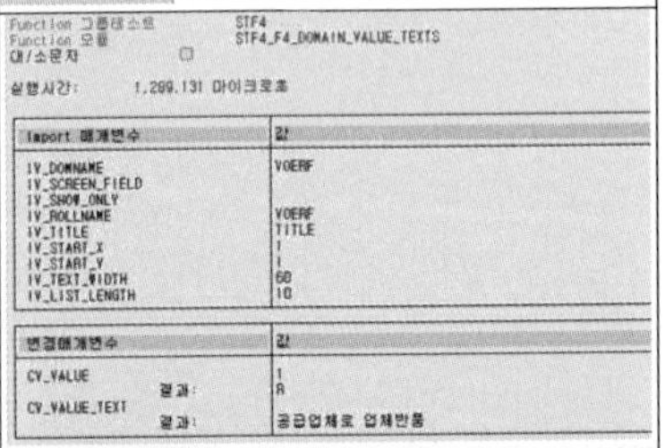 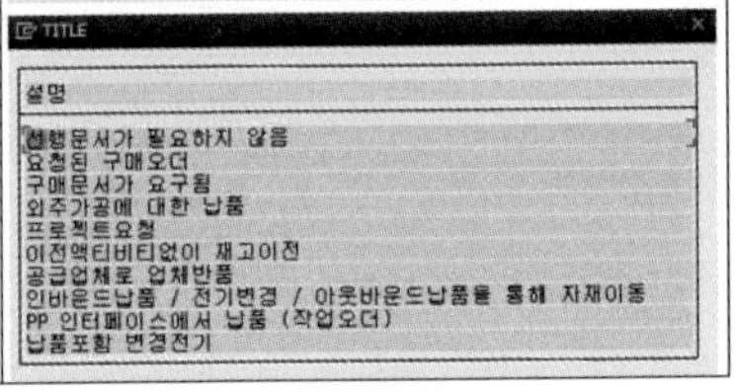

F4IF_FIELD_VALUE_ REQUEST	필드의 Possible 엔트리를 띄워주고 선택한 값을 테이블 형태로 리턴	

5.4 통화 및 Conversion 함수

외국통화의 특정 일자 환율을 조회하거나 환율을 계산한 금액을 확인, 문자를 숫자 또는 숫자를 문자 형태로 Conversion 그리고 Display 시 컬럼 공백에 0이 채워지는 것을 넣거나 빼는 등 필수적으로 알고 있어야 하는 함수들이다.

함수	설명	사용
READ_EXCHANGE_ RATE	입력한 일자, 통화의 환율을 리턴 (EXCHANGE_RATE) *오른쪽으로 스크롤 이동해 야 보임	
CONVERT_ TO_FOREIGN_ CURRENCY	국내통화를 외국통화로 환율 계산하여 리턴 (FOREIGN_AMOUNT) *오른쪽으로 스크롤 이동해 야 보임	

함수	설명	테스트 화면
CONVERT_TO_ LOCAL_CURRENCY	외국통화를 국내통화로 환율 계산하여 리턴 (LOCAL_AMOUNT) *오른쪽으로 스크롤 이동해야 보임	Function 그룹테스트　　　SCUN Function 모듈　　　CONVERT_TO_LOCAL_CURRENCY 대/소문자　□ 실행시간:　4C4 마이크로초 Import 매개변수 / 값 CLIENT　600 DATE　2013.01.03 FOREIGN_AMOUNT　1000 FOREIGN_CURRENCY　USD LOCAL_CURRENCY　KRW RATE　U TYPE_OF_RATE　M READ_TCURR　X Export 매개변수 / 값 EXCHANGE_RATE FOREIGN_FACTOR LOCAL_AMOUNT LOCAL_FACTOR EXCHANGE_RATEX FIXED_RATE DERIVED_RATE_TYPE
CHAR_FLTP_ CONVERSION	문자를 숫자로 바꿔주어 리턴 (FLSTR)	Function 그룹테스트　　　SCFL Function 모듈　　　CHAR_FLTP_CONVERSION 대/소문자　□ 실행시간:　39 마이크로초 Import 매개변수 / 값 DYFLD MASKN MAXDEC　16 MAXEXP　59 MINEXP　60- STRING　3938.15 MSGTYP_DECIM　W Export 매개변수 / 값 DECIM EXPON FLSTR　3938.15 IVALU　X
CONVERSION_EXIT_ ALPHA_INPUT	문자열 앞에 0을 채워서 리턴	Function 그룹테스트　　　ALFA Function 모듈　　　CONVERSION_EXIT_ALPHA_INPUT 대/소문자　□ 실행시간:　69 마이크로초 Import 매개변수 / 값 INPUT　358 Export 매개변수 / 값 OUTPUT　0000000000000000000000000000000000
CONVERSION_EXIT_ ALPHA_OUTPUT	문자열 앞에 0을 삭제한 후 리턴	Function 그룹테스트　　　ALFA Function 모듈　　　CONVERSION_EXIT_ALPHA_OUTPUT 대/소문자　□ 실행시간:　41 마이크로초 Import 매개변수 / 값 INPUT　000350 Export 매개변수 / 값 OUTPUT　358

5.5 파일 관련 함수

로컬파일의 Upload/Download 등 파일 관련 처리를 위해 사용해야 하는 함수들이다.

함수	설명	사용
SO_SPLIT_FILE_AND_PATH	파일명과 경로를 분리해서 리턴	Function 그룹테스트 S030 / Function 모듈 SO_SPLIT_FILE_AND_PATH / 대/소문자 / 실행시간: 13,181 마이크로초 / Import 매개변수 값 / FULL_NAME C:\MYDISK\PROGRAM\TEST.TXT / Export 매개변수 값 / STRIPPED_NAME TEST.TXT / FILE_PATH C:\MYDISK\PROGRAM\
KD_GET_FILENAME_ON_F4	파일 선택 팝업 FILE_NAME으로 경로와 파일명 리턴	Function 그룹테스트 KDUT / Function 모듈 KD_GET_FILENAME_ON_F4 / 대/소문자 / 실행시간: 32,207,449 마이크로초 / Import 매개변수 값 / PROGRAM_NAME SAPLSEUJ / DYNPRO_NUMBER 1800 / FIELD_NAME / STATIC / MASK / FILEOPERATION R / PATH / 변경매개변수 값 / FILE_NAME 결과: DISK C:\END / LOCATION_FLAG 결과: P P
GUI_EXEC	로컬파일을 선택하여 실행 (WS_EXECUTE의 상위 버전)	Function 그룹테스트 SFES / Function 모듈 GUI_EXEC / 대/소문자 / Import 매개변수 값 / COMMAND C:\TEST\NOTEPAD.EXE / PARAMETER C:\TEST\TEST.TXT

| GUI_DOWNLOAD | Internal 테이블을 로컬파일로 다운로드
(WS_DOWNLOAD의 상위 버전) | 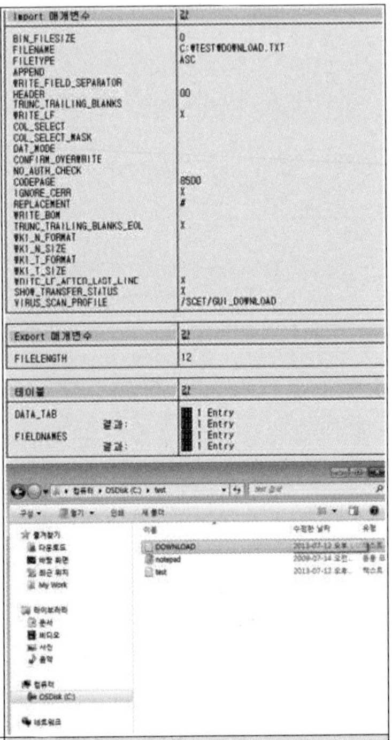 |
| GUI_DELETE_FILE | 로컬파일을 삭제
(WS_FILE_DELETE의 상위 버전) | 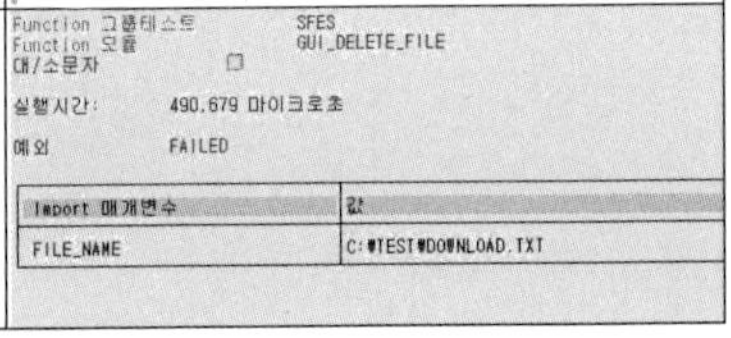 |

5.6 모듈별 함수

모듈 데이터를 사용하는 표준 함수로 "표준 함수 찾기" 장을 참고하여 각 모듈별로 제공하는 함수를 확인할 수 있다.

함수	설명	사용
FI_FIND_PAYMENT_CONDITIONS	증빙, 전기, 입력일자로 기산일자 리턴 (E_ZFBDT)	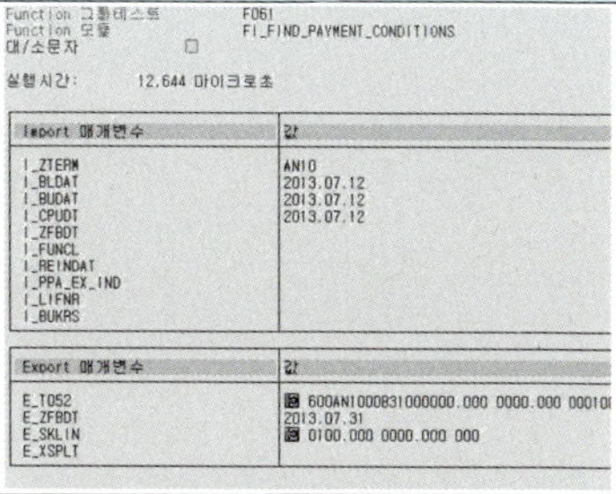
FI_TERMS_OF_PAYMENT_PROPOSE	증빙, 전기, 입력 일자로 기산 일자 및 일수 결과 리턴 기상일 : E_ZFBDT 일수 : E_ZBD1T, E_ZBD2T, E_ZBD3T	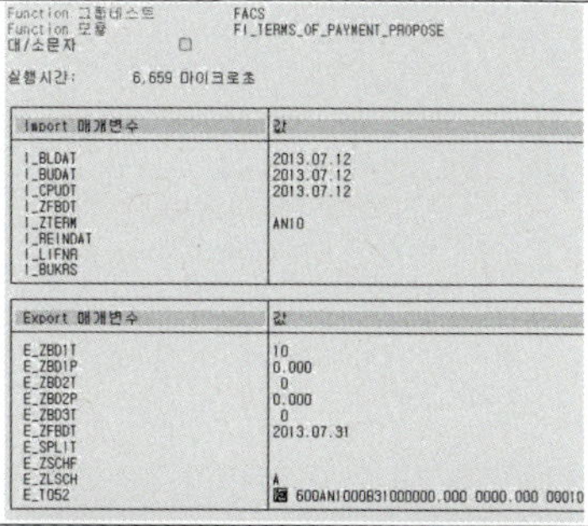
CO_F4_AUART	오더 유형에 대한 F4 도움말	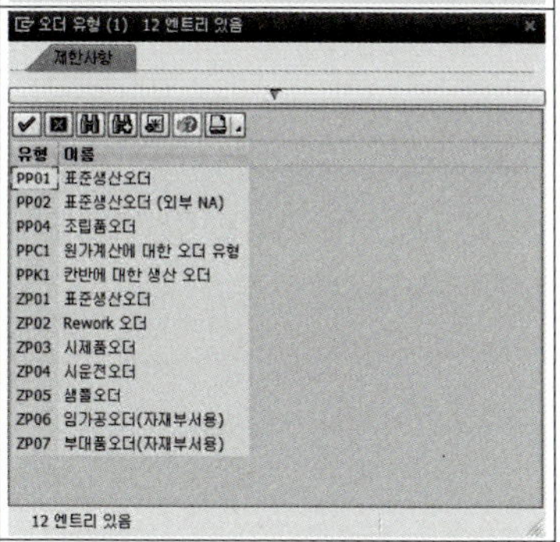
SD_REPRESENTANT_GET_DATA	영업 직원에 대한 정보를 리턴	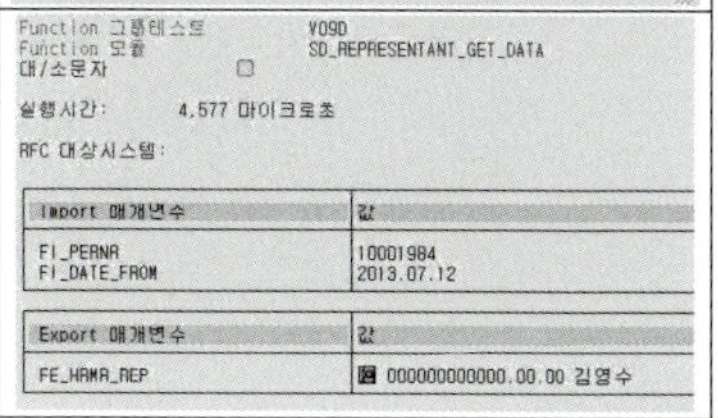

5.7 기타 유용한 함수

함수	설명	사용
SAPGUI_ PROGRESS_ INDICATOR	하단 상태바에 메시지 표시 (처리율 표시 등에 사용가능)	Function 그룹테스트 SGUI Function 모듈 SAPGUI_PROGRESS_INDICATOR 대/소문자 ☐ Import 매개변수 값 PERCENTAGE 0 TEXT MESSAGE
CLPB_IMPORT	클립보드에 있는 내용을 테이블로 리턴	Function 그룹테스트 GRAP Function 모듈 CLPB_IMPORT 대/소문자 ☐ 실행시간: 99,948 마이크로초 Export 매개변수 값 EMPTY 테이블 값 DATA_TAB 0 엔트리 결과: 1 Entry
RS_TOOL_ACCESS	Report 프로그램을 새로운 세션으로 실행	Function 그룹테스트 SEAP Function 모듈 RS_TOOL_ACCESS 대/소문자 ☐ 실행시간: 1,724,755 마이크로초 Import 매개변수 값 OPERATION TEST OBJECT_NAME ZFIRO0I0 OBJECT_TYPE PROG ENCLOSING_OBJECT POSITION DEVCLASS INCLUDE VERSION MONITOR_ACTIVATION X WB_MANAGER {0:initial} IN_NEW_WINDOW WITH_OBJECTLIST WITH_WORKLIST 변경매개변수 값 P_REQUEST 결과: Export 매개변수 값 NEW_NAME WB_TODO_REQUEST {0:initial}

*표준함수 찾기

SAP 제공하는 유용한 함수들은 설명한 것보다 훨씬 더 많이 정의되어 있고, 아래와 같이 필요한 단어를 이용해서 찾을 수 있다.

i. SE37에서 *를 이용해 검색

(예. POPUP_* : 팝업창 함수 찾기, SD_* : SD 모듈함수 찾기)

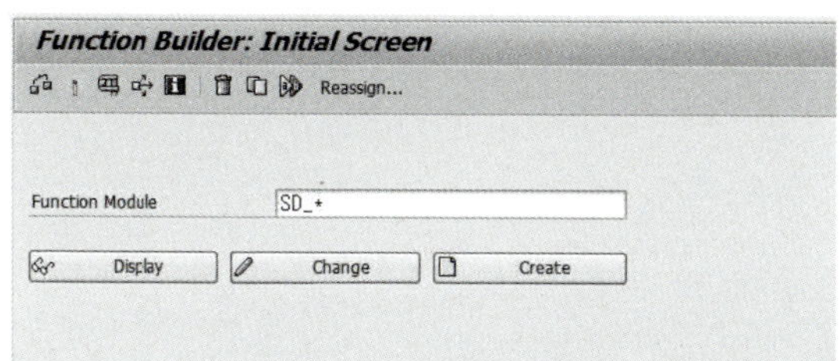

ii. F4 또는 Possible entry 버튼을 눌러서 리스트를 확인

iii. 신규 선택 버튼을 클릭하여 적중 수를 지워야 전체 내역을 조회

(default 200 → 1,677개 조회)

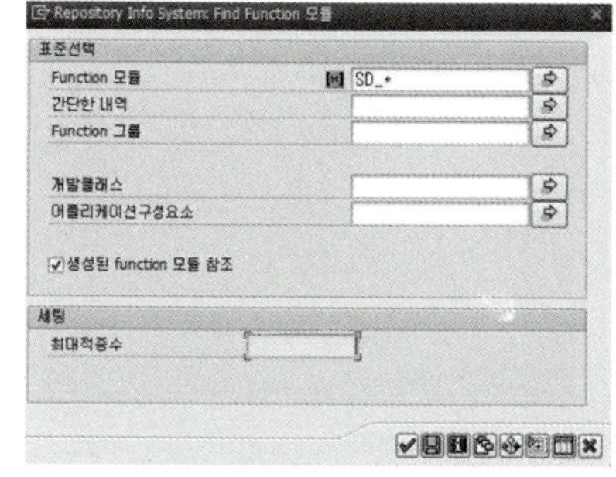

시스템 테이블

SAP Standard 시스템에서 공통 또는 모듈별로 사용되는 데이터들이 저장되는
시스템의 주요 Table들이다.

데이터를 직접 확인하거나 ABAP 프로그램을 개발할 때 참고

(전체 내역이 아니므로 SE11, SE16, SE16N에서 추가로 찾아서 참고)

1. Authorization
2. Batch input & jobs
3. Correction & Transport
4. Countries
5. Currency & Interest Rate
6. ABAP Dictionary(Data elements, Classes, Domains, Icons, Databases, Tables and views)
7. Filenames
8. Function modules&groups
9. Match codes
10. Messages
11. Programs
12. Transactions
13. User parameters
14. Variants
15. Accounting
16. Asset
17. Costing
18. Vendor/Customer
19. Treasury Transaction
20. Cash Flow
21. Bill Of Material(BOM)
22. Equipment
23. Goods/Inventory/Maintenance Order
24. Storage Locations
25. Material
26. Personnel

27.　　Project
28.　　Purchase
29.　　Sales
30.　　User data

1. Authorization objects

TOBC	Class assignment of authorization objects
TOBCT	Texts for Authorization Object Classes
TOBF	Business process 〈 〉 Authorization objects
TOBFA	Applications(connected with business processes)
TOBFC	Business processes in object classes(applications)
TOBFT	Texts for Business Processes(Functions)
TOBJ	Objects
TOBJC	Class assignment of authorization objects
TOBJT	Texts for the objects(for TOBJ)
TSTC_SM	Control table SU22: Auth.obj.maint. for transactions

2. Batch input & jobs

APQI	Batch Input Maps, Queue info definition
APQD	Queue DATA DEFINITION
TBTCI	Usage counter for the job's internal report
TBTCO	Job status overview table
TBTCP	Batch job step overview
TBTCS	Batch–schedule–table
TBTCSTEP	Description of step values(BI–API)
SNAP	ABAP/4 snapshot for run–time errors

3. Correction & transport

E070	R/3 command
070C	Source and Target Client for Request E070
E070CREATE	Creation date of request
E070L	Number Range for Transport and Correction System
E070N	UNIX/SAP user connection
E070P	Path under which a C correction is created
E070USE	Use of Current Requests by Users
E071	Objects of a request or task(E070)
E071K	Key objects(tables, views,...) of a correction
E07T	R/3 command file text

4. Countries

T005	Countries
T005A	Address routines
T005B	Name of address routines
T005E	County
T005F	County: Texts
T005G	City
T005H	City: Texts
T005I	Communication: Country dialling code exceptions(Telex)
T005J	Communication: country dialling code exceptions(Telephone)
T005K	Communication: country dialling code
T005N	Name formats
T005O	Name format fields
T005P	Validation of tax keys
T005Q	Country keys for withholding tax calculation
T005R	Country keys for the withholding tax: Names
T005S	Taxes: Region(Province) Key
T005T	Country names
T005U	Taxes: Region Key: Texts
T005X	Countries - decimal point and date format(SET COUNTRY)

5. Currency&Interest Rate

TCURC	Currency codes
TCURE	Expiring Currency
TCURF	Currency Conversion Factor
TCURR	Exchange Currency Rate
T056P	Interest Rate

6. ABAP Dictionary

DD04L	Data elements
DD04T	R/3 DD: Data element texts
TDDIR	Active field exits for data elements
TDEVC	Transport System Development Classes
DD01L	Domains
DD01T	R/3 DD: domain texts
DD07L	R/3 DD: values for the domains
DD07T	DD: Texts for domain fixed values(language-dependent)
TSDIR	Dynpro Areas CALL CUSTOMER SUBSCREEN

ICON	Icons table
ICONT	Icon Texts
TLDB	ABAP/4: Directory and structure of logical data bases
DD02ALL	Table parameters for ALLBASE
DD02DB6	Table parameter DB2 version 2
DD02INF	Table parameters for INFORMIX, Version 6
DD02L	SAP tables
DD02MSS	DD-DB Interface Table for SQL Server 95
DD02ORA	Table parameters for ORACLE, version 6
DD02SYB	Storage parameters for tables in SYBASE
DD02T	R/3-DD: SAP Table Texts
DD03L	Table Fields
DD03T	DD: Texts for fields(language dependent)
DD04L	Data elements
DD04T	R/3 DD: Data element texts
TTDIR	Include Tables for Extensions
TVDIR	View Directory

7. Filenames

FILENAME	Table for converting internal(logical) file names into external names
PATH	Definition of physical file paths for each syntax
PATHTEXT	Logical file path names
PARAMVALUE	Run-time variables for platform-independent file names

8. Function modules & Groups

TFDIR	Function modules
TFTIT	Function module short text
TLIBG	Person responsible for function class
TADIR	Catalog of R/3 Repository objects
TLIBT	Function Group Short Texts

9. Match codes

MACOB	Runtime-object "Matchcode-object"
MACID	Runtime-object "Matchcode-ID"
DD24S	Fields of a matchcode ID

10. Messages

NAST   Message status
TNAPR   Processing programs for output
T100   Messages
T100A   Message-Id's of T100

11. Programs

TRDIRE   Program attributes(from PROGRAM statement)
VRSD   Version administration: Directory table
TRCL   ABAP/4 program classes
TDCT   Dialog Modules

12. Transactions

TSTC   Transaction codes
TSTCA   Values for transaction code authorizations
TSTCP   Parameters for transactions
TSTCT   Transaction Code Texts

13. User parameters

TPARA   Directory of Memory IDs
TPARAT   Memory ID Short Texts

14. Variants

VARI   ABAP/4: Variant storage(similar to INDX)
VARID   Variant directory
VARINUM   Internal number assignment for variants
VARIT   Variant texts
TVARV   Table of variables in selection criteria
TVARC   Variant conditions
TVARUVN   Individual Variant Variable: Assignment TVARV
TVARCT   Text for Variants Conditions
TVARH   Header entries for screen variants
TVARIND   Save screen variants

15. Accounting

BKPF   Accounting document header
BSEG   Accounting document segment
BSET   Tax data document segment

BSEC	One-time account data document segment
BSAD	Accounting: Secondary index for customers(cleared items)
BSID	Accounting: Secondary index for customers
BSIW	Index table for customer bills of exchange used
BSIX	Index table for customer bills of exchange used
BSAK	Accounting: Secondary index for vendors(cleared items)
BSIK	Accounting: Secondary index for vendors
BSIP	Index for vendor validation of double documents
BSAS	Accounting: Secondary index for G/L accounts(cleared items)
SKA1	G/L accounts master(chart of accounts)
SKAS	G/L account master(chart of accounts: key word list)
SKAT	G/L account master record(chart of accounts: description)
SKB1	G/L account maste(company code)
SKM1	Sample G/L accounts
SKMT	Sample account names
SKPF	Header Data: Inventory Sampling

16. Asset

ANLA	Asset Master Record Segment
ANLB	Depreciation terms
ANLE	Asset Origin by Line Item
ANLH	Main asset number
ANLI	Link table for investment measure → AuC
ANLQ	Period values from dep. posting run per po
ANLT	Asset Texts
ANLW	Insurable values(year dependent)
ANLX	Asset Master Record Segment
ANLK	Asset Origin by Cost Element
ANLP	Asset Periodic Values
ANLU	Asset Master Record: User Fields
ANLV	Insurance data/Index Series
ANLZ	Time-Dependent Asset Allocations
ANEA	Asset Line Items for Proportional Values
ANEK	Document Header Asset Posting
ANEP	Asset Line Items
ANKA	Asset classes: general data
ANKB	Asset class: depreciation area
ANKT	ASSET CLASS 내역

ANKAZ	Asset class: extension for technical field
ANKL	Generation table for generating asset clas
ANKLAY	Asset class: Assignment of tab layouts
ANKLAYP	Asset class: Assignment of tab layouts
ANKP	Asset classes: Fld Cont Dpndnt on Chart of
ANKV	Asset classes: insurance types

17. Costing

CSKA	Cost elements(data dependent on chart of accounts)
CSKB	Cost elements(data dependent on controlling area)
CSKS	Cost centre master
CSKT	Cost centre texts
CSKU	Cost element texts
CSLA	Activity master
CSLT	Activity type texts
CSSK	Cost centre/cost element
CSSL	Cost centre/activity

18. Vendor/Customer

KNA1	General Data in Customer Master
KNAS	Customer master(VAT registration numbers general section)
KNB1	Customer master(company code)
KNB4	Customer payment history
KNB5	Customer master(dunning data) (aanmaangegevens)
KNBK	Customer master(bank details)
KNC1	Customer master(transaction figures)
KNC3	Customer master(special G/L transaction figures)
KNKA	Customer master credit management: Central data
KNKK	Customer master credit management: Control area data
KNMT	Customer-Material Info Record Data Table
KNMTK	Customer-Material Info Record Header Table
KNVA	Customer Master Loading Points
KNVD	Customer master record sales request form
KNVI	Customer Master Tax Indicator
KNVK	Customer Master Contact Partner
KNVL	Customer Master Licenses
KNVP	Customer Master Partner Functions
KNVS	Customer Master Shipping Data

KNVT	Customer Master Record Texts for Sales
KNVV	Customer Master Sales Data
LFA1	Vendor General section
LFAS	Vendor VAT registration numbers general section
LFB1	Vendor Company code
LFB5	Vendor Dunning data
LFBK	Vendor Bank details
LFC1	Vendor Transaction figures
LFC3	Vendor Special G/L transaction figures
LFM1	Vendor Record purchasing organization data

19. Treasury Transaction

VTBFHA	Transaction
VTBFHAPO	Transaction Flow
VTBFHAZU	Transaction Activity
VTBFINKO	Transaction Condition
VTBZV	Payment Details for Transaction
TRACV_DOC_ITEM	TRACT_DOCUMENT, ACCITEM의 Join VIEW
TRACV_ACCITEM	TRACT_DOCUMENT, ACCITEM의 Join VIEW
TRACT_DOCUMENT	TRACT_ACCITEM Accounting Item
TRDT_TRDBUSTRANS	Persistent distributor business transaction
TRDT_FLOW	Persistent distributor flows

20. Cash Flow

T035	Planning Group
T036	Planning Level
T039	Source Symbols for Cash Management
FDM1	Cash Management & Forecast: Line Items of MM Documents
FDM2	Cash management line items from MM purchase requisition
FDS1	Cash Management&Forecast: Line Items of SD Documents
FDS2	CM&F Line Items in SD Documents(fromr Release 4.0)
FDES	Manual Memo
FDESDIST	Manual Memo(Dist.)
FDFIEP CM	FI Line Items(OP of Deb/Cred for Drilldown)

21. Bill Of Material(BOM)

MAST	Material to BOM Link
EQST	Equipment to BOM Link

STAS	BOMs header
STKO	BOM header
STPN	BOM follow–Up control
STPO	BOM item
STPU	BOM sub–item
STST	Standard BOM link
STVB	Bills of material – Serialisation of posting
STZU	Permanent BOM data
KBED	Capacity requirements record Logical databases: POH

22. Equipment

EQUI	Equipment master data
EQKT	Equipment short texts
EQUZ	Equipment time segment
EAPL	Allocation of Task Lists to Pieces of Equipment Logical databases: EQI
EQUI	Equipment master data
JSTO	Status object information
JEST	Object status
TJ30	User status
TJ30T	Texts for user status
TJ02	System status
TJ02T	Texts for system status

23. Goods/Inventory/Maintenance Order

AUFM	Goods movements for order
AFFW	Goods movements with errors from confirmations
SER03	Doc.header f.serial numbers for goods movements
IKPF	Header: Physical Inventory Document
ISEG	Physical Inventory Document Items
LINK	Inventory document header in WM
LINP	Inventory document item in WM
LINV	Inventory data per quant
AFIH	Maintenance Order Header
AFKO	Order header data PP orders
AFPO	Order item(not used much)
AFRU	Order completion confirmations
AFVC	Operation within an order

AFVV	Order position data
CRCO	Assignment of work center to cost center
OBJK	Plant Maintenance Object List
CRHD	Work Centre Header
PLAF	Planned order
HIKO	Order master data history
HIVG	PM order history: operations

24. Storage Locations and stock

LAGP	Storage bins
LEIN	Storage unit header records
LQUA	Quants
LQUAB	Total quant counts for certain strategies
MEIK	Make-to-Order Stock for Customer Order
MSCA	Sales Orders on Hand with Vendor
MSKA	Sales Order Stock
MBPR	Stock at Production Storage Bin
MLGN	Material Data per Warehouse Number
MLGT	Material Data per Storage Type
SLGH	Elements of Stock Population

25. Material

MARA	Material Master: General Data
MARC	Material Master: C Segment
MARD	Material Master: Storage Location/Batch Segment
MAKT	Material Descriptions
MAPL	Allocation of task lists to materials
MARV	Material Control Record
MARM	Units of Measure
MBEW	Material Valuation
MCHA	Material batches
MOFF	Outstanding Material Master Records
MSTA	Material Master Status
MVER	Material consumption
MVKE	Material Master: Sales Data
MAPR	Material Index for Forecast
PROP	Forecast parameters
MKPF	Header: Material Document

| MSEG | Document Segment: Material |

26. Personnel

PCL5	HR/RP Cluster 5; HR Planning Usage
PREL	HR Master Data
PTXT	Texts for HR Master Data
PA0000	HR Master Record: Infotype 0000(Events)
PA0001	HR Master Record: Infotype 0001(Org. Assignment)
PA0002	HR Master Record: Infotype 0002(Personal Data)
PA0003	HR Master Record: Infotype 0003(Payroll Status)
PA0004	HR Master Record: Infotype 0004(Challenge)
PA0005	HR Master Record: Infotype 0005(Leave Entitlement)
PA0006	HR Master Record: Infotype 0006(Addresses)
PA0007	HR Master Record: Infotype 0007(Work Schedule)
PA0008	HR Master Record: Infotype 0008(Basic Pay)
PA0009	HR Master Record: Infotype 0009(Bank Details)
PA0010	HR Master Record: Infotype 0010(Capital Formation)
PA0011	HR Master Record: Infotype 0011(Ext.Bank Transfers)
PA0012	HR Master Record: Infotype 0012(Fiscal Data Germany)
PA0013	Infotype Social Insurance – Germany
PA0014	HR Master Record: Infotype 0014(Recurr. Bens/Deducs)
PA0015	HR Master Record: Infotype 0015(Additional Payments)
PA0016	HR Master Record: Infotype 0016(Contract Elements)

27. Project

PROJ	Project definition
PRPS	WBS(Work Breakdown Structure) Element Master Data
PRTE	Scheduling Data for Project Item

28. Purchase

EBAN	Purchase Requisition
EBKN	Purchase Requisition Account Assignment
EBUB	Index for Stock Transport Requisitions for Material
EBAN	Purchase Requisition
EBKN	Purchase Requisition Account Assignment
EBUB	Index for Stock Transport Requisitions for Material
EKAN	Vendor Address: Purchasing Document
EKBE	History of Purchasing Document

EKBZ	History of Purchasing Document – Delivery Costs
EKET	Delivery Schedules
EKKN	Account Assignment in Purchasing Document
EKKO	Purchasing Document Header
EKPO	Purchasing Document Item
EKPB	"Material Provided" Item in Purchasing Document
EKPV	Shipping–Specific Data on Stock Tfr. for Purch. Doc. Item
EINA	Purchasing Info Record – General Data
EINE	Purchasing Info Record – Purchasing Organization Data
EIPA	Order Price History, Info Record
EIKP	Export/import header data
EIPO	Export/Import Item Data
KONH	Conditions(Header)
KONP	Conditions(Item)
KONM	Conditions(1 Dimensional Quantity Scales)
KONW	Conditions(1 Dimensional Value Scales)

29. Sales

VBAK	Header Data
VBAP	Item Data
VBAG	Release Data by Schedule Line in Sch.Agrmt.
VBUK	Header Status and Administrative Data
VBUP	Item Status
VBRL	SD Document: Invoice List
VBPA	Partner
VBKD	Business Data
VBKA	Sales activities
VBEP	Schedule Line Data
VBRK	Billing: Header Data(invoice)
VBRP	Billing: Item Data(invoice)
VBFA	Sales Document Flow
VTTP	Shipment item
LIKP	Delivery Header Data
LIPS	Delivery: Item data
VBBE	Sales Requirements: Individual Records
VBBS	Sales Requirement Totals Record

30. User data
USR01   User master record(run-time data)
USR02   Logon data
USR03   User address data
USR04   User master authorizations
USR05   User Master Parameter ID
USR06   Additional data per user
USR07   Object/values of last failed authorization check
USR08   Table for user menu entries
USR09   Entries for user menus(work areas)
USR10   User master authorization profiles
USR11   User Master Texts for Profiles(USR10)
USR12   User master authorization values
USR13   Short Texts for Authorizations
USR14   Sur-chargeable language versions per user
USR15   External User Name
USR20   Date of last user master reorganization
USR30   Additional Information for User Menu
USR40   Table for illegal passwords
USR41   User master: Additional data
USRCOBJ   Object Filters for Exploding Product Structures
USRM0   Material Master User Settings: User Screen Reference
USRM1   Material Master User Settings: Organizational Levels
USRM2   Material Master User Settings: Logical Screens
USRMM   User settings: material master

PART 07

S/4 HANA 버전 특징

>>> **chapter 01 S/4 HANA 버전 특징**
In-Memory | Fiori | Single Source of Truth

>>> **chapter 02 비지니스파트너(BP : Business Partner)**
거래처 번호관리(Number Range) | 비지니스 파트너의 역할관리

>>> **chapter 03 은행계정 관리 (Bank Account Management)**
은행계정 사용을 위한 기본 Configuration
거래은행(House Bank) 와 계정ID(Account ID) 등록

>>> **chapter 04 여신관리(Credit Management)**
기본 Configuration | 통합여신 관리를 위한 관계설정 | 여신관련 주요 Object

>>> **chapter 05 자재관리(Material Management)**
자재코드 자릿수 변경 | Self-Serivice Procurement | Pricing Data Model

>>> **chapter 06 HANA 버전 ABAP 개발시 고려할 사항**
단순화된 주요 테이블 | 변경된 트랜잭션 | 자재코드 자릿수 변경
Open SQL 성능 가이드 | 기타 추가 개선된 툴

Chapter 01

S/4 HANA 버전 특징

1.1 In-Memory 1.2 Fiori 1.3 Single Source of Truth

S/4 HANA(하나)는 In-Memory Database Platform으로 구현된 새로운 SAP 버전이다. In-Memory Platform은 서울대학교 전기컴퓨터 공학부 교수가 제자들과 설립한 TIM(Transact in Memory, Inc)에서 시작되었고, SAP가 이를 인수하여 In-Memory를 적용한 HANA 버전을 출시하였다. HANA라는 이름은 SAP 창업자인 플래트너 회장의 이름을 딴 'HAsso Plattner's New Architecture' 또는 'High-Performance Analytic Appliance'의 약어라고도 하지만 공식명칭은 아니고, 한국어로 DB와 처리장치를 '하나'로 구현했다는 표현인 것으로 보인다.

S/4 HANA는 Simple Finance, Simple Logistics, New G/L과 New Asset Accounting까지 모두 포함한 버전이라서 내부적으로 Transaction, Table, View 등의 시스템 기반 구성이 변경되었고, 그로인해 기존 ECC 버전만을 경험한 사용자, 시스템 개발자들이 이해하기 어려운 여러가지 특징들을 가지고 있다.

〈SAP의 발전〉

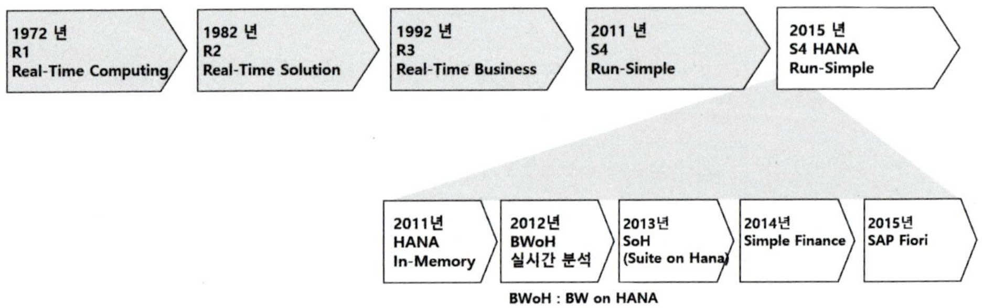

S/4 HANA 버전 시스템의 특징을 요약하면 아래와 같이 3가지이다.

1. In-Memory

2. Fiori

3. Single Source of Truth

1.1 In-Memory

In-Memory Platform은 DataBase를 Memory 상에 올려놓는 기술로 Disk I/O 속도가 감소되어, 시스템의 속도를 혁신적으로 개선할 수 있다. (SAP 설명자료 : 1,800 배의 성능향상) 이로 인해 기존 SAP의 Summary Table, Indexing과 같은 별도 작업을 수행할 필요가 없어졌고, 테이블의 구성이 간소화 되었다. (테이블 구성 변경에 대한 상세한 부분은 Single Source of Truth 특징 참고)

〈Hard Disk와 Memory의 전송속도〉

구분	특징	속도
Hard Disk	비휘발성 저장장치	128MB/Second
Memory	휘발성 저장장치	17.06 GB/Second

Column 방식의 데이터 저장방식 지원

Column 중심의 데이터 구성은 많은 Row를 가진 데이터의 몇몇 Column 데이터만 처리할 때 유리하고, 데이터를 압축할 수 있다는 장점이 있다. 전통적인 DBMS는 Row 중심의 데이터 구조만 지원하였으나, SAP HANA는 대용량 데이터 처리에 더 적합한 Column 중심의 데이터 구조를 지원한다.

〈Column 방식 데이터 저장 예〉

1	2	3	Jane	Paul	Risa	10032	20017	30005	..	...

데이터의 영속성 유지

휘발성 저장공간이라는 Memory의 단점을 최소화시키기 위하여 S/4 HANA 는
Save Point 를 두어 정기적으로 Snapshot 파일을 생성, 별도의 저장공간에 보관하며,
Transaction Log를 기록하여 보조전원이 달려 있는 일부메모리에 저장한다.

1.2 Fiori

기존 SAP 사용자들의 가장 큰 불만은 사용자 UI 의 불편함이었는데, 이는 SAP의 태
생이 명령어를 직접 입력하는 IBM Mainframe(Host) 시스템이었던 점도 있고, 초기
SAP를 개발할때 시스템 각 모듈기능에 집중했었던 이유도 있어 보인다. 사용자 접근성과
편의성에 대한 개선을 위해 SAP는 페르소나를 시작으로 여러가지 방안을 내놓았는데,
최종적으로 단순함을 표방한 Fiori를 차세대 UI로 결정하였다.

Fiori는 사용자 권한과 연계된 웹 화면 UI를 기반으로, 직관적이고 효율적인 업무환경
을 제공하며, 모바일, 태블릿에서도 실행이 가능하다.

Fiori Applications는 아래와 같이 크게 3가지로 구분된다.

1. Transactional : 트랜잭션 데이터의 처리 (예. 구매오더, 판매오더, 승인, 취소처리)

2. Fact Sheet : 마스터 / 통계 데이터의 조회 (예. 고객정보 조회, 주문 내역 조회)

3. Analytical : SAP Smart Business라고도 불리는 분석 데이터 제공 (예. KPI)

> Fiori 화면을 신규로 개발하려면 SAP UI5 기반기술을 이용해야 하고, 레코딩 (BDC등)을 통해 반복작업이 어렵다는 단점이 있다. 또한 동일한 Data 처리시 Lock 을 걸기 어려운 부분을 주의해야 한다.
> 경험과 노하우가 쌓인 전문인력이 많지 않아, 메인 UI 포맷으로 사용하는 것은 아직까지 어려운 것이 현실이다.
> SAP 화면에서는 더 이상 제공하지 않고, Fiori 화면에서만 제공하는 기능 정도만 사용되고 있다.

1.3 Single Source of Truth

S/4 HANA 버전에서는 원천테이블을 단일화하고, 많은 인덱스 테이블, 합계테이블들을 삭제하였다. 삭제된 기존 테이블들은 Compatible View로 변경되어CBO 개발 프로그램에서 해당 테이블들을 조회하는 것은 문제 없지만, Insert/Update/Delete 하는 부분이 개발 프로그램 소스에 남아있으면 문제가 되므로 주의해야 한다.

i. S/4 HANA 에서 View 로 대체된 테이블

아래 테이블들은 S/4 HANA에서 View로 대체되었다. 오브젝트명은 동일하므로 SE11, SE16이나 프로그램에서 동일하게 데이터를 조회 가능하지만, 데이터를 생성/변경/삭제하는 것은 불가능하다.

구분	테이블 설명	View 로 대체된 테이블명
FI-GL	총계정원장의 합계, 상세, 인덱스 테이블	GLT0, BSIS, BSAS FAGLFLEXA, FAGLFLEXT, FAGLBSIS, FAGLBSAS
FI-AR/AP	AR/AP 의 인덱스와 합계 테이블	KNC1, KNC3, LFC1, LFC3, BSID, BSIK, BSAD, BSAK
FI-AA	자산회계 테이블	ANEK, ANEP, ANEA, ANLP, ANLC
CO	Controlling 의 상세/합계 테이블	COEP(일부 value type만 통합), COSP and COSS
MM	자재원장 및 평가테이블	MLIT, MLPP, MLPPF, MLCR, MLCD, CKMI1, BSIM
SD	Document 인덱스 테이블	VAKPA, VAPMA

*SD 모듈 테이블 단순화된 부분은 아래와 같다.

- Status Table이었던 VBUK와 VBUP의 값은 각각 VBAK와 VBAP의 필드추가로 통합

- LIKP와 LIPS는 Delivery 헤더와 아이템, VBRK는 Billing 헤더, Billing 아이템 정보에는 상태 정보 삭제

- KONV, KONP는 PRCD_ELEMENTS 테이블로 변경, V_KONV_CDS 뷰로 조회가 가능

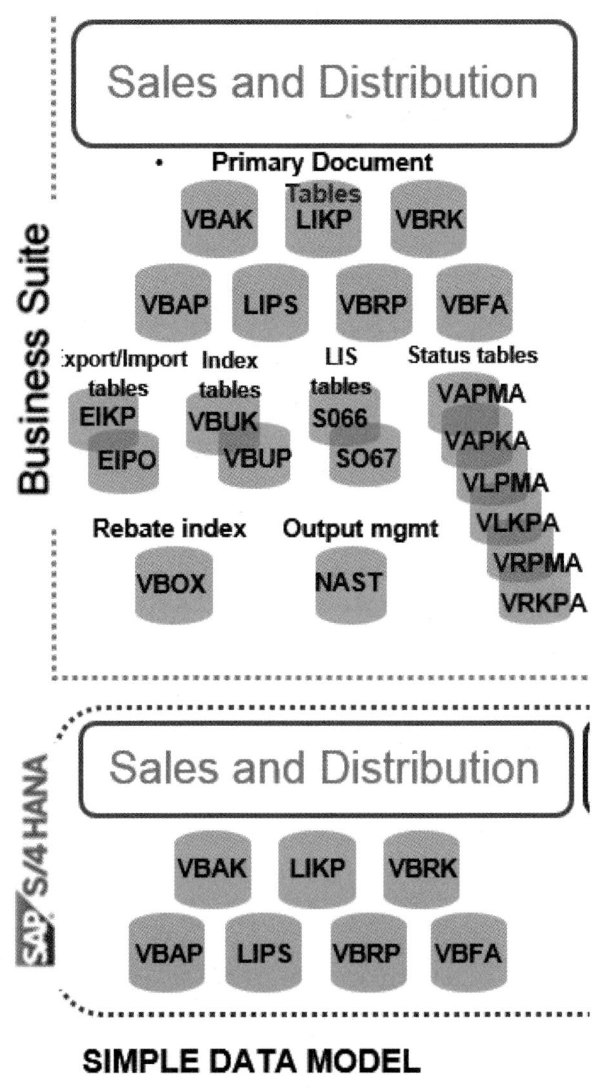

ii. Universal Journal 테이블

ACDOCA

ACDOCA 테이블에는 전표와 회계원장의 정보뿐만 아니라 Profitability Analysis , Controlling, Asset Accounting, Material Ledger의 데이터를 모두 포함한 라인 아이템 정보를 담고 있다.

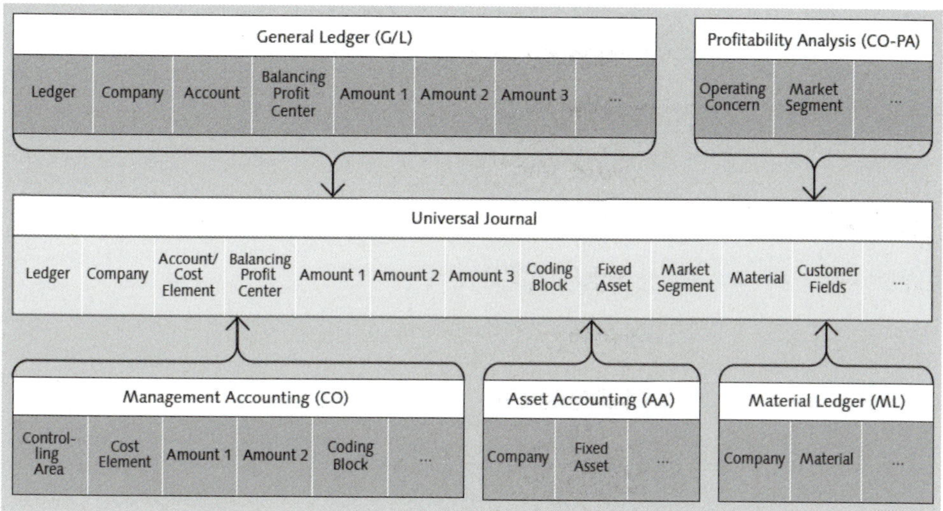

ACDOCA와 BSEG 테이블 데이터를 비교하면 아래와 같다.

	ACDOCA	BSEG
CO Internal Posting	O	X
FX Closing	O	X
Carry forward	O	X
Correaction lines from Migration	O	X
Splitted lines	O	X
MAX Line items	999,999	999

MATDOC

MKPF, MSEG 등의 자재 관련 테이블이 MATDOC 로 통합되었다. 또한 키 값인 자재 번호 필드의 크기가 18 -> 40자리로 변경되었다.

비지니스파트너(BP : Business Partner)

2.1 거래처 번호관리(Number Range)
2.2 비지니스 파트너의 역할관리

ECC버전 버전에서 각각 독립된 마스터였던 고객, 구매처, 비지니스파트너가 S/4 HANA 버전에서는 모두 비지니스파트너로 통합되었다. (CVI : Customer / Vendor Integration)

모든 거래처는 BP 트랜잭션을 통해 기본 마스터가 생성되고, 필요한 역할(Role)을 추가하여 사용하는 개념으로 관리된다.

이에 따라 기존 고객/구매처 마스터를 관리하는 기존 트랜잭션들은 사용이 불가능하다. (버전에 따라 일부 조회화면은 가능)

〈거래처 마스터 관리 변경〉

구분	R/3 Customer / Vendor	S/4 HANA Business Partner
마스터 테이블	KNA1, KNB1, KNVV LFA1, LFB1, LFM1	BUT000
유지보수 트랜잭션	FD01, FD02, FD03, FD05, FD06, FD32, FD33 FK01, FK02, FK03, FK05, FK06, FK08 MAP1, MAP2, MAP3 MK01, MK02, MK03, MK05, MK06, MK12, MK18, MK19 V-03, V-04, V-05, V-06, V-07, V-08, V-09, V-11, V+21, V+22, V+23 VAP1, VAP2, VAP3 VD01, VD02, VD03, VD05, VD06, XD01, XD02, XD03, XD05, XD06, XD07 XK01, XK02, XK03, XK05, XK06, XK07	BP
역할	1:1 하나의 계정그룹과 연결	1:N 여러 개의 역할로 분리하여 사용
번호범위 (Number Range)	개별 번호범위 사용	동일한 번호범위 사용 가능
워크플로우		Fiori

*MASS 트랜잭션으로 고객/구매처 관리도 지원하지 않음

〈BP 주요 테이블 구성〉

BP 생성시 역할에 따라 고객과 구매처마스터가 생성되는데, 이를 CVI(Customer/
Vendor Integration)이라고 부른다. 이름, 주소 등의 공통데이터는 변경시 동시에 관리
되도록 인터페이스 되는 구조이다.

〈비즈니스파트너와 CVI 테이블 관계〉

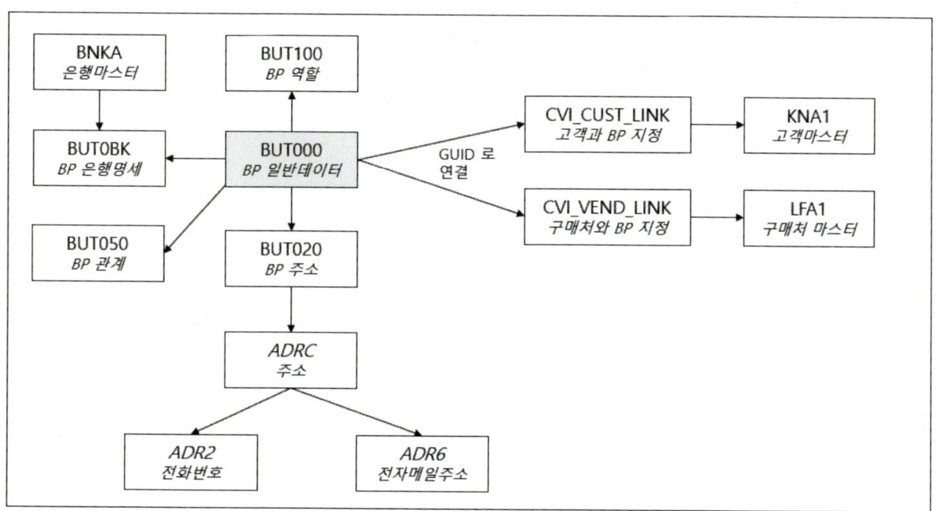

2.1 거래처 번호관리(Number Range)

기존 BP, Customer, Vendor 의 번호체계(Number Range)가 각각 존재함으로 동일
하게 부여할 수도 있고, 다르게 관리할 수 도 있다. 마스터의 번호를 동일하게 관리하려면
기존 Customer/Vendor Number range에 External로 설정된 상태에서, BP 그루핑 코
드에 Customer/Vendor 계정그룹을 동일하게 지정하고, 동일번호를 체크한다.

SPRO : 어플리케이션 전반 컴포넌트 / 마스터데이터 동기화 / 고객/공급업체 통합 / 비
즈니스 파트너 설정 / 고객 통합 설정 / 고객 통합을 위한 필드 지정 / 키 지정 / 고객에 대
한 방향 BP의 번호 지정 정의

Field Selection은 BP의 Roel 별, Activity별, BP 유형별로 설정할 수 있는데, BP 유형별로 설정하는 방식이 일반적이다.

SPRO 경로 : 어플리케이션 전반 컴포넌트 / SAP 비즈니스 파트너 / 비즈니스 파트너 /

　　　　기본 설정 / 필드 그루핑

　　　　　　/ 클라이언트별 필드속성구성

　　　　　　/ 비즈니스 파트너 역할별 필드 특성 구성

　　　　　　/ 액티비티별 필드 속성 구성

　　　　　　/ 비즈니스 파트너 유형별 필드 속성 구성

2.2 비지니스 파트너의 역할관리

BP 트랜잭션 화면은 비지니스파트너가 가지고 있는 역할(Role)을 선택하면, 해당 역할에 맞는 정보를 보여준다.

고객/구매처처럼 회사코드 또는 조직별 데이터가 있는 경우 "데이터 선택"을 클릭하면 된다.

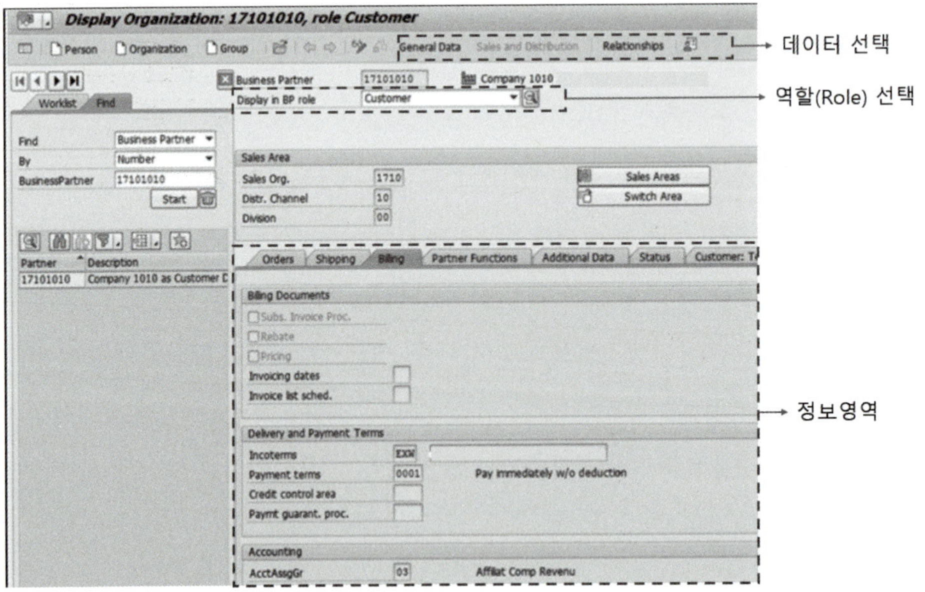

데이터 선택

역할(Role) 선택

정보영역

주요 BP 역할 (Role)

Role	이름	설명
000000	비즈니스 파트너(일반)	처음 BP를 생성하면 만들어지는 기본 역할 이름과, 주소 등 일반적인 정보를 저장
FS0000	금융서비스 BP	FSCM-TRM의 기본 거래처로 최초 생성시 함께 부여
FLCU00	FI 고객	FI 고객 역할 FD01, FD02, FD03으로 관리하던 고객의 회사코드 정보를 관리
FLCU01	고객	SD의 고객 역할, Sales and Distribution 정보를 관리
FLVN00	FI 공급업체	FI 구매처 역할 FK01, FK02, FK03으로 관리하던 구매처의 회사코드 정보를 관리
FLVN01	공급업체	MM의 구매처 역할, 구매조직 정보를 관리
TR0150	발행인	TRM 유가증권 모듈 사용시 발행 정보를 관리
TR0151	거래상대방	TRM 모듈의 금융상품 거래에 대한 상대방 정보
UKM000	Credit Management	여신정보를 등록하고, 거래처간 여신계정은 관계(Relation) 으로 지정(*여신관리 부분 참고)

※ BP 수정모드에서 "역할(Role) 선택" 란 옆 "Detail" 버튼을 클릭하면 부여된 Role을 확인하고, 잘못 부여된 Role이 있으면 삭제할 수 있다.

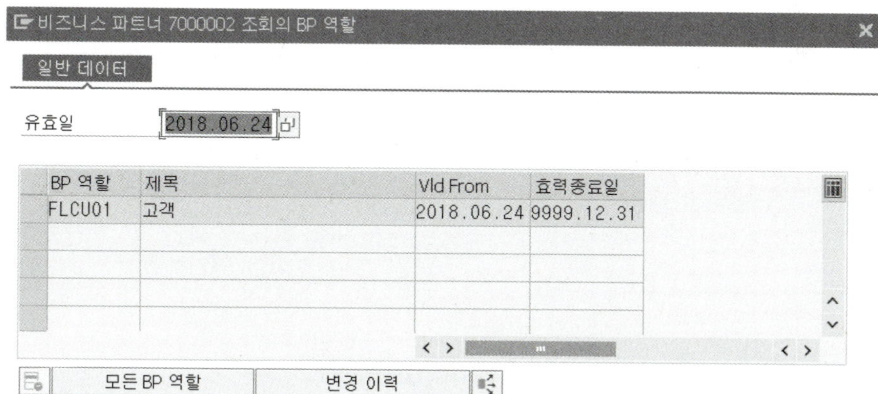

은행계정 관리(Bank Account Management)

3.1 은행계정 사용을 위한 기본 Configuration

3.2 거래은행(House Bank) 와 계정ID(Account ID) 등록

TR 자금관리모듈의 현금관리(Cash Management) 영역의 기능이 대폭 강화되었다. 특히 은행계정 관리인 BAM(Bank Account Management)은 기존의 IMG 영역에서 독립적인 마스터로 분리되어 관리가 가능해졌고, 계층구조 형태로 관리할 수 있으며, 계좌의 개설 및 변경시 워크플로우 프로세스를 제공한다.

〈은행계정 관리 변화사항〉

구분	R/3 은행계좌 관리	S/4 HANA 은행계좌 관리
주요 테이블	T012 거래은행 T012K 거래은행 계정	FCLM_BAM_AMD FCLM_BAM_AMD_CUR FCLM_BAM_ACLINK2 FCLM_BAM_AMD_T *T012, T012K는 View로 변경
트랜잭션	FI01, FI02, FI03 은행키 관리 FI12 거래은행/계정ID등록	Fiori의 은행관리 FI12_HBANK House Bank 등록 Account ID는 Fiori 화면에서 관리
영역	IMG	마스터 데이터
워크플로우	제공하지 않음	SAP Netweaver 워크플로우 사용
분석기능	제한적인 분석 Report 사용	Fiori 기반의 분석기능 Report 은행거래 명세서 확인 및 현금포지션 D-1 조회와 당일예측

3.1 은행계정 사용을 위한 기본 Configuration

i. 은행 계정을 등록하는 사용자는 SAP_FI_BL_BANK_MASTER_DATA 오브젝트 권한 필요

ii. 아래 4개의 Configuration 세팅 필요

SPRO 경로 : 재무공급망관리 / 현금 및 유동성 관리 / 은행계좌관리 / 기본설정 /

변경요청의 번호범위 정의(ex. 01 1000000001 ~ 1999999999)

Define Number Ranges for Bank Account Technical IDs (ex. 01 1000000001~1999999999)

번호범위 지정(위 2개의 번호범위를 매핑 지정 ex. 01, 01)

은행계좌 마스터 데이터 설정정의(당좌/보통 등 계좌의 성격 구분, 기본세팅으로 사용가능)

3.2 거래은행(House Bank) 와 계정ID(Account ID) 등록

i. House Bank 등록(FI12_HBANK) : ECC 버전 FI12 와 동일, 은행키가 먼저 등록되어 있어야함 (FI01)

ii. Account ID 등록(NWBC : fiori 화면 호출하여 Bank Account Management -> 신규등록)

ECC 버전에서는 Account ID와 계좌번호를 동시에 등록했다면,

S/4 HANA 버전에서는 계좌번호를 등록하고, 등록된 계좌번호 오브젝트에 Account ID를 부여하는 순서대로 등록이 된다. (계좌등록시 내부적으로 Technical ID가 부여되고, 이 키값으로 데이터가 조회된다.)

〈Bank Account Management Fiori 화면〉

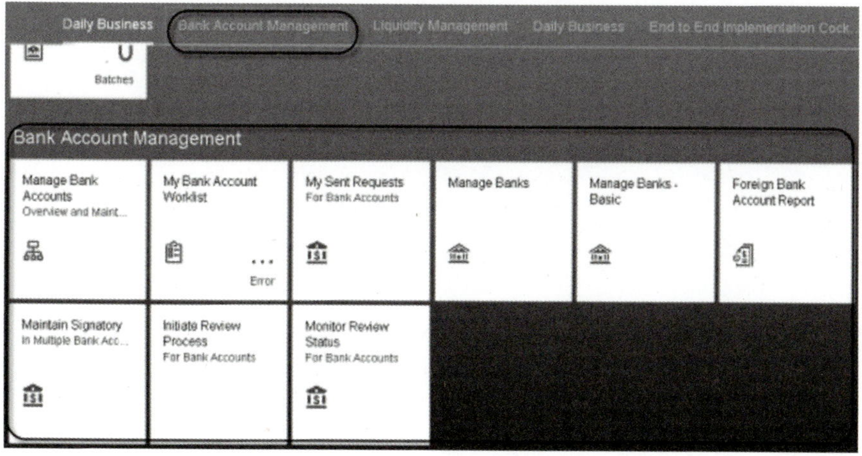

개시일, 회사코드, 은행국가, 은행키, 통화, 계좌번호, 계정내역, 계정유형을 입력하고 "활성 상태로 저장" 한다.

이후 "연결경로" 탭에서 편집모드로 Account ID와 G/L 계정을 지정하여 House Bank(주거래은행)와 연결하고 저장한다.

〈계정ID 부여〉

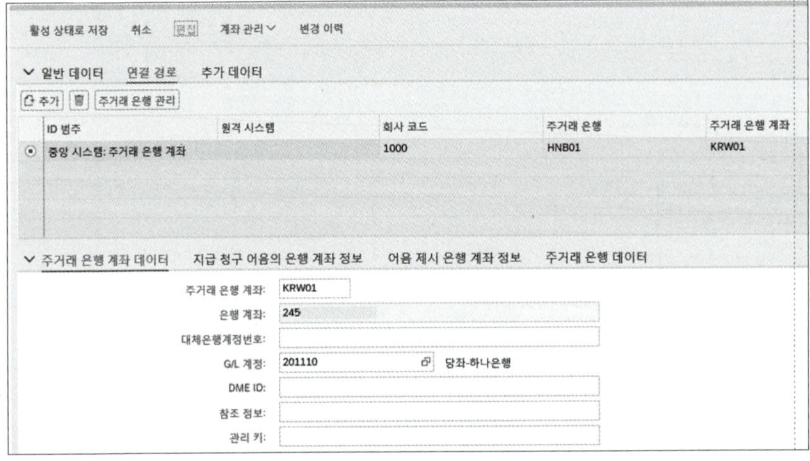

Chapter 04

여신관리(Credit Management)

4.1 기본 Configuration 4.2 통합여신 관리를 위한 관계설정
4.3 여신관련 주요 Object

고객/공급업체의 마스터가 비지니스파트너(BP)로 통합되면서 신용(여신)관리 부분도 BP의 역할 개념으로 변경되었다.

ECC 버전에서 사용하던 여신정보 관리FD32, FD33 트랜잭션은 실행이 불가능하며, BP의 UKM000 역할을 추가하여 여신 세그먼트 정보를 관리해야 한다.

구분	ECC 여신관리	S/4 HANA 여신관리
마스터관리	고객마스터	비지니스파트너
관련모듈	FI-AR	FI-AR, FI-CA, 기타
신용 익스포저 모니터링	여신관리 영역으로만 관리	세그먼트 레벨로 총 여신 한도 관리
고객 등급 평가	SAP에서만 가능	SAP와 Non-SAP 모두 가능
여신 정보-외부여신	제공하지 않음	여신 규칙 엔진 (Credit Rule Engine)
여신 제한 규칙	파트너상품을 통해서만 가능	모든XML 기반의 여신정보 서비스
여신 케이스	제공하지 않음	여신 규칙 엔진 (Credit Rule Engine)
문서화된 여신결정	제공하지 않음	여신 제한 요청 (Credit Limit Request)
워크플로우	제공하지 않음	문서화된 여신결정 (Documented credit decisions)
분석	SD 모듈에서만 가능	모든 여신이벤트, 문서화된 여신결정, 여신제한요청
Non-SAP 연결	고객 fact sheet	Fiori 스마트비지니스/HANA Live, OLAP/OLTP(incl. BW Content)
관계	제공하지 않음	XI 서버
	제공하지 않음	계층구조 관계설정

〈여신금액 부여 화면〉

* UKM000 Role을 부여한 후 여신세그먼트 데이터 탭에서 여신 한도 금액 및 효력일을 입력,
부여한 여신한도 금액과 유효일자는 UKMBP_CMS_SGM 테이블에 저장. (R/3버전은 KNKK 테
이블에서 관리됨)

4.1 기본 Configuration

i. 여신 세그먼트 정의

SPRO : 재무 공급망 관리/여신관리/여신 리스크 모니터링/마스터 데이터/여신 세그먼트
생성

Business Partner에 지정할 여신 세그먼트를 정의한다. 여신 세그먼트는 여신
사용액과 한도계산의 기준이 되며, 통화별로 지정할 수 있다.

ii. 신용 익스포저 범주 정의

SPRO : 재무 공급망 관리/여신관리/채권 회계와 판매관리 통합/판매관리와 통합/자동여
신제어정의 (OVA8)

여신관리영역, 리스크범주, 여신 그룹별로 여신체크에 대한 기준을 세팅한다.

CCA	RkC	CG	여신관리	통화	갱신
1000	001	01	판매오더	KRW	000012

문서관리 / 릴리즈된 문서를 아직 점검하지 않았음

여신점검을 않함 ☐ 편차 (%) ☐
☑ 품목 점검 일수 ☐

점검

반응 상태/보류
☑ SAP Credit Mngt   C   ☑

여신관리영역(Credit Control Area) : 여신관리를 위한 기본 조직정보

리스크범주(Risk Categories) : 고객의 신용위험에 범주, 신용체크를 통제함

여신그룹(Credit Group) : 01 판매오더, 02 납품, 03 출고

갱신 : 여신 사용 금액을 갱신하는 종류 선택(00012 는 오더,출하,빌링전표에 대해 모두 여신 반영)

문서관리

　　品목 점검 : 품목레벨로 여신 점검

릴리즈된 문서를 아직 점검하지 않았음

점검

　　SAP Credit Mgt : 체크시 내부 BADI를 통한 Transaction도 여신 체크를 수행함

　　반응 : 여신 초과시 결과반응(A 경고, B 오류, C 경고+초과값, D 오류+초과값)

iii. 판매 문서 및 납품 문서 지정

SPRO : 재무 공급망 관리/여신관리/채권 회계와 판매관리 통합/판매관리와 통합/판매
　　　문서 및 납품문서지정(OVAK)

　　판매문서 유형별 여신 초과시 결과 반응 지정

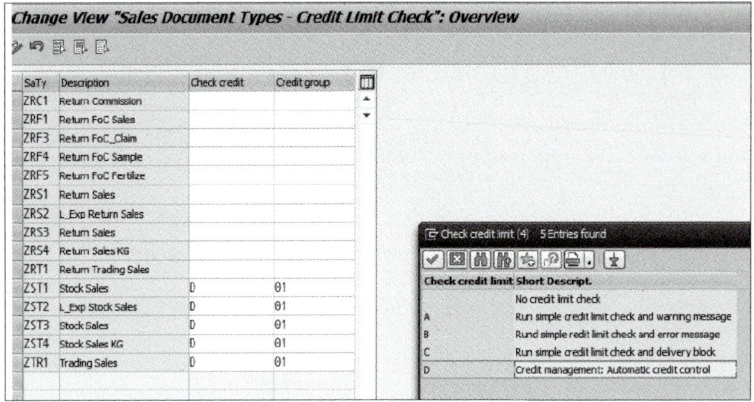

4.2 통합여신 관리를 위한 관계설정

S/4 HANA 버전에서 여신계정 거래처는 "TUKM001 하위레벨 여신관리계정"으로 "관계" 설정하여 사용한다.

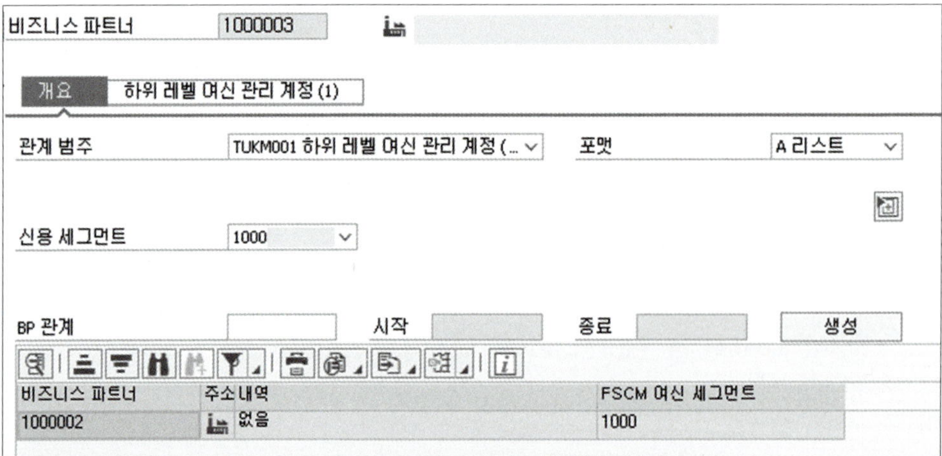

*1000003 거래처의 여신체크는 상위 레벨 여신계정인 1000002으로 적용
(관계설정이 상대방 기준이 아닌 자신 기준, 하위레벨로 맞어야 하는 것에 유의)
관계 설정 테이블인 BUT050에 아래와 같이 저장되는 것을 확인

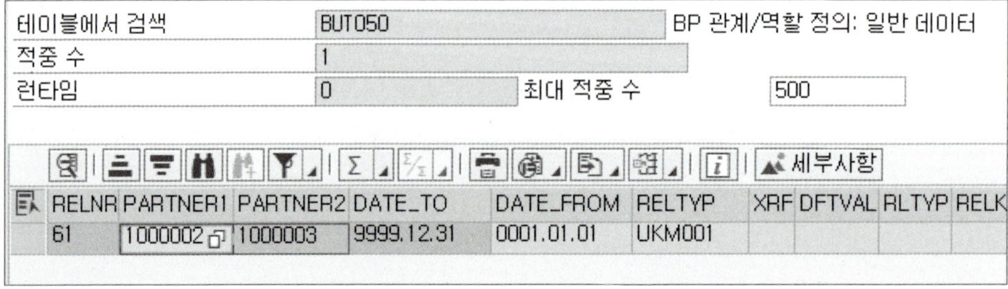

PARTNER2 거래처 여신은 PARTNER1의 여신금액에 적용을 받음

S/4 HANA 버전의 여신부분이 아직 안정화 되지 않았는지, 이 부분에 대한 노츠가 꾸준히 나오고 있다.

➜ 하위레벨 거래처의 여신금액이 상위 거래처로 적용되지 않는다면, 아래와 같이 Configuration 추가

i. 내용이 없는 점검규칙 오브젝트를 아래와 같이 생성한다.

SPRO : 재무공급망관리/여신관리/여신 리스크 모니터링/여신 한도 점검/점검규칙 정의

점검 규칙

점검 …	점검 규칙 이름	로깅		점…	기..
01	기본 - 모든 점검 활성(정적 여신 한도)	2 상세	∨	☑	○
02	여신 한도 점검만(정적)	2 상세	∨	☑	○
03	여신 한도 점검만(동적)	2 상세	∨	☑	○
Z1	Credit check rule for lower accont		∨	☐	○

ii. 하위레벨 거래처에는 새로생성한 점검규칙을 지정하고, 상위레벨 거래처에는 '02' 정적 점검을 지정한다.

점검 규칙　　　Z1 Credit check rule for lower …　　　Credit check rule for lower accont

BP UKM000 역할에 여신프로파일 탭 화면에서 지정

➜ BP 관계설정 화면이 작동하지 않는다면 아래 노츠 적용

2595892 'Create Relationship' Screen is not working

4.3 여신관련 주요 Object

Transaction	이름
BP	UKM00 Role로 여신금액 설정, 관계설정 등 마스터의 여신 세팅
UKM_MALUS_DSP	여신한도 이용리스트
UKM_COMMITMENTS	신용 익스포져

Table & View	이름
BUT050	BP 관계역할(관계범주 UKM001)
UKMBP_CMS	여신마스터 데이터
UKMBP_CMS_SGM	여신한도 금액
UKM_ITEM	여신관리 개별항목
V_UKM_TOTALS	신용 익스포터 View

BAPI	용도
UKM_DB_UKMBP_CMS_SGM_READ	여신한도 조회
UKM_DB_UKMBP_CMS_EXECUTE	여신한도 업데이트
UKM_COMMTS_BUPA_DISPLAY	일자별 여신사용금액 조회
BAPI_BUPA_ROLE_ADD	Business Partner Role 추가 (BAPI_BUPA_ROLES_*로 검색하면 Role 추가/변경/삭제 BAPI 확인 가능)
BAPI_BUPR_RELATIONSHIP_CREATE	Business Partner 관계 추가 (BAPI_BUPR_RELATIONSHIP_*으로 검색하면 BP 관계 추가/변경/삭제 BAPI 확인 가능)

KNKK 의 여신관련 금액 필드값

ECC 버전의 KNKK 테이블에는 여신금액뿐만 아니라 마스터의 현재 채권금액, 특별G/L 금액도 자동으로 업데이트 관리되고 있다. HANA 버전에서는 KNKK 테이블을 사용하지 않으므로, 이 금액을 조회하려면 아래와 같이 함수를 통해서 계산해야 한다.

Call Function 'UKM_COMMTS_READ' → 거래처 코드와 여신 세그먼트로 ukm_s_totals_source 값 조회

Call Function 'UKM_COMMTS_TOTALS_CALCULATE' → ukm_s_totals_source 값으로 ukm_s_totals_display 값 조회

Ukm_s_totals_display-comm_type에 따라 값 유형 결정

100 미결오더

150 거래계약

200 미결송장 (KNKK-SKFOR 금액과 동일)

300 특별여신 익스포저 (KNKK-SSOBL 금액과 동일)

400 납품금액

500 대금청구 문서금액

550 대행업 전표

자재관리 (Material Management)

5.1 자재코드 자릿수 변경
5.2 Self-Serivice Procurement

5.1 자재코드 자릿수 변경

Material Management에서 가장 큰 변화 사항 중 하나는 자재코드 자릿수가 기존 18자리에서 40자리로 확대되었다는 것이다. 이뿐만 아니라 기존에 자릿수가 부족할 경우 매핑 정보를 추가하는 방식으로 관리해야 했지만, S/4 HANA에서는 자릿수 확장도 허용되는 구조로 변경이 되었다.

i. 자재코드 길이 확장 Configuration 세팅

SPRO : 어플리케이션 전반 컴포넌트 ➡ 일반 어플리케이션 기능 ➡ 필드길이 확정 ➡ Activate Extended Fields(FLETS)

조회 뷰 *"Field Length Extension"*: 세부사항
Material Number
☐ Extended Material Number　　　　　　　　☐ I hereby confirm that I have read SAP Note 2232396.

위의 2개 체크박스 확인(Note 2232396 을 확인해야함)

ii. 자재코드 길이 변경(OMSL)

자재번호 조회옵션	
자재번호길이	18
자재번호 템플릿	
☐ 사전 편집식	☐ 선행제로

5.2 Self-Serivice Procurement

HANA 기반의 쇼핑카트, 구매요청이 단일 비즈니스 오브젝트로 간소화됨에 따라, 기존에 사용하던 ERP Shopping Card, IAC(Internet Application Components), SRM-MDM 카탈로그를 제공하지 않는다.

⟨S/4 HANA 버전에서 지원하지 않는 기능⟩

ERP Shopping Card		IAC 관련 Transaction
Transaction Code	Web Dynpro Applications	
/SRMERP/BRFP_DSS_SC /SRMERP/BRFP_DS_APPR /SRMERP/BRFP_DS_SC /SRMERP/BRFP_FOOTY /SRMERP/BRFP_FOO_TYP /SRMERP/BRFP_MATGRP /SRMERP/BRFP_MOV_TYP /SRMERP/BRFP_PROC_L /SRMERP/BRFP_PROC_S /SRMERP/BRFP_PURGRP /SRMERP/DISPLAY_LOGS /SRMERP/SC_ARCHIVING /SRMERP/SNUM /SRMERP/WF_GEN	/SRMERP/WDA_I_CAT_ADAPTER /SRMERP/WDA_I_DSS_DS /SRMERP/WDA_I_SC_ESS /SRMERP/WDA_I_SC_FS_ESS /SRMERP/WDA_I_WSCP /SRMERP/WDA_I_WSCP_ADMIN /SRMERP/WF_TRACE	MEW0 Procurement Transaction MEW1 Create Requirement Request MEW2 Status Display:Requirement Requests MEW3 Collective Release of Purchase Reqs. MEW5 Collective Release of Purchase Order MEWP Web based PO

5.3 Pricing Data Model

Pricing 결과 테이블이 KONV에서 PRCD_ELEMENTS로 대체되고, 주요 필드 자릿수가 확장되어 가격 데이터의 정확도가 향상되었다. 하지만 기존에 KONV 테이블을 사용하던 프로그램은 CDS View 'V_KONV_CDS'를 이용해야 한다.

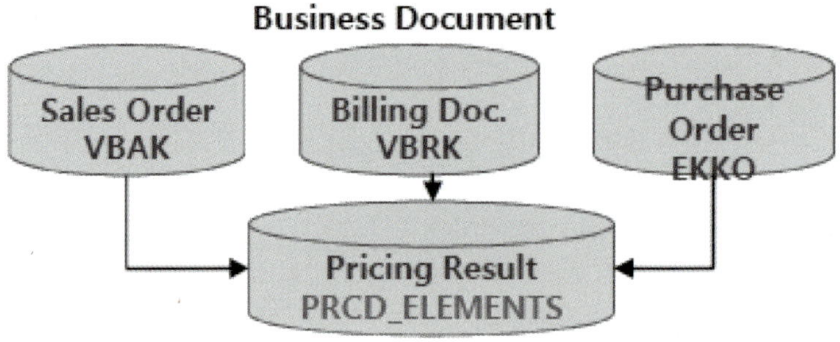

〈주요 필드 변경〉

필드명	내역	R/3 데이터 유형/자릿수	S/4 HANA 데이터 유형/자릿수
KAWRT	Condition Base Value	CURR/15,2	DEC/24,9
KBETR	Condition Rate	CURR/11,2	DEC/24,9

* 해외무역을 지원하기 위한 '해외무역/관세' 부분이 삭제되고 별도 모듈인 GTS로 기능이 대체되었다.

Chapter 06

HANA 버전 ABAP 개발시 고려할 사항

6.1. 단순화된 주요 테이블   6.2 변경된 트랜잭션   6.3 자재코드 자릿수 변경
6.4 Open SQL 성능 가이드   6.5 기타 추가 개선된 툴

6.1. 단순화된 주요 테이블

아래 테이블들은 모두 CDS View로 대체되었으므로, Select 구문은 가능하나 Insert/Update/Delete 등의 처리는 불가능하다.

구분	Tables
G/L Account 의 라인 아이템, 합계, 인덱스 테이블	GLT0, BSIS, BSAS and FAGLFLEXA, FAGLFLEXT, FAGLBSIS, FAGLBSAS
AR/AP 의 합계, 인덱스 테이블	KNC1, KNC3, LFC1, LFC3, BSID, BSIK, BSAD, BSAK
CO 의 개별 아이템과 합계 테이블	COEP for certain value types, COSP and COSS
자재원장 평가관련 테이블	MLIT, MLPP, MLPPF, MLCR, MLCD, CKMI1, BSIM
자산회계 테이블	ANEK, ANEP, ANEA, ANLP, ANLC

6.2 변경된 트랜잭션

통합/삭제된 트랜잭션코드에 대한 BDC Recodrding 처리가 안 되므로 기존 프로그램을 이관하는 경우 변경이 필요하다. 예). 거래처 관리가 BP로 통합됨에 따라 기존의 T-Code BDC Recording나 과거BAPI로 거래처 마스터 생성/변경/삭제하는 부분은 변경 필요 (XK01 BDC로 공급업체 생성 -> BP로 Redirect 에러 발생)

구분	Tables
FI (Finance)	AB01, ABAA, ABAO, ABAV, ABAW, ABGF, ABGL, ABIF, ABMA, ABMR, ABNA, ABNE, ABNK, ABSO ➡ 끝에 L을 붙이는 Ledger T-code로 변경 F.24, F.2A, F.2B, F.2C ➡ FINT로 변경 FI12 ➡ FI12_HBANK 와 Fiori 화면으로 변경 FD21 ➡ UKM_BP로 변경 AB02, ABCO, ABF1, ABF1L, ABMW, ABST, ABSTL, ABUB, AJRW, ASKB, ASKBN, AW01_AFAR, F.28, F.3,. F.32, F.33, F.34, FA39, FCV1, FCV2, FCV3 ➡ 삭제
CO (Controlling)	CK11, CK13 ➡ 끝에 N 을 붙이는 New T-code로 변경 CK41, CK42, CK43, CK60, CK62, CK66, CK68, CK74 ➡ CK40N으로 통합 KA01, KA02, KA03, KA04, KA06 ➡ FS00으로 통합 KKE1, KKE2, KKE3, KKEC, KKED ➡ CKUC로 통합
SD (Sales and Distribution)	VD01, VD02, VD03, VD05 등 Customer 관련 모든 T-codes ➡ BP로 통합 VKM1 ➡ UKM_MY_DCDS
MM (Material Management)	구매오더/요청 관련 ME21, ME22, ME23, ME24, ME25, ME26, ME27, ME28, ME51, ME52, ME53, ME54, ME59 ➡ ME21N 등 New 트랜잭션은 가능 자재이동 관련 MB01, MB02, MB03, MB04, MB05, MB0A, MB11, MB1A, MB1B, MB1C, MB31, MBRL, MBSF, MBSL, MBST, MBSU ➡ MIGO로 통일

6.3 자재코드 자릿수 변경

– 자재관련 BAPI 호출시 MATERIAL 필드 사용 구문 대신에 MATERIAL_LONG을 사용하도록 변경해 주어야 한다.

– 자재코드에 Leading 0을 채우고 없애는 모든 구문은 CONVERSION_EXIT_MATN1_INPUT/OUTPUT이 아니고, CONVERSION_EXIT_ALPHA_INPUT/OUTPUT을 사용해야 한다.

6.4 Open SQL 성능 가이드

SQL 성능 관점에서 당연한 이야기 일 수도 있지만, 특히 Column 방식을 지원하는 HANA DB의 성능을 최대한 활용하기 위한 Open SQL 사용 주의사항 및 가이드이다.

– Where 조건을 가능한 많이 사용

– 필요한 컬럼만 조회

– SQL 내 함수 사용(COUNT, SUM, MAX, MIN)

- Loop 반복 구문보다 Join이나 Sub 쿼리를 사용

- "For All Entries" 구문 사용시 주의 사항

　For All Entries 사용시 테이블이 비어 있는지 체크하고, 중복을 제거하고 사용해야 함

　인덱스를 안 타기 때문에 이전보다 성능이 향상됨

　Fast Data Access(FDA) : blocking factor 가 5 → 100으로 향상

Advanced Open SQL

HANA 버전에서 제공하는 SQL 구문으로 필드간 콤마 "," 사용하고, Internal Table 입력시 "@" 기호를 사용한다.

예.

SELECT SINGLE carrname AS name, carrid AS id

　FROM　scarr

　WHERE　carrid = @id

　INTO @DATA(result).

6.5 기타 추가 개선된 툴

트랜잭션	이름	설명
ATC	ABAP Test Cockpit	ABAP 개발 프로그램에 대한 다양한 점검 특히, 기존 ECC 버전 소스를 HANA 버전으로 이관했을 때의 문제를 점검할 수 있다.
SCMON	ABAP Call Monitor	ABAP 오브젝트의 활용도를 점검하는 툴 (UPL과 동시 사용 불가)
SQLM	SQL Monitor	SQL 구문에 대한 분석 툴
UPL	Usage and Procedure Logging	기존의 ST03N보다 강력한 기능을 가진 분석툴(SCMON과 동시 사용불가)
FINS_MIG_PRECHECK	Check Customizing Settings Prior to Migration	FI 모듈 데이터 이관준비가 되었는지 Configuration체크
FINS_CUST_CONS_CHK	Consistency Check of General Ledger Settings	FI-CO 원장 관련 Configuration 체크

SAP

시스템의 이해

SAP 자금관리 솔루션 소개

> "힘들게 자금수지 시스템을 구축했지만, 우리 회사 실정에 맞지 않아서 결국 무용지물입니다."
>
> – S 사 자금업무 담당
>
> "SAP TR모듈이 너무 복잡하고, 운영하기가 어렵습니다."
>
> – T사 시스템 담당자
>
> "우리 회사의 금융상품관리 기능은 단순한데, TR 모듈 License를 구입해야 하나?"
>
> – D사 프로젝트 PM

자금업무의 핵심인 금융상품과 자금수지 관리에 대한 SAP 솔루션을 소개합니다.

▲ 자금 국내업무 실정에 맞게 개발된 SAP 패키지 프로그램

▲ 단기간 합리적인 비용으로 구축 및 안정화

▲ 별도 패키지 형태 구현되어 SAP License 필요 없음

▲ 사용자/시스템 운영자 입장에서 쉽고 단순한 화면 및 기능으로 구성

▲ 국내 여러 대기업에 적용 사용

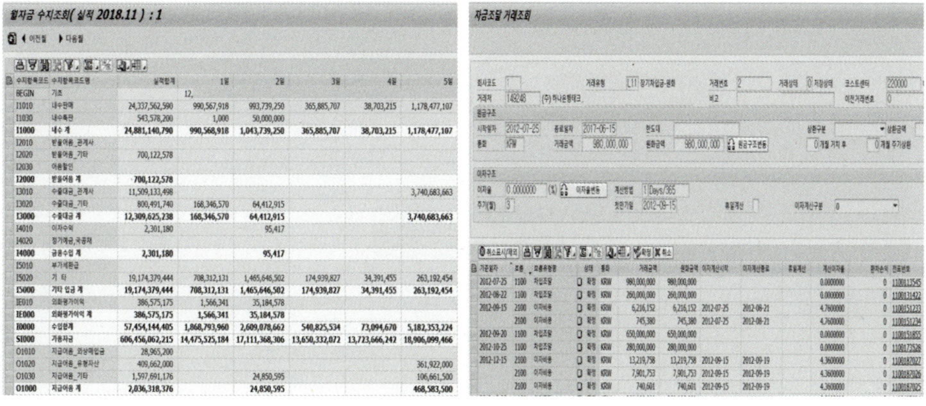

솔루션문의: hcjung@s-pert.com, spert@s-pert.com / 031-756-6213

SAP ERP 프로젝트를 계획하고 있습니까?

> "외국계 컨설팅 회사는 이름 값만으로 너무 비싸기만한 거 아니야?"
>
> – S사 기획팀장
>
> "대기업 SI 업체는 계열사 경험만 있고, 실력 있는 인력들은 다 빠져나간 거 같아. "
>
> – 20년차 SAP 프리랜서
>
> "국내 소규모 SI업체와 저가로 프로젝트 진행했다가 Open을 못하고, 업체와 소송중에 있습니다…"
>
> – C사 운영팀장

실력과 경험을 충분히 가지고 있으면서도 합리적인 가격을 제시하는 SAP 컨설팅 업체를 소개합니다. ERP 전 모듈, 경력 15년 이상의 업계 최고 프리랜서 전문가들로 구성된 SAP 전문 컨설팅 업체

S-PERT

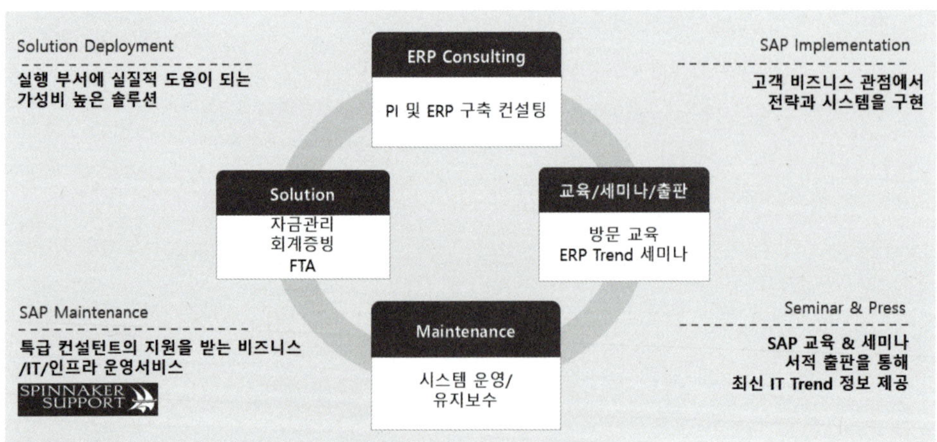

홈페이지 : WWW.S-PERT.COM

대표 연락처 : spert@s-pert.com / 031-756-6213

(SAP 사용자 입문 교육/SAP 시스템 유지보수 교육/SAP Project 관리 교육)